Tout Va Bien !

Leaving Certificate French

GW00467461

Dervla Murphy

FOLENS

Editors:
Priscilla O'Connor, Kristin Jensen, Ciara McNee

Design and Layout:
Outburst Design

Artwork:
Virginia Grey, Denis M. Baker, Gary Dermody

Cover:
Karen Hoey

© 2008 Dervla Murphy

ISBN 978-1-84741-075-7

Folens Publishers, Hibernian Industrial Estate, Greenhills Road, Tallaght, Dublin 24

Acknowledgements

The author and Publisher wish to thank the following for permission to reproduce copyright material:

Extract and illustration from *Le Petit Prince* by Antoine de Saint-Exupéry © Editions Gallimard; Patrick Modiano, *Accident Nocturne* © Editions Gallimard; Luc Arbona, "Toute toute 1ère fois", *Glamour*, no. 10, Jan. 2005; Jérôme Dupuis, "L'Irlande: la possibilité des îles", in *L'Express* magazine, 13 Apr. 2006; Alan Duff, "Que les amateurs de football aillent jouer à leur jeu stupide", trans. from English by Gilles Berton, *Le Monde*, 8 Sept. 2007; Emmanuel Carrère, *L'Adversaire*, Editions P.O.L. 2000; Jean-Paul Dubois, *Une Vie Française* © Éditions de l'Olivier, 2004, coll. Points, 2005; Manuel Jardinaud, *Géo Guide Sélection Provence*, Édition Spéciale © Gallimard Loisirs; "Jennifer : cet été je retourne en Corse" by Vincent Guillot, "Elodie et Michal : Oui, c'est vrai, nous nous aimons... d'amitié" by Sophie Khairallah and "Ciné", all from *Too Much* magazine (Aug.–Sept. 2004) © Mon Journal Adomédias; "Télé intimité" by Emmanuel Poncet and Sophie Rostain and "Réussir sa famille recomposée" by Anne-Laure Gannac, both from *Psychologies Magazine* (no. 227, Feb. 2004); *Le Silence de la Mer* by Vercors and *Robert des Noms Propres* by Amélie Nothomb, Editions Albin Michel; "Adoptez le bon look", "Deux mois pour être une autre à la rentrée" and "Vacances avec les copines : paradis ou piège ?" all by Caroline Hamelle and Caroline de Surany, and "Claudia Schiffer : le top plus que parfait" by Florence Roman, all from *Jeune et Jolie* magazine (no. 241, July 2007), Hachette Filipacchi Associés; *Je L'Aimais* by Anna Gavalda © Editions Le Dilettante; *14,99 Euros (99 Francs)* by Frédéric Beigbeder, © Editions Bernard Grasset; illustration from *Tchô, la planète !* © Titeuf by ZEP, Glénat Éditions; illustration from *Le Lotus Bleu* © Hergé/Moulinsart 2008; "Petit manuel pour gauchers" by Marie-Gaëlle Le Perff and "Manger équilibre : je m'y tiens !" by Carole Garnier, both from *Top Santé* magazine (no. 204, Sept. 2007), Mondadori France; *Où Es-Tu ?* (Paris, 2001), *La Prochaine Fois* (Paris, 2004) and *Vous Revoir*, all by Marc Levy, and *Napoléon: Le Chant du Départ* by Max Gallo (Paris, 1997), Editions Robert Laffont; "Ma meilleure amie m'exaspère" by Claire Neveu, from *Fan 2* (June/July 2006), M6 Editions; "Avez-vous des frères et sœurs ?", *L'Etudiant*, www.letudiant.fr;
"Champs Élysées" by Jean-Luc Pottier, in *Paris Visite : L'Indispensable 2007*, Éditions L'Indispensable; Google; NRJ radio station.

For permission to use photographs, grateful acknowledgement is made to the following:
Declan Corrigan, Imagefile, Rex Features, Corbis, Getty Images, Eyedea Presse, the Kobal Collection, Sportsfile.

Table des Matières

Preface

Tout Va Bien ! is a Leaving Certificate French textbook. It can be used as a two-year Ordinary Level course or a one-year Higher Level course. The book provides students with the skills necessary for the Leaving Certificate Syllabus. All content is provided in an imaginative and modern way, to which students can easily relate.

Each unit contains up-to-date material and exercises which are closely linked to the syllabus. Equal emphasis is put on the four skills of reading, writing, listening and speaking. The graduated exercises are designed to increase the student's confidence in language acquisition. Each unit contains a grammar and vocabulary review, and students are encouraged to use these sections to evaluate their own learning. A comprehension reference section is provided at the end of the textbook to further facilitate revision.

Throughout the book, the focus rests on preparing the student for the French Leaving Certificate examination. The exam preparation sections at the end of each unit provide students with a comprehensive overview of the requirements of the Leaving Certificate examination, at both Higher and Ordinary Levels. Sample answers are provided for all written exam questions.

Two free student CDs accompany the book.

The following icons are used to introduce exercises throughout the book.

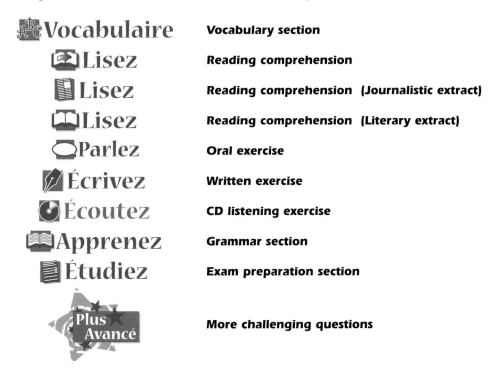

Vocabulaire	Vocabulary section
Lisez	Reading comprehension
Lisez	Reading comprehension (Journalistic extract)
Lisez	Reading comprehension (Literary extract)
Parlez	Oral exercise
Écrivez	Written exercise
Écoutez	CD listening exercise
Apprenez	Grammar section
Étudiez	Exam preparation section
Plus Avancé	More challenging questions

I would like to thank my family, Niall, Breda, Ronan and Garrett for their wonderful support and patience over the many months it took to complete this book. Thank you to my students and colleagues for all their encouragement. 'Un grand merci' to Steven Rogers, Sean Dingle and Elsa Merle, who were of great assistance during the completion of this project.

A special thank you to all in Folens for their invaluable assistance with producing *Tout Va Bien* ! In particular I would like to thank my editor, Priscilla O'Connor, for all her hard work, dedication and advice.

Many thanks to the native speakers Françoise, Kathy, Céline, Thomas, Damien, Jason and Killian, who took part in the recording sessions, and to Kieran McCauley in Trend Studios.

Dervla Murphy, 2008

CD tracks

Bonjour, Je Me Présente

Objectifs linguistiques et communicatifs :

- Introduce yourself
- Give personal details
- Discuss birthdays and star signs
- Describe different personalities

Vocabulaire :

- Les descriptions physiques
- Les traits de personnalité
- Les dates
- Les chiffres
- Les signes du zodiaque

Dossier oral :

- Les présentations

Production écrite :

- Le texte à trous
- Le formulaire

Grammaire :

- Le présent
- L'impératif

Préparation à l'examen :

- L'épreuve orale

1.1 Je Me Présente
 **Lisez** **Écoutez** 1.1

A) Les présentations. Quatre adolescents se présentent :
Read and listen to the introductions and match each person to his or her description in the grid below.

 A  B  C  D

1) Bonjour, je m'appelle Luc. J'ai 17 ans. Je suis né le 5 mai 1990 à Montréal au Canada. Je suis assez petit : je mesure 1 mètre 77. Je suis mince aux yeux bleus avec les cheveux châtains bouclés. Je suis québécois et je suis bilingue car je parle couramment le français et l'anglais. J'aime bien la nature et je pars souvent entre amis faire du camping.

2) Salut, Annabelle ici. Mon surnom est Belle. Je suis née à Annecy en France. Je suis petite, je mesure 1m 55. J'ai les cheveux roux et raides et j'ai les yeux verts. J'ai 18 ans, je suis en terminale cette année et je vais passer mon Bac au mois de juillet. Pendant mes moments de loisirs j'aime bien regarder la télévision.

3) Moi c'est Noah je suis africain. Je suis né le 3 mars 1993 à Dakar au Sénégal. J'habite dans une petite maison avec ma famille et mon grand-père. Je suis grand et je mesure 1m 85. J'ai les yeux marron et les cheveux noirs et courts. Je suis très sportif et dès que j'ai un moment de libre je joue au foot.

4) Bonjour, je m'appelle Roisin et je suis irlandaise. Mon anniversaire est le 29 juin. J'habite dans la banlieue nord de Dublin. J'ai les cheveux blonds et les yeux bleus. Je suis assez grande, je fait 1 mètre 78 et je suis un peu ronde. Mon passe-temps préféré est la musique. Je m'intéresse beaucoup à la musique et je joue du piano depuis l'âge de six ans.

Adolescent	A	B	C	D
Prénom				

 **Écrivez**

B) Regardez les photos ci-dessous de quatre jeunes et faites une description pour chaque individu :

1.2 Les Descriptions
ABC Vocabulaire

A) Apprenez le vocabulaire suivant :

1. Le physique

• La taille : mesurer + mètre

Exemple : Je mesure 1 mètre 80.
Il/elle mesure 1 mètre 75.

• être + adjectif

Exemple : Je suis grand(e).
Il est grand/elle est grande.
Il est petit/elle est petite.

• Le poids : peser + kilos

Exemple : Je pèse 65 kilos.
Il/elle pèse 80 kilos.

2. L'apparence

• Les yeux : avoir les yeux + couleur

Exemple : J'ai les yeux bleus.
Elle a les yeux marron.
Il a les yeux verts.

• Les cheveux : avoir les cheveux + couleur

Exemple : J'ai les cheveux noirs.
Elle a les cheveux châtains.
Il a les cheveux blonds.

• Avoir les cheveux + adjectif

Exemple : J'ai les cheveux blonds et mi-longs.
Elle a les cheveux noirs frisés.
Il a les cheveux roux et courts.

Écoutez · 1.2

**B) Écoutez les présentations de quatre jeunes francophones :
Karine, David, Saïd et Céline.**

Fill the correct personal details for each speaker into the grid below.

	A	B	C	D
Nom				
Prénom				
Âge				
Date d'anniversaire				
Lieu de naissance				
Taille				
Poids				
Cheveux				
Yeux				

Écrivez ·

C) A vous maintenant – remplissez votre propre grille !

	Moi-même
Nom	
Prénom	
Âge	
Date d'anniversaire	
Lieu de naissance	
Taille	
Poids	
Cheveux	
Yeux	

1.3 La Personnalité et le Caractère

Vocabulaire

**A) Pour parler de votre personnalité utilisez les
expressions suivantes :**

être + adjectif
ou
être quelqu'un de + adjectif

Exemple : Je suis drôle et vif.
Claire est fainéante.
Paul est quelqu'un de gentil.
Mes parents sont compréhensifs.

Pour apporter plus de nuance utilisez les mots suivants :

assez (quite), *complètement* (completely), *très* (very), *plutôt* (rather), *vraiment* (really)

Exemple: Je suis assez bavard.
Mon père est très ouvert.
Elle est complètement gâtée.

Qualité	
agréable	nice
amical(e)	friendly
bavard(e)	chatty
compréhensif(ive)	understanding
drôle	funny
génial(e)	brilliant
gentil(le)	kind
heureux(euse)	happy
intéressant(e)	interesting
mûr(e)	mature
ouvert(e)	outgoing
patient(e)	patient
sérieux(euse)	serious
sympa	nice
travailleur(euse)	hard-working
vif(vive)	bright

Défaut	
anxieux(euse)	anxious
arrogant(e)	arrogant
énervant(e)	annoying
ennuyeux(se)	boring
faible	weak
fainéant(e)	lazy
froid(e)	unfriendly
gamin(e)	childlike
gâté(e)	spoilt
impatient(e)	impatient
maladroit(e)	clumsy
malheureux(euse)	unhappy
méchant(e)	mean
paresseux(euse)	lazy
snob	snobbish
timide	shy

···· ◉Écoutez ···················· 1.3

B) Écoutez ces quatre jeunes qui parlent de leurs personnalités. Notez trois adjectifs pour chacun d'entre eux :

Nom	Adjectif 1	Adjectif 2	Adjectif 3
Sandrine			
Alexandre			
Thérèse			
Gabriel			

◯Parlez

C) Étudiez la liste de traits de caractère et répondez aux questions suivantes :

1. Comment décrivez-vous votre personnalité ?
2. Faites une liste de cinq adjectifs décrivant votre personnalité.
3. Faites une liste de cinq adjectifs décrivant la personnalité de votre meilleur(e) ami(e).
4. Quelles sont vos plus grandes qualités ?
5. Quels sont vos plus grands défauts ?

✍️ Écrivez

D) Associez les éléments des deux colonnes :

Colonne A	Colonne B
1. qui ne fait rien, qui ne veut pas travailler	a. sérieux
2. qui a les qualités d'un vrai copain	b. bavard
3. qui n'est pas frivole	c. fainéant
4. qui a de la vigueur	d. amical
5. qui parle beaucoup	e. vif

✍️ Écrivez

E) Trouvez les adjectifs contraires :
Circle the correct answer.

1. Je suis assez mûre.
Je suis assez gamine/fainéante/froide.

2. Claire est sympa.
Claire est malhonnête/méchante/maladroite.

3. Mon père est travailleur.
Mon père est paresseux/faible/désordonné.

4. Le prof est intéressant.
Le prof est anxieux/énervant/ennuyeux.

5. Ma fille est compréhensive.
Ma fille est gâtée/fainéante/impatiente.

1.4 Bon Anniversaire

🔤 Vocabulaire

A) Les dates

• When giving a date in French make sure you use the following formula:

le + date + month + year

Exemple : Quelle est la date de votre anniversaire ?

Mille neuf cent quatre-vingt-treize

Mon anniversaire est le 1er mai 1993.

Mille neuf cent quatre-vingt-huit

Je suis né le 20 décembre 1988.

For the first day of the month, we say « *le premier* », but for the second and third, we say « *le deux* », « *le trois* », etc.

• Les jours de la semaine
Days of the week in French are written with a small letter:
lundi, mardi, mercredi, jeudi, vendredi, samedi et dimanche

Exemple : Quel jour sommes-nous ? Nous sommes jeudi.

le 1er mai 1993 le 29 décembre 1988 le 26 janvier 1999 le 18 mai 1993

- Les mois de l'année
  Months of the year are written with a small letter:
  janvier, février, mars, avril, mai, juin, juillet, août, septembre, octobre, novembre, décembre

  Exemple : Quelle est la date d'aujourd'hui ? C'est le 5 mai.

- Les quatre saisons
  Le printemps, l'été, l'automne, l'hiver
  To say 'in summer', 'in autumn' or 'in winter' we use « *en* » but to say 'in spring' we use « *au* ».

  Exemple : C'est quand le prochain concert ? C'est au printemps.
  C'est quand la fin de l'école ? C'est en été.

Parlez

i) À deux, répondez à l'oral aux questions suivantes :

1. Quelle est la date de votre anniversaire ?

2. Vous êtes né(e) en quelle année ?

3. Vous êtes né(e) en quelle saison ?

Écrivez

ii) Écrivez les dates suivantes en lettres :
3/5/1988, 23/8/1991, 2/1/1979, 19/12/2007

Vocabulaire

B) Les chiffres

1	un	20	vingt
2	deux	21	vingt et un
3	trois	22	vingt-deux
4	quatre	23	vingt-trois
5	cinq	30	trente
6	six	40	quarante
7	sept	50	cinquante
8	huit	60	soixante
9	neuf	70	soixante-dix
10	dix	71	soixante et onze
11	onze	72	soixante-douze
12	douze	80	quatre-vingts
13	treize	81	quatre-vingt-un
14	quatorze	90	quatre-vingt-dix
15	quinze	91	quatre-vingt-onze
16	seize	100	cent
17	dix-sept	1.000	mille
18	dix-huit	100.000	cent mille
19	dix-neuf	1.000.000	un million

🎧 Écoutez · 1.4

i) Écoutez le passage concernant les chiffres et répondez aux questions suivantes :

1. When is Annabelle's birthday?
2. What year was Thierry Henry born?
3. On what date did Marie Curie die?
4. Could I have your telephone number, please?
5. What is Paul's mobile number?
6. Where does Emmanuelle Béart live?
7. What is the address of the Hotel Meurice?
8. How much does the fruit cost?
9. What is the population of France?
10. How many regions and departments are there in France?

✒️ Écrivez

ii) Écrivez les chiffres suivants en lettres :
3, 7, 11, 14, 15, 19, 21, 30, 47, 77, 81, 89, 95, 99, 100, 1.001

1.5 Les Signes du Zodiaque

🔤 Vocabulaire

Les douze signes du zodiaque

Bélier   Taureau   Gémeaux   Cancer   Lion   Vierge

Balance   Scorpion   Sagittaire   Capricorne   Verseau   Poissons

Lisez

A) L'Explication de Votre Signe !

Est-ce que votre signe peut révéler votre vraie nature ?

BÉLIER du 21 mars au 19 avril
Elément : *Le feu* **Votre jour :** mardi
Caractère : Un bélier est généralement actif et aventureux. Il a besoin de faire du sport pour utiliser son énergie.
Qualités : Dynamique et passionné vous adorez la vie et l'aventure.
Défauts : Quelquefois vous manquez de diplomatie.

TAUREAU du 20 avril au 20 mai
Elément : *La terre* **Votre jour :** vendredi
Caractère : Un taureau est un vrai réaliste. Vous aimez les choses simples et surtout la nature.
Qualités : Courageux, travailleur, vous êtes capable de vivre avec de lourdes responsabilités.
Défauts : Le taureau a tendance à être trop matérialiste.

GEMEAUX du 21 mai au 20 juin
Elément : *L'air* **Votre jour :** mercredi
Caractère : Vous êtes quelqu'un de très sincère, intelligent et curieux. Vous aimez les gens et les sorties.
Qualités : Les gémeaux font de très bons amis.
Défauts : Attention vous détestez le stress.

CANCER du 21 juin au 22 juillet
Elément : *L'eau* **Votre Jour:** lundi
Caractère : Le Cancer est imaginatif et sensible. Vous adorez le confort et êtes très proche de votre famille.
Qualités : En amour, vous êtes un grand romantique.
Défauts : Attention vous n'aimez pas prendre des risques.

LION du 23 juillet au 23 août
Elément : *Le feu* **Votre jour :** dimanche
Caractère : Les gens nés sous ce signe adorent l'autorité. Vous êtes fier, généreux, puissant et dominant.
Qualités : Un lion possède de grandes qualités d'organisation.
Défauts : Vous avez tendance à être trop têtu.

VIERGE du 24 août au 22 septembre
Elément : *La terre* **Votre jour :** mercredi
Caractère : Vous êtes quelqu'un de raisonnable et très sensible.Vous ne paniquez pas pendant les crises.
Qualités : Les vierges sont très sérieuses et peuvent garder les secrets.
Défauts : Vous êtes d'une nature plutôt méfiante.

BALANCE du 23 septembre au 22 octobre
Elément : *L'air* **Votre jour :** vendredi
Caractère : Vous êtes quelqu'un de chaleureux, sociable et tolérant.
Vous mettez les gens à l'aise.
Qualités : Intelligent et cultivé vous adorez la politique et la culture.
Défauts : Vous êtes très indécis et détestez prendre des décisions.

SCORPION du 23 octobre au 21 novembre
Elément : *L'eau* **Votre jour :** mardi
Caractère : Un scorpion est considéré comme passionné et profond.
Vous êtes plein de vie et êtes souvent de bonne humeur.
Qualités : Intelligent et intuitif vous adorez la compétition.
Défauts : Attention un scorpion est très jaloux, insensible et agressif.

SAGITTAIRE du 22 novembre au 21 décembre
Elément : *Le feu* **Votre jour :** jeudi
Caractère : En général vous êtes sincère, généreux, énergique et
dynamique, vous vivez avec plein d'émotions.
Qualités : Vous aimez l'action et n'hésitez pas à partir en voyage ou à
l'aventure.
Défauts : Vous n'aimez pas rester tranquille et manquez de concentration.

CAPRICORNE du 22 décembre au 19 janvier
Elément : *La terre* **Votre jour :** samedi
Caractère : Patient et ambitieux, vous êtes un travailleur infatigable.
En général les capricornes sont très ambitieux.
Qualités : C'est un signe de maturité car vous pensez toujours à bien
travailler et aider les autres.
Défauts : Vous ne savez pas dire non aux gens !

VERSEAU du 20 janvier au 19 février
Elément : *L'air* **Votre jour :** samedi
Caractère : Le Verseau est un idéaliste qui est original, indépendant et
spirituel. Pour être heureux, vous avez besoin d'utiliser votre imagination.
Qualités : Un vrai artiste, vous exprimez souvent votre originalité. Vous
adorez l'art et la littérature.
Défauts : Vous êtes un solitaire et avez parfois du mal à vous entendre
avec les gens.

POISSONS du 20 février au 20 mars
Elément : *L'eau* **Votre jour :** jeudi
Caractère : Sensible, émotif et sentimental. Les poissons sont des gens
d'une extrême gentillesse qui adorent s'occuper des autres.
Qualités : Vous avez un esprit ouvert et vous passionnez pour mille
choses.
Défauts : Vous détestez les conflits et avez du mal à faire des choix.

Lisez

i) Read the horoscope again and answer the following questions:

1. List the faults and qualities of a person whose star sign is Libra.
2. Name one quality of a Leo.
3. How would you describe a typical Aries?
4. Why do Capricorns make good workers?
5. Which star sign is known for its artistic qualities?
6. Which star sign makes a good friend?
7. Name two faults that Scorpios are famous for.

Parlez

ii) Êtes vous d'accord avec l'explication de votre signe ?
À deux, lisez les horoscopes et répondez aux questions suivantes à l'oral :

1. Est-ce que votre caractère correspond avec l'explication du signe ? (Justifiez votre réponse.)
2. Pensez à vos défauts et vos qualités, sont-ils les mêmes que dans la description ?
3. Vous n'êtes pas d'accord avec votre signe, que voulez vous changer ?

Écoutez 1.5

B) Écoutez la conversation entre Marc et Sophie par rapport aux signes astrologiques et répondez aux questions :

1. Why is Sophie looking for the newspaper?
2. What does Sophie always do before making a major decision?
3. What problem is currently troubling Marc?
4. Name **two** details given in Marc's horoscope.
5. What is Sophie's final piece of advice to Marc?

1.6 Dix Questions à l'Oral

A) Thème : Les présentations

**Utilisez le vocabulaire p. 3 pour répondre aux questions suivantes.
Notez vos réponses dans votre carnet d'oral.**

Les questions

1. Bonjour, comment vous appelez-vous ?
2. Quel âge avez-vous ?
3. Quelle est la date de votre anniversaire ?
4. Vous êtes né(e) en quelle année ?
5. Où êtes-vous né(e) ?
6. Quand aurez-vous 18 ans ?
7. Qu'est ce que vous avez fait pour fêter votre anniversaire ?
8. Vous êtes de quel signe ?
9. Parlez-moi un peu de votre personnalité.
10. Comment vous décrivez-vous physiquement ?

B) Pour vous aider

Q: Bonjour, comment vous appelez-vous ?
Bonjour, Monsieur/Madame. Je m'appelle Conor Martin.

Q: Quel âge avez-vous ?
J'ai 17 ans. Je suis né le 3 janvier mille neuf cent quatre vingt dix.

Q: Quand aurez-vous 18 ans ?
J'aurai 18 ans le 3 janvier prochain. Je fêterai mon anniversaire entre amis en ville.

Q: Parlez-moi un peu de votre personnalité.
A mon avis, je suis quelqu'un d'intelligent, patient et très bavard. J'aime bien rire et je suis toujours de bonne humeur.
Malheureusement mes parents pensent que je suis tout à fait le contraire ! Mon père croit que je suis paresseux et impatient mais ce n'est absolument pas vrai !

Q: Comment vous décrivez-vous physiquement ?
Je suis assez grand. Je mesure 1 mètre 85. J'ai les yeux bleus et les cheveux blonds. Je pèse 62 kilos.

 1.8

C) Prononciation

Good pronunciation is a key part of speaking French. The following is a rough guide to help you improve your accent.

Dos	Don'ts
Do pronounce the final consonant of words ending in -c, -r, -f or -l: avec, parc, avril, mal, sur, par, œuf, neuf	Don't pronounce the final consonants of words ending in -s, -x, -z, -t, -d, -n and -m (these letters are normally silent at the end of a word): pas, mot, ils, et, temps, pied, nous, petit
Do pronounce the final consonant if there is an -e at the end of an adjective or noun: petite, grise, dernière	Don't pronounce the third person plural ending of the present tense, as the -nt is silent: dansent, donnent, vendent, finissent
Do pronounce the -t of words ending in -tion as an -s: information, revolution, attention, communication	Don't pronounce the silent -h at the beginning of words such as the following: un hôpital, un homme, un hôtel

1.7 La Production Écrite

In the Leaving Certificate Ordinary Level exam the first written question consists of either a text with missing words to be filled in or a form to be filled in. You have a choice between the two.

A) Le texte à trous

You are given a text, usually a letter, with ten blank spaces. From a list of ten words you must fill in the gaps. Read the letter once to grasp the main idea and then read the list of words. Fill in the blanks with the most appropriate word.

i) Complétez la lettre ci-dessous avec les mots suivants :

Verseau, à, rire, châtains, mesure, comme, après, émission, signe, passe-temps

Lyon, le 3 juillet

Cher Luc,

Bonjour, je m'appelle David et j'ai 18 ans. Je suis né _____ Lyon et je suis français. Mon anniversaire est le 23 janvier 1992. Je suis _____ . Comme mon _____ l'indique je suis original et intelligent. J'aime ____ et je suis souvent de bonne humeur. J'ai les yeux bleus et les cheveux _____ . Je suis assez grand et je _____ un mètre soixante-seize. Je pèse quatre-vingts kilos. Je suis très sportif et j'adore les sports d'équipe _____ le football et le rugby. Le sport est un _____ très important pour moi. Pendant mes moments de loisirs j'aime regarder la télévision. C'est un bon moyen de se détendre. Mon _____ préférée est Les Simpson, je la regarde tous les jours _____ l'école.

Amitiés,

David

ii) Complétez la lettre ci-dessous avec les mots suivants :

en, mode, chaussures, paresseuse, le, longs, rester, chansons, ronde, écouter

Montréal, le 15 mai

Chère Isabelle,

Salut, c'est Claire. Je suis canadienne est je suis née à Montréal _____ mil neuf cent quatre-vingt-seize. Mon anniversaire est _____ 1er mai et je suis Taureau. Je suis assez _____ et petite, je fais un mètre cinquante-cinq. J'ai les yeux bleus et les cheveux ____ Je suis blonde. Mes amis disent souvent que je suis gentille, sociable et généreuse. J'adore la _____ et chaque week-end je vais en ville pour faire du shopping avec mes amis. S'ils ne sont pas trop chers j'achète surtout des sacs à mains et des _____ A mon avis je suis un peu _____ car je déteste le sport. Même à l'école j'ai horreur de l'EPS. Je préfère _____ à la maison et _____ de la musique. Mon chanteur préféré est Garou car il chante de très bonnes _____ .

A bientôt,
Claire

iii) Complétez la lettre ci-dessous en écrivant les mots suivants dans les espaces appropriés :

trouvé, sympa, le, rentrerai, suis, à, ma, comprends, voir, belle

2007 Leaving Certificate OL Section II A a)

Nice, le 10 juin

Cher Paul,

Me voici _____ Nice chez _____ correspondante, Hélène. Je _____ ici depuis le week-end dernier.

La famille d'Hélène est très _____ . J'ai _____ les trois premiers jours très difficiles car tout le monde parle vite mais maintenant je _____ tout.

Nice est une _____ ville et il y a beaucoup à faire et à _____ . J'adore les repas français surtout _____ pain croustillant. Je _____ chez moi le 30 juin.

Amitiés,
Anne

B) Le formulaire

In general, the first five questions in a form ask for basic information, such as your name, age and nationality. These questions may be answered with just one or two words.

The remaining questions require a more detailed answer. Care should be taken to use full sentences when answering.

Remplissez le formulaire :
i) Vous êtes un jeune chanteur/chanteuse et vous voulez faire partie d'une émission de téléréalité. Remplissez le formulaire de candidature suivante. Si possible utilisez des phrases complètes.

1. Nom : . . . .

2. Prénom : . . . .

3. Âge : . . . .

4. Signe de zodiaque : . . . .

5. Date et lieu du naissance : . . . .

6. Nationalité : . . . .

7. Cheveux : . . . .

8. Yeux : . . . .

9. Taille : . . . .

10. Poids : . . . .

11. Vos passe-temps préférés :

. . . .

. . . .

. . . .

12. Décrivez votre personnalité :

. . . .

. . . .

. . . .

13. Votre principale qualité :

. . . .

. . . .

14. Votre principal défaut :

. . . .

. . . .

15. Pourquoi voulez-vous participer à l'émission ?

. . . .

. . . .

. . . .

ii) Vous vous appelez Patrick / Patricia Ryan. Vous voulez faire un stage d'été dans une école de langues à Cherbourg. Remplissez le formulaire suivant.

N.B. Répondez à 6, 7, 8, et 9 par des phrases complètes.

2007 Leaving Certificate OL Section II A b)

1. Nom : . . . .

2. Prénom : . . . .

3. Âge : . . . .

4. Nationalité : . . . .

5. Nombre d'années d'étude de français : . . . .

6. A part le français, quelles autres matières étudiez-vous à l'école ?

. . . .

. . . .

7. Quels sont vos passe-temps préférés ?

. . . .

. . . .

. . . .

8. Donnez une brève description de votre personnalité.

. . . .

. . . .

. . . .

9. Pourquoi avez-vous choisi Cherbourg pour faire ce stage ?

. . . .

. . . .

. . . .

1.8 La Grammaire – Le Présent
 Apprenez

A) Use
The present tense is used to communicate current or habitual actions. Verbs are the building blocks that we use to construct sentences in French. The better your knowledge of verbs, the easier it will become for you to communicate successfully in French.

B) Formation
When we first learn a verb, we do so in the infinitive form, i.e. *donner* (to give). An infinitive is made up of two parts: a stem and an ending.

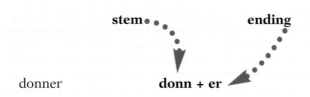

donner   **donn + er**

Verbs in French are divided into two categories: **regular** and **irregular**. In order to conjugate a verb in the present tense we must first know what category it belongs to.

Regular verbs

The majority of verbs in French are regular. There are three verb families ending in *-er*, *-ir* or *-re* which follow the same pattern. You must carefully learn the pattern for each of the three groups.

To form the present tense of regular verbs, we remove the ending from the infinitive and add the appropriate ending to the stem:

	Donner *(to give)*	**Finir** *(to finish)*	**Vendre** *(to sell)*
je	donne	finis	vends
tu	donnes	finis	vends
il/elle/on*	donne	finit	vend
nous	donnons	finissons	vendons
vous	donnez	finissez	vendez
ils/elles	donnent	finissent	vendent

* The personal pronoun « on » in French corresponds to the personal pronoun 'one' in English, i.e. one can go to visit, one says that… However, in informal French it is also used to mean 'someone' or 'everyone' and can replace the pronoun 'we' : on va au parc = we are (everyone is) going to the park.

Irregular verbs

Irregular verbs do not follow a set pattern and must be learned individually. The following tables list the most commonly used irregular verbs you will need to know.

Être *(to be)*	Avoir *(to have)*	Aller *(to go)*	Faire *(to make/do)*
je suis	j'ai	je vais	je fais
tu es	tu as	tu vas	tu fais
il/elle/on est	il/elle/on a	il/elle/on va	il/elle/on fait
nous sommes	nous avons	nous allons	nous faisons
vous êtes	vous avez	vous allez	vous faites
ils/elles sont	ils/elles ont	ils/elles vont	ils/elles font

Devoir *(to have to)*	Sortir *(to leave)*	Pouvoir *(to be able to)*	Vouloir *(to want)*
je dois	je sors	je peux	je veux
tu dois	tu sors	tu peux	tu veux
il/elle/on doit	il/elle/on sort	il/elle/on peut	il/elle/on veut
nous devons	nous sortons	nous pouvons	nous voulons
vous devez	vous sortez	vous pouvez	vous voulez
ils/elles doivent	ils/elles sortent	ils/elles peuvent	ils/elles veulent

For other commonly used irregular verbs, see the verb table at the back of this book.

boire	to drink	partir	to leave
connaître	to know (someone)	prendre	to take
croire	to believe	recevoir	to receive
dire	to say	savoir	to know (something)
dormir	to sleep	sortir	to leave
écrire	to write	tenir	to hold
lire	to read	venir	to come
mettre	to put	voir	to see

C) Les verbes pronominaux (reflexive verbs)

A reflexive verb is one in which the subject performs the action on itself, i.e. *se laver* (to wash oneself). French reflexive verbs are recognised by a pronoun that appears before the verb.

This extra pronoun is a **reflexive pronoun** and corresponds to the idea of myself, yourself, himself, etc. in English.

Reflexive pronouns
The reflexive pronouns are *me, te, se, nous, vous* and *se*. Note that *me, te, se* become *m', t', s'* in front of a vowel.

The majority of reflexive verbs end in *-er* and follow the same pattern as regular *-er* verbs. The endings are *-e, -es, -e, -ons, -ez* and *-ent*.

Se laver *(to wash oneself)*	S'appeler *(to call oneself)*
je me lave	je m'appelle
tu te laves	tu t'appelles
il/elle/on se lave	il/elle/on s'appelle
nous nous lavons	nous nous appelons
vous vous lavez	vous vous appelez
ils/elles se lavent	ils/elles s'appellent

The following is a list of the most commonly used reflexive verbs in French:

s'appeler	*to be called, to call oneself*
s'asseoir	*to sit down*
se baigner	*to bathe, swim*
se brosser *(les cheveux, les dents)*	*to brush (one's hair, teeth)*
se casser *(la jambe)*	*to break (one's leg)*
se coucher	*to go to bed*
se couper	*to cut oneself*
se doucher	*to take a shower*
se fâcher	*to get angry*
s'habiller	*to get dressed*
se laver *(les mains, la figure)*	*to wash (one's hands, face)*
se lever	*to get up*
se maquiller	*to put on make-up*
se marier	*to get married*
se moquer de	*to make fun of*
se regarder	*to look at oneself*
se reposer	*to rest*
se réveiller	*to wake up*
se souvenir de	*to remember*

1.9 La Grammaire – l'Impératif

Apprenez

A) Use

*L'impératif (*the imperative*)* is used to give commands or orders or to express wishes. You will already be familiar with certain classroom commands such as « *Écoutez* » or « *Répétez* ». The Imperative is a very direct way to give an order.

There are three forms of the imperative: *tu*, *nous* and *vous*.
• The *tu* form is used for a person you know well.
• The *nous* form is used as a suggestion, i.e. 'let's...' or 'let us...'
• The *vous* form is used for more than one person or people you do not know.

B) Formation

1) Take the *tu*, *nous* and *vous* forms of the verb in the present tense:

Subject pronouns	Donner	Finir	Vendre	Aller
tu	donnes	finis	vends	vas
nous	donnons	finissons	vendons	allons
vous	donnez	finissez	vendez	allez

2) Drop the subject pronoun. For verbs ending in **-er** also drop the final **-s** in the **tu** form. (The imperative is easily identified by its lack of a subject pronoun.)

Donne !	Give!
Donnons !	Let us give!
Donnez !	Give!

Exemple : Donne le livre à Sophie !

Finis !	Finish!
Finissons !	Let us finish!
Finissez !	Finish!

Exemple : Finissez vos devoirs !

Vends !	Sell!
Vendons !	Let us sell!
Vendez !	Sell!

Exemple : Vends ton ancien vélo !

Va !	Go!
Allons !	Let us go!
Allez !	Go!

Exemple : Allons à l'église !

3) There are three verbs with an irregular imperative that you must know.

Avoir	Aie !	Have!
	Ayons !	Let us have!
	Ayez !	Have!

Exemple : Ayez peur !

Être	Sois !	Be!
	Soyons !	Let us be!
	Soyez !	Be!

Exemple : Soyons à l'heure !

Savoir	Sache !	Know!
	Sachons !	Let us know!
	Sachez !	Know!

Exemple : Sache que je suis très heureuse !

4) To make an order negative, place « **ne ... pas** » on either side of the imperative.

Exemple :   **Ne** mangez **pas** dans la classe !   Don't eat in class!
   Ne soyez **pas** méchants les enfants !   Children, don't be naughty!
   Ne fume **pas** dans le restaurant !   Don't smoke in the restaurant!

1.10 La Compréhension Écrite

Lisez

A) Lisez l'article sur le chanteur français Calogero et répondez aux questions :

LA FABULEUSE VIE DE CALOGERO

Une vraie bête de scène mais plutôt discret dans la vraie vie. Le chanteur Calogero est un homme à la fois compliqué et charmant ! On adore son caractère mystérieux et fascinant.

L'enfance
- Calogero est né le 30 julllet 1971 à Echirolles dans l'Isère.
- Il passe son enfance dans la banlieue grenobloise.
- Ses parents sont d'origine italienne.
- Le nom de famille de son père est Maurici.
- Il a une sœur et deux frères.
- Son prénom Calogero signifie « moine » et « vieux sage » en grec.

L'adolescence
- Au lycée il n'est pas bon élève. Il quitte l'école sans diplôme en quatrième.
- C'est un adolescent bien difficile. Il passe son temps à sécher les cours et n'a aucun respect pour l'autorité.
- La seule chose positive dans sa vie à cette époque est la musique.

Le musicien
- À six ans sa vocation musicale commence quand lui et son frère Gioacchino reçoivent des instruments : un clavier et une guitare, à Noël.
- A l'âge de quinze ans il joue dans son premier groupe Les Charts avec son grand frère Gioacchino à ses côtes.
- Ils connaissent un premier succès avec le tube : Je m'envole.
- Entre 1989 et 1997, Les Charts enregistrent cinq albums.
- Calogero, ou Charlie comme il est connu à l'époque, n'est pas content. Il n'aime ni le style de musique ni l'image qu'on lui impose.
- Son groupe se sépare pendant les années 90. Charlie coupe ses longs cheveux, reprend son sa propre prénom et s'installe à Paris.
- Cependant Calogero continue dans sa carrière de musicien et devient un compositeur de renom.
- Aujourd'hui il est l'un des chanteurs et musiciens les plus populaires de France.

1. Quelle est la date de naissance de Calogero ?

2. Où est-ce qu'il est né ?

3. De quelle nationalité sont ses parents ?

4. Quel type d'élève était Calogero ?

5. À partir de quel âge s'intéresse-t-il à la musique ?

6. Quel est le nom de son premier groupe ?

7. Donnez le nom de trois métiers qu'il a faits quand il habitait à Paris ?

Lisez

B) Lisez la fiche portrait et répondez aux questions :

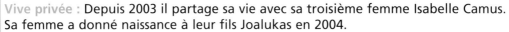

BIOGRAPHIE : LE TENNISMAN ET CHANTEUR
Yannick Noah

Nom : Noah.

Prénom : Yannick.

Né le : 18 mai 1960 à Sedan dans les Ardennes.

Signe astrologique : Taureau.

Ses qualités : Il est enthousiaste, généreux et vif.

Ses défauts : Il a tendance à être naïf.

Famille : Issu d'une famille sportive. Son père camerounais, Zacharie était joueur de football professionnel. Sa mère française, Marie-Claire Perrier est enseignante et ancienne capitaine de l'équipe de basketball française. Yannick s'est marié trois fois et a divorcé deux fois. Actuellement, il est père de cinq enfants. Son fils ainé, Joakim Noah, est aujourd'hui joueur de basket dans La NBA aux États-Unis.

Lieu de résidence : Il vit avec sa famille dans une maison à Feucherolles dans les Yvelines.

Vive privée : Depuis 2003 il partage sa vie avec sa troisième femme Isabelle Camus. Sa femme a donné naissance à leur fils Joalukas en 2004.

Le petit plus : En 1988, il a crée avec l'aide de sa mère Enfants de la terre, une association caritative, dont il est le parrain.

Enfance : Lorsqu'il a trois ans, sa famille quitte la France et s'installe au Cameroun. La famille Noah vit à Yaoundé, la capitale du pays où est né son père. C'est dans cette ville que le jeune Yannick découvre le tennis. Il a de la chance de se faire remarquer par le célèbre champion de tennis Arthur Ashe. A l'âge de 11 ans il revient en France pour continuer sa carrière de tennisman.

Parcours sportif : Il poursuit une carrière de tennisman très réussie. Le 5 juin 1983, c'est sur la terre battue de Roland Garros qu'il remporte sa première et seule victoire en tournoi du Grand Chelem. Pendant les années 90, il renouvèle avec le succès quand il devient capitaine de L'Équipe de France de Coupe Davis.

Parcours musical : En 1991, Yannick se lance dans le monde de la musique. Sa carrière de chanteur démarre avec son premier tube *Saga Africa*. Cette chanson devient le tube de l'été. Son plus grand succès arrive en 2000 avec le tube *Simon Papa Tara*. Aujourd'hui, il est actuellement en tournée après la réussite de son neuvième album *Charango*.

---

1. When and where was Yannick born?

2. What is his father's nationality?

3. Name two of his main qualities.

4. What is the profession of his eldest son Joakim?

5. How many times has Yannick been married?

6. What happened to Yannick when he was three years old?

7. With what song did Yannick achieve his first hit single?

8. To date how many albums has he released?

 Lisez

C) Lisez le fiche portrait et répondez aux questions :

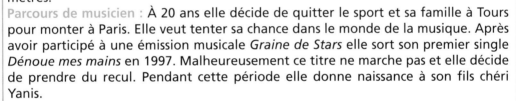

BIOGRAPHIE : LA REINE DU R&B FRANÇAIS
Nâdiya Zighem

Nom : Zighem.

Prénom : Nâdiya

Née le : 19 juin 1973, à Tours.

Famille : Elle est issue d'une grande famille d'origine algérienne. Elle est la benjamine de sept enfants. Son fils, Yanis, a 8 ans.

Lieu de résidence : Paris.

Vie privée : Elle est très discrète et n'aime pas parler de sa vie amoureuse.

Ses qualités : Elle est vive, dynamique et ouverte.

Ses défauts : Elle est trop travailleuse.

Le petit plus : Son grand frère Kader est champion du monde de boxe française.

Enfance : Enfant très sportive, elle envisage de devenir nageuse professionnelle. Cependant, elle est aussi douée pour l'athlétisme et sa prof de gym l'encourage dans cette discipline. À 15 ans, Nâdiya devient championne de France Junior du 800 mètres.

Parcours de musicien : À 20 ans elle décide de quitter le sport et sa famille à Tours pour monter à Paris. Elle veut tenter sa chance dans le monde de la musique. Après avoir participé à une émission musicale *Graine de Stars* elle sort son premier single *Dénoue mes mains* en 1997. Malheureusement ce titre ne marche pas et elle décide de prendre du recul. Pendant cette période elle donne naissance à son fils chéri Yanis.

Trois ans plus tard, elle revient en duo avec le rappeur Stomy Bugsy. Leur single *Aucun dieu ne pourra me pardonner* devient un tube en France et dans les autres pays francophones d'Europe. Depuis la belle chanteuse cartonne et enchaîne les tubes. Nâdiya est désormais connue comme la reine du R&B français. Cette jeune femme a déjà enregistré quatre albums et elle est actuellement en tournée partout en France. À présent elle chante en duo avec Enrique Iglesias, la version française de son tube *Tired of Being Sorry (Laisse le Destin L'emporter)*.

1. Where was Nâdiya born?

2. What are her family's origins?

3. Why is it difficult to find out about her private life?

4. What is her main weakness?

5. What sport is her brother a world champion in?

6. As a child, what did she want to become when she was older?

7. Why did she move to Paris when she was 20 years old?

8. Whom does she duet with on her latest single?

 Lisez

D) Lisez l'article sur l'actrice Emilie de Ravin et répondez aux questions :

LES QUALITÉS ET LES DÉFAUTS d'Emilie de Ravin

I. Cette jeune actrice australienne est devenue célèbre grâce à son rôle dans la série *Lost*. La belle Emilie joue le rôle de Claire, la jeune maman de cette série culte. Un personnage assez perdu qui trouve une certaine rédemption grâce à son nouveau né, le petit Aaron. Dans la vraie vie, Emilie affirme mener une vie bien équilibrée. Elle vient de se marier avec un acteur américain et s'avoue avoir trouvé l'amour parfait. Elle est dotée d'une franchise qui lui permet de nous faire découvrir quelques-unes de ses qualités ainsi que ses défauts.

SES QUALITÉS
La tolérance

La tolérance et le respect des autres sont les valeurs principales dans la vie de l'actrice. Emilie est issue d'une famille d'immigrés. Ses arrière-grands-parents d'origine française sont venus s'installer en Australie au début du siècle dernier. Elle pense que la diversité des cultures est une chose nécessaire pour le fonctionnement d'un pays. Elle est d'avis que la société moderne a besoin d'un véritable mélange de races dans les grandes villes du monde.

Le dynamisme

Emilie est vraiment une personne très active qui n'aime pas du tout la paresse. Sa vitalité et vivacité sont évidentes dans tous les domaines de sa vie. Grace à sa formation de danseuse, elle possède une attitude positive et respectueuse envers le travail. Cette disposition est un vrai avantage sur le plateau de *Lost*, où le tournage est long et peut commencer très tôt le matin.

II. ### SES DÉFAUTS
La gourmandise

Comme presque toutes les actrices demeurant en Californie la jeune actrice fait attention à sa ligne. Pas évident pour quelqu'un qui avoue être une vraie gourmande. Afin de ne pas grossir elle essaie de contrôler cet aspect de son caractère. Elle admet avoir une petite faiblesse pour les céréales et elle pourrait en manger à n'importe quel moment de la journée. Cependant, elle arrive à garder sa taille de guêpe car elle est devenue très habile à maîtriser sa gourmandise.

La jalousie

Emilie avoue être une femme jalouse quand il s'agit de son homme. Elle s'est mariée en 2006 avec l'acteur américain Josh Janowicz. Avec un planning très chargé elle n'as pas toujours la chance d'être avec son mari chéri. Elle tourne *Lost* à Hawaii en semaine et doit attendre le week-end pour rejoindre son mari en Californie. Donc sa vie est partagée entre cette belle île et sa maison à Los Angeles. Son planning bien chargé l'éloigne de l'homme de sa vie. Alors, c'est normal que de temps en temps elle puisse souffrir d'une petite crise de jalousie.

1. i) Relevez l'expression qui indique que l'actrice Emilie de Ravin parle de sa personnalité avec aisance.
    ii) Comment savons-nous qu'Emilie n'est pas quelqu'un de borné ? (Section I)

2. Laquelle des phrases suivantes résume le mieux les sentiments d'Emilie envers la diversité culturelle ? (Section II)
    a) c'est nécessaire pour la société
    b) la diversité la met en colère
    c) les races ne doivent pas se mélanger
    d) n'existe pas dans les grandes villes

3. i) Retrouver la phrase qui indique qu'Emilie est quelqu'une de travailleuse ?
    ii) Trouver un synonyme pour le mot « fainéantise ».

4. i) Selon l'actrice dans quelle circonstance est elle capable d'être jalouse ?
    ii) Dans la deuxième section trouvez :
        a) un verbe qui veut dire « retrouver »
        b) un adjectif possessif

5. i) Relevez, dans la deuxième section, la phrase qui indique qu'Emile surveille son poids.
    ii) Trouvez une expression qui indique que l'actrice réussit à rester mince ?

6. Emilie de Ravin plays the part of a young mother in the American series *Lost*. How does working on *Lost* affect the Australian actor's life? Give **two** points and refer to the text in your answer.

1.11 La Compréhension Littéraire
📖 Lisez

Lisez l'extrait de roman puis répondez aux questions :

This extract recalls how a young medical student, Jean-Claude, falls in love with Florence a fellow student in Lyon.
* Il = Jean-Claude

I. Il* avait une autre raison pour s'inscrire en première année de médecine à Lyon, c'est que Florence, une cousine éloignée qu'il voyait quelquefois dans des fêtes de famille, s'y était inscrite aussi. Elle habitait Annecy avec ses parents et ses deux frères dont elle était l'aînée. Son père travaillait dans une entreprise fabriquant des montures de lunettes, un de ses frères est devenu opticien. C'était une grande fille sportive, bien faite, qui aimait les feux de camp, les sorties en bande, confectionner des gâteaux pour la fête de l'aumônerie. Elle était catholique avec naturel. Tous ceux qui l'ont connue la décrivent franche, droite, entière, heureuse de vivre. « Une chic fille, dit Luc Ladmiral, un peu tradi... » Pas sotte du tout, mais pas maligne non plus, en ce sens qu'elle ne voyait pas plus le mal qu'elle ne le faisait.

II. Cette ligne de vie droite et claire qui semblait un attribut naturel de Florence, il a voulu la partager. Il dit que depuis l'âge de quatorze ans il s'estimait promis à elle. Rien ne s'y opposait mais il n'est pas certain que cette élection ait été immédiatement réciproque. À Lyon, Florence partageait un petit appartement avec deux filles, comme elle étudiantes en médecine. A les croire, elle était plutôt agacée par la cour à la fois insistante et timide de ce cousin jurassien qui plaisait surtout à ses parents et, plus ou moins chargé par eux de veiller sur elle, ne manquait jamais de l'attendre à la gare de Perrache quand elle revenait d'Annecy le dimanche soir. Elle était très sociable, lui ne connaissait personne mais à force d'y faire tapisserie s'est agrégé à son groupe de copains. Personne n'y voyait d'inconvénient; personne non plus, s'il n'était pas là, ne songeait à l'appeler. Dans cette petite bande sagement remuante qui faisait des excursions en montagne et quelquefois, le samedi soir, sortait en boîte, il tenait le rôle du polar pas très drôle, mais gentil.

Emmanuel Carrère, *L'Adversaire*

© Editions P.O.L 2000

---

1. i) D'après la première section quel est le lien entre Jean-Claude et Florence ?

   ii) Jean-Claude et Florence sont des :

   a) étudiants

   b) amants

   c) médecins

   d) parents

2. Quel est le métier du père de Florence ? (Section I)

3. i) Relevez une expression qui indique que Florence menait une vie active. (Section I)

   ii) Selon les amis de Florence elle était quel type de personne ? (Section I)

4. i) Selon la deuxième section comment sait-on que Jean-Claude était amoureux de Florence et voulait partager sa vie ?

   ii) Relevez la phrase qui nous indique que Florence prenait le train chaque week-end. (Section II)

5. i) Citez une expression dans la deuxième section, qui suggère que Jean Claude n'était pas très populaire.

   ii) Trouvez dans la deuxième section, un verbe à l'infinitif.

6. While Jean-Claude is clearly in love with Florence, it is not certain whether the feeling is mutual. How is this point illustrated in the text? (**Two** points, about 50 words in total.)

1.12 La Grammaire – Le Présent : Verbes avec Particularités Orthographiques

Plus Avancé

Apprenez

A) Use
For pronunciation reasons, several verbs in French have slight spelling irregularities.

B) Formation
A slight change takes place in the spelling of the stem. These changes usually occur before the verb's silent endings *-e, -es, -ent*, which correspond to the subject pronouns *je, tu, il, elle, on, ils, elles*.
- For verbs ending in *-eter* and *-eler*, double the final constant before the silent endings.

	jeter *(to throw)*	**appeler** *(to call)*
je/j'	jette	appelle
tu	jettes	appelles
il/elle/on	jette	appelle
nous	jetons	appelons
vous	jetez	appelez
ils/elles	jettent	appellent

Other examples
épeler	*to spell*
rappeler	*to call back, recall*
renouveler	*to renew*
projeter	*to project*
rejeter	*to reject*
Exception:	*acheter*

- For verbs with an *-e* or *-é* before the last syllable, change to *-è* before the silent endings.

	lever *(to get up)*	**espérer** *(to hope)*
je/j'	lève	espère
tu	lèves	espère
il/elle/on	lève	espère
nous	levons	espérons
vous	levez	espérez
ils/elles	lèvent	espèrent

Other examples
acheter	*to buy*
enlever	*to remove*
geler	*to freeze*
mener	*to lead*
peser	*to weigh*
compléter	*to complete*
différer	*to differ*
inquiéter	*to worry*
préférer	*to prefer*
répéter	*to repeat*
suggérer	*to suggest*

- For verbs that end in *-oyer* or *-uyer*, change the *-y* to *-i* before the silent endings.

	Nettoyer *(to clean)*	Essuyer *(to wipe)*
je/j'	nettoie	essuie
tu	nettoies	essuies
il/elle/on	nettoie	essuie
nous	nettoyons	essuyons
vous	nettoyez	essuyez
ils/elles	nettoient	essuient

Other examples

employer	to employ
ennuyer	to bore
se noyer	to drown

*Note: A spelling change also takes place in verbs ending in **-ayer** with the **-y** changing to **-i**. However, this change is optional and the verb can be spelt in the regular way, i.e. **essayer** (to try): **j'essaie** or **j'essaye** are both correct.*

Other examples

balayer	to sweep
effrayer	to frighten
essayer	to try
payer	to pay

- Verbs that end in *-ger* have a spelling change before hard vowels *-a* and *-o*. Add an *-e* after the *g*.

- Verbs that end in *-cer* have a spelling change before hard vowels *-a* and *-o*. Change the *-c* to a *-ç*.

	Manger *(to eat)*	Commencer *(to begin)*
je/j'	mange	commence
tu	manges	commences
il/elle/on	mange	commence
nous	mangeons	commençons
vous	mangez	commencez
ils/elles	mangent	commencent

Other examples

bouger	to move
changer	to change
déménager	to move
nager	to swim
partager	to share
effacer	to erase
lancer	to throw
menacer	to threaten
placer	to put
remplacer	to replace
voyager	to travel

1.13 Faire le Bilan

✏️ Écrivez

A) Exercices de vocabulaire

i) Traduisez les mots suivants en français :

a) brown eyes
b) blonde haired
c) red haired
d) short hair
e) curly hair

f) quite
g) rather
h) lazy
i) funny
j) outgoing

k) clumsy
l) chatty
m) in spring
n) in summer
o) seventy-one

p) eighty-eight
q) ninety-nine
r) one hundred
s) one thousand
t) one million

ii) Traduisez les mots suivants en anglais :

a) la taille
b) l'apparence
c) mince
d) ronde
e) un défaut

f) châtain
g) mi-long
h) mûr
i) vif
j) énervant

k) fainéant
l) compréhensif
m) Verseau
n) Balance
o) Bélier

p) Gémeaux
q) les chiffres
r) les lettres
s) soixante-douze
t) quatre-vingts

iii) Traduisez les verbes suivants en anglais :

a) lire
b) écouter
c) regarder
d) parler
e) écrire

f) décrire
g) apprendre
h) trouver
i) peser
j) mesurer

k) fêter
l) connaître
m) devoir
n) pouvoir
o) vouloir

p) mettre
q) se fâcher
r) se laver
s) se réveiller
t) se reposer

iv) Mettez le, la ou les devant les noms :

a) ___ caractère
b) ___ cheveux
c) ___ personnalité
d) ___ physique
e) ___ yeux

f) ___ taille
g) ___ date
h) ___ signe
i) ___ lettre
j) ___ chiffres

v) Mettez le dialogue en ordre et recopiez-le dans votre cahier :

Exemple : bleus • grande • je • les • avec • suis • yeux = *Je suis grande avec les yeux bleus.*

a) cheveux • verts • et • courts • a • roux • les • elle • yeux • les • et =
b) mesure • je • assez • mètre • je • 1 • petite • suis • et • 74 =
c) Clontarf • le • je • à • février • à • suis • 9 • né • Dublin =
d) taille • kilos • suis • et • 60 • je • de • pèse • moyenne • je =
e) plutôt • sont • ouverts • et • mes • compréhensifs • très • parents =

vi) Donnez le contraire :

Exemple : gentil — méchant

a) heureux   f) ennuyeux
b) amical   g) paresseux
c) arrogant   h) patient
d) ouvert   i) vif
e) gamin   j) agréable

B) Exercices de grammaire

i) Conjuguez les verbes réguliers suivants au présent :

a) Ils _____ (vendre) leur maison en France.

b) Nous _____ (regarder) les DVD ensemble.

c) Vous _____ (choisir) vos couleurs préférées.

d) Je _____ (attendre) mon frère devant le cinéma.

e) Les filles _____ (chanter) des chansons.

ii) Conjuguez les verbes irréguliers suivants au présent :

a) Les filles _____ (devoir) faire attention.

b) Ils _____ (prendre) le métro à Paris.

c) Paul _____ (faire) ses devoirs dans sa chambre.

d) Vous _____ (pouvoir) voir la Tour Eiffel.

e) Isabelle et Jean _____ (aller) à l'école.

iii) Conjuguez les verbes pronominaux suivants au présent :

a) Je _____ (se lever) très tôt.

b) Nous _____ (s'amuser) bien en France

c) Elles _____ (s'appeler) Amy et Emma.

d) Tu _____ (se coucher) à 22 heures.

e) Anna _____ (se maquiller) avant de sortir.

iv) Mettez les verbes suivants à l'impératif :

a) _____ (nous, écouter) bien le prof !

b) _____ (vous, être) sage les enfants !

c) _____ (tu, trouver) moi le bon chemin !

d) _____ (vous, venir) avec moi !

e) _____ (tu, ouvre) la porte s'il te plaît !

v) Traduisez les phrases suivantes en français :

a) The boys go to school.
b) She knows my friend.
c) We drink a lot of tea.
d) You put the book on the table.
e) He takes the money.
 f) Give the book to Catherine!
g) Finish your homework, girls!
h) Stay calm, sir!
 i) Let us go to school!
 j) Paul, do not eat sweets!

vi) Conjuguez les verbes avec les particularités orthographiques au présent :

Plus Avancé

a) Chaque matin nous _____ (manger) le petit déjeuner ensemble.
b) En vacances les enfants _____ (se lever) très tôt.
c) Il ne _____ (jeter) jamais les papiers par terre.
d) Au lycée nous _____ (commencer) les cours à neuf heures.
e) Tu _____ (acheter) le journal tous les jours ?

ii) Traduisez les phrases suivantes en français :

a) Every morning, I wake up at a quarter to seven.
b) In my school, we share our books.
c) He hopes that she is happy.
d) I am often bored in maths class.
e) The students spell the words together.

C) Exercices écrits

Texte à trous

i) Complétez la lettre ci-dessous avec les mots suivants :

taille, des, devenir, française, genres, nature, cette, été, ravie, premier

Tubbercurry, le 3 juillet

Chère Delphine,

J'ai _____ très contente de recevoir ta lettre d'introduction. Je suis vraiment _____ d'avoir une nouvelle correspondante _____. Je me présente. Je m'appelle Emily. Je suis née à Sligo et je suis irlandaise. J'ai 18 ans et mon anniversaire est le _____ avril.

Je suis de _____ ouverte et amicale. J'aime bavarder et je suis souvent de bonne humeur. J'ai les yeux marron et les cheveux châtains. Je suis de _____ moyenne et je pèse soixante kilos. Je suis très passionnée par la musique. J'aime tous _____ de musique et j'assiste souvent à _____ concerts. Je joue de la guitare et du piano. Plus tard j'aimerais _____ musicienne professionnelle.
Je t'envoie une photo de moi avec _____ lettre. N'oublie pas de m'écrire bientôt.

Amitiés,
Emily

ii) Complétez la lettre ci-dessous avec les mots suivants :

mes, nouvelles, quitté, en, plein, y, aux, serait, nouvelle, complètement

New York, le 18 octobre

Cher Shane,

Bonjour, c'est Céline. Je suis ta _____ correspondante. Mon professeur m'a donné ton nom et ton adresse. Je suis canadienne est je suis née à Montréal. Ma famille a _____ Montréal il y a cinq ans et en ce moment nous habitons à New York _____ États-Unis. Mon père travaille comme journaliste pour le New York Times.

Je suis élève _____ cinquième année au Lycée Français de New York. Mon lycée se trouve en _____ cœur de New York à Manhattan. Au lycée je suis la moitié des cours en anglais et l'autre moitié en français. Je suis _____ bilingue. Je parle en français avec mes parents et en anglais avec _____ amis américains.

J'adore la ville de New York car il y a tellement de choses à faire et à voir. Greenwich Village est mon quartier préféré. On _____ trouve des petits cafés et boutiques branchés ainsi que des galléries d'art. Ce _____ sympa si un jour tu pouvais venir visiter la ville de New York avec moi !

J'espère recevoir de tes _____ bientôt.

Amitiés,
Céline

iii) Complétez la lettre ci-dessous en écrivant les mots suivants dans les espaces appropriés :

(N.B. Cette liste n'est pas dans l'ordre).

les, fait, ma, à, cuisine, en, suis, sympas, dur, argent

2005 Leaving Certificate OL Section II A a)

Paris, le 5 août.

Chère Lucie,

Ça va ? Je travaille _____ Disneyland depuis deux mois et je _____ toujours épuisée. L'ambiance est bonne mais le travail est _____. Notre costume est lourd et il _____ très chaud cet été.

Je partage un appartement avec deux autres Irlandaises. Elles sont très _____. Nous nous entendons bien. Comme tu sais, j'aime faire la _____ mais celle de _____ mère me manque. Les copines ne la font pas bien.

Je gagne beaucoup d'_____ et j'essaie d'économiser.
Et toi ? Que fais-tu pendant _____ vacances ?
J'espère te voir quand je rentrerai _____ septembre.

Amitiés,
Edwina

Formulaire

i) Vous vous appelez Thomas/Treasa O'Sullivan. Vous voulez participer à un échange scolaire avec un lycée français. Remplissez le formulaire suivant :

N.B. Répondez à 6, 7, 8, et 9 par des phrases complètes.

1. Nom : ....

2. Prénom : ....

3. Âge : ....

4. Nationalité : ....

5. Nombre d'années d'étude du français : ....

6. À part le français, quelles autres langues étudiez-vous à l'école ?

....

....

....

7. Donnez une description de votre personnalité :

....

....

....

8. Quels sont vos passe-temps préférés ?

....

....

....

9. Pourquoi voulez-vous participer à cet échange ?

....

....

....

ii) Vous vous appelez Donnacha/Delia Donoghue. Vous postulez pour un poste d'animateur/d'animatrice pour une colonie de vacances à Saint Raphaël. Remplissez le formulaire suivant :

N.B. Répondez à 6, 7, 8, et 9 par des phrases complètes.

1. Nom : . . . .

2. Prénom : . . . .

3. Âge : . . . .

4. Lieu de naissance : . . . .

5. Nationalité : . . . .

6. Quelles langues parlez-vous ?

. . . .

. . . .

. . . .

7. Quels sports pratiquez-vous ?

. . . .

. . . .

. . . .

8. Donnez une brève description de votre caractère :

. . . .

. . . .

. . . .

9. Pourquoi voulez-vous devenir animateur/animatrice chez nous ?

. . . .

. . . .

. . . .

1.14 La Préparation à l'Examen – l'Épreuve Orale
Étudiez

The oral exam is the first exam of the French Leaving Certificate. It is worth 20% of your overall mark at Ordinary Level and 25% at Higher Level.

You are assessed on four elements:
• Pronunciation (20%)
• Vocabulary (20%)
• Structure (30%)
• Communication (30%)

The key to success in the oral exam is not learning off rote answers but building up a solid vocabulary in French. It is a good idea to keep a separate oral copy, or *carnet,* to record all your oral work. When you come across useful vocabulary or phrases, write them down.

The oral exam lasts roughly 12 minutes, during which time you will be asked questions on a variety of topics. You will be asked general questions about yourself, school, friends, family, future plans, likes/dislikes, hobbies and pastimes. The following is a list of topics you may be asked to talk about.

• **Moi-même** – *votre âge, votre date et lieu de naissance, votre caractère, votre physique, vos amis.*
• **La famille** – *les membres de votre famille: leur métiers, leur caractère, les rapports en famille.*
• **La ville** – *votre quartier, votre ville, les installations, les inconvénients, les activités pour la jeunesse.*
• **Les passe-temps** – *vos sports et loisirs préférés, les sorties entre amis, la détente.*
• **L'école** – *votre lycée, vos matières, votre uniforme, le bac, les règlements, vos projets d'avenir.*
• **Les vacances** – *les activités, les projets, les pays, les moyens de transport.*
• **Une journée typique** – *que faites-vous pendant la semaine/le week-end ?*

As the oral exam is a formal situation, all questions will be asked in the ***vous*** form. As you are used to using the ***tu*** form of the verb, you should take special care to practise answering questions in the ***vous*** form. The examiner will ask you « *Comment vous appelez-vous ?* » instead of the more familiar « *Comment tu t'appelles ?* »

Sample questions in the vous form

Exemple: Quel âge avez-vous ?
  Parlez-moi un peu de votre famille ?
  Quels sont vos passe-temps préférés ?

In order to carry out a successful conversation in French, you must have a good knowledge of the **Present**, **Past** and **Future tenses**. Watch out for words such as *chaque, dernier* and *prochain,* as they will help you to recognise the tense the question is asked in.

Exemple: Qu'est ce que vous avez fait le week-end **dernier** ? = past tense
  Qu'est ce que vous faites **chaque** week-end ? = present tense
  Qu'est ce que vous allez faire le week-end **prochain** ? = future tense

You may also bring a document into the oral exam. This must be written in French and can take the form of a photograph, a project, a brochure or a picture. The examiner will ask you questions based on the document. This is a good option, as you can prepare answers to probable questions in advance. Try to pick an original topic that you are interested in and will feel comfortable talking about.

Préparation du document

When preparing a document, make sure you can answer the following questions:

Est-ce que vous pouvez répondre aux questions suivantes ?

 1. Vous avez un document ?
 2. De quoi s'agit-il ?
 3. Où avez-vous trouvé les images ?
 4. Pourquoi avez-vous choisi ce document ?
 5. Vous êtes sur la photo ?
 6. C'était où? C'était quand ?
 7. Qui a pris la photo ?
 8. Comment avez vous voyagé ?
 9. Vous vous intéressez au/à la/aux … depuis combien de temps ?
10. Qu'est-ce que vous pensez du/de la/des … ?

Samples of documents for the oral

Vacances de rêve

18 ans – je fais la fête !

1.15 Auto-évaluation

APRÈS AVOIR TERMINÉ L'UNITÉ 1, JE SUIS CAPABLE DE :

L'expression orale

	Bien	Assez bien	Pas du tout
saluer des gens			
me présenter			
donner des informations sur moi-même			
décrire ma personnalité et mon apparence			
comprendre et utilisez les chiffres de 1 à 100			
faire attention à la prononciation			
comprendre la différence entre tu et vous			
tenir un carnet d'oral			

Compréhension écrite

	Bien	Assez bien	Pas du tout
lire et comprendre un horoscope			
lire et comprendre des fiches portrait			

Production écrite

	Bien	Assez bien	Pas du tout
compléter un texte à trous			
remplir un formulaire			

Grammaire

	Bien	Assez bien	Pas du tout
comprendre, former et employer le présent			
comprendre, former et employer l'impératif			
conjuguez les verbes avec les particularités orthographiques au présent			

2
UNITÉ

La Vie en Famille

Objectifs linguistiques et communicatifs :

- ✍ **Introduce your family**
- ✍ **Discuss family relationships**
- ✍ **Describe professions**
- ✍ **Discuss household chores**

Vocabulaire :

- ✍ **La famille**
- ✍ **Les rapports**
- ✍ **Les métiers**
- ✍ **Le ménage**

Dossier oral :

- ✍ **La vie en famille**

Production écrite :

- ✍ **La lettre informelle**

Grammaire :

- ✍ **Les adjectifs**
- ✍ **La négation**
- ✍ **L'interrogation**

Préparation à l'examen :

- ✍ **La lettre informelle**

2.1 La Vie en Famille

Lisez

A) **La famille. Lisez les présentations et répondez aux questions sur le thème de la famille :**

1) Bonjour, ici Céline. Je suis née le 1ᵉʳ septembre à Paris. J'ai 15 ans et je suis vierge. Il y a a cinq personnes dans ma famille. Mes parents s'appellent Claude et Françoise. J'ai un frère et une sœur. Ma sœur Océane a 23 ans et elle est inscrite en licence de droit à la fac. Même si elle est plus âgée que moi on s'entend à merveille. Elle est bavarde, drôle et facile à vivre. Elle adore le shopping comme moi ! On va souvent au centre ville ensemble pour faire les magasins.

2) Salut, c'est David nous sommes quatre dans ma famille. Mon père s'appelle Jean et ma mère s'appelle Isabelle mais tout le monde l'appelle Isa. J'ai un petit frère qui s'appelle Paul. On a un rapport assez difficile et c'est souvent la guerre entre nous deux. Il a un caractère fort qui est très difficile à supporter. Mon père est médecin et travaille dans un hôpital pour enfants. Ma mère est femme au foyer. J'adore mes parents car ils sont sociables, gentils et patients. Chaque fois que j'ai un problème ils sont là pour m'écouter et ils me donnent toujours de bons conseils.

3) Salut, je m'appelle Karim. Je suis membre d'une famille nombreuse car nous sommes huit à la maison. Il y a mes parents, mon petit frère, mes quatre sœurs et moi même. Je suis l'aîné de la famille. Il est difficile de vivre avec autant de filles et il y a beaucoup de bruit chez moi. Malheureusement, mes sœurs ne s'entendent pas très bien ensemble. Elles se disputent souvent car elles ne veulent pas partager leurs affaires surtout les vêtements. Quel cauchemar !

4) Bonjour, je m'appelle Félix. J'ai 23 ans et je suis enfant unique. Mon père Jean-Laurent a 53 ans et il est ingénieur. Ma mère Claire a 50 ans, elle est coiffeuse. J'ai un bon rapport avec mes parents. Ils sont extrêmement gentils et patients avec moi. Mon père est intelligent et compréhensif et il est toujours prêt à m'écouter si j'ai besoin de l'aide. J'adore passer du temps avec lui car il peut être assez rigolo aussi.

---

i) **Vrai ou faux ? Lisez les phrases suivantes et dites si elles sont vraies ou fausses :**

	Vrai	Faux
Céline est l'aînée de sa famille.		
David s'entend bien avec son frère.		
Karim adore partager sa maison avec ses sœurs.		
Félix peut discuter facilement avec son père.		

ii) **Qui-est qui ? Trouvez la personne qui correspond le mieux aux affirmations suivantes :**

1. À un bon rapport avec ses parents. ....

2. Sa sœur étudie à l'université. ....

3. Apprécie le côté drôle de son père. ....

4. Fait partie d'une grande famille. ....

5. N'a pas de frère ou de sœur. ....

6. Est la plus jeune personne de la famille. ....

7. Sa mère travaille à la maison. ....

 Écrivez

B) À vous maintenant, écrivez un petit paragraphe sur votre famille.

Écoutez ···························· 2.1

C) Une famille pas comme les autres. Ecoutez l'histoire d'une famille française tout à fait exceptionnelle. Répondez aux questions suivantes :

1. After giving birth only twice, how is Madame Benoît already a mother to four young children?
2. How has the arrival of her daughters changed her home life?
3. What do little Robert and Lucas still need from their mother?
4. What does Charles say every father wants?
5. How is everyday life made easier for the Benoît family? (Give **two** details.)

2.2 Décrivez votre Propre Famille

Vocabulaire

A) Les membres de la famille

Le	La	Les
père	mère	frangins
grand-père	sœur	parents
frère	belle-mère	cousins
beau-père	grand-mère	grand-parents
demi-frère	demi-sœur	jumelles
jumeau	jumelle	jumeaux
cousin	cousine	
fils	fille	
l'oncle	tante	
petit fils	petite fille	
neveu	nièce	

• Vous êtes combien dans la famille ?
  Nous sommes cinq dans ma famille.
  Il y a cinq personnes dans ma famille.

• Vous êtes l'aîné ou le benjamin ?
• Vous êtes l'aînée ou la benjamine ?
  Je suis l'aîné(e) de la famille.
  Je suis le plus âgée / la plus âgée de la famille.
  Je suis le benjamin/la benjamine de la famille (le/la plus jeune).
  Je suis au milieu de la famille.

• Vous avez des frères ou des sœurs ?
  Oui, j'ai une sœur et un frère.
  Oui, j'ai deux frères et deux sœurs.
  Oui, j'ai une sœur mais je n'ai pas de frère.
  Oui, j'ai un frère mais je n'ai pas de sœur.
  J'ai un frère jumeau/j'ai une sœur jumelle.
  J'ai une demi-sœur et un demi-frère.

• Quelle est votre situation familiale ?
  Mes parents sont séparés.
  Mes parents sont divorcés.
  Mon père/ma mère s'est remarié(e).
  Je vis avec mon père et ma belle-mère.
  Je vis avec ma mère et mon beau-père.

Écrivez

B) Les liens familiaux. Complétez les phrases ci-dessous avec les mots suivants :

grand-mère, oncle, neveu, tante, nièce, cousin, cousine, grand-père

1. Le père de mon cousin est mon . . . .
2. Le fils de ma sœur est mon . . . .
3. La sœur de ma mère est ma . . . .
4. La fille de ma tante est ma . . . .
5. Le père de mon oncle est mon . . . .
6. Le frère de ma cousine est mon . . . .
7. La fille de mon frère est ma . . . .
8. La mère de ma mère . . . .

Vocabulaire

C) Les âges de la vie

Le bébé

L'enfant

L'adolescent

L'adulte

La personne âgee

Écrivez

Associez les phrases de la colonne A à celles de la colonne B.

Colonne A	Colonne B
1. Jean est né il y a deux mois.	a. C'est un enfant.
2. Carole a trois petit-fils.	b. C'est une adolescente.
3. Sophie adore les soirées en boîte et la musique pop.	c. C'est un bébé.
4. Laurent a 10 ans.	d. C'est une personne âgée.

Vocabulaire

D) Les rapports en famille

- Les bons rapports
    - s'entendre bien avec quelqu'un
    - avoir un bon rapport avec quelqu'un
    - aimer/adorer quelqu'un

- Les mauvais rapports
    - ne pas supporter quelqu'un
    - détester quelqu'un
    - se disputer avec quelqu'un
    - difficile à vivre
    - ça m'énerve quand
    - ça m'agace quand
    - rendre folle/fou

2.3 Les Relations Entre les Générations

Lisez

A) Claire présente la famille Fournier. Lisez le passage suivant et répondez aux questions :

Je m'appelle Claire Fournier. J'habite dans la banlieue lyonnaise avec ma famille. Nous sommes cinq à la maison. Avec autant de filles sous le même toit les relations entre nous sont souvent mouvementées. La vie en famille n'est pas toujours facile !

Mon père
Mon père s'appelle Charles. En général, c'est quelqu'un de gentil. Ce que j'apprécie le plus chez mon père est sa patience. Il est toujours là pour moi quand j'ai besoin d'être écoutée ou réconfortée. De temps en temps, il peut être strict mais à mon avis il est toujours juste.

Ma mère
Ma mère s'appelle Isabelle. J'ai un rapport assez difficile avec elle. Je la trouve têtue et énervante. Elle n'arrête pas de me critiquer. Elle me dit repète sans cesse que mes amis ne sont pas bien, que je sors trop tard ou que je ne fais pas assez de devoirs. Ça m'agace qu'elle ne comprenne pas que je suis jeune et j'ai besoin de m'amuser. Elle me rend folle !

Ma grande sœur

Ma grande sœur Océane a 20 ans. Elle est gentille, honnête et patiente. Je la considère comme ma meilleure amie. On a les même passe-temps et les mêmes goûts. On adore la mode, faire du shopping et les sorties. J'ai vraiment de la chance d'avoir une sœur comme elle.

Ma petite sœur

Ma petite sœur Hélène est tout à fait le contraire de ma grande sœur. Quelle petite peste, elle est odieuse ! Je ne la supporte pas. Tout ce qu'elle fait m'énerve. Elle n'arrête pas de faire des bêtises. J'ai vraiment du mal à vivre dans la même maison qu'elle.

Décrivez en quelques mots le rapport qui existe entre :

1. Claire et son père ....

2. Claire et sa mère ....

3. Claire et Océane ....

4. Claire et Hélène ....

🖊 Écrivez

B) Comment sont les relations chez vous ?

Écrivez un paragraphe sur les relations qui existent dans votre famille. Comment vous entendez-vous avec vos parents, vos sœurs et vos frères ?

💿 Écoutez ···················· 2.2

C) Listen to four young people talking about how they get on with their families. Answer the following questions.

Carole

1. What type of relationship does Carole have with her parents?
2. What interest does she share with her brother?

Monique

1. Why is Monique's mother often tired in the evening?
2. Describe Monique's relationship with her younger sister. (Give **two** details.)

Jean

1. Why does Jean not like being an only child?
2. Why does he not get on with his father?

Edouard

1. How does Edouard get on with his brothers?
2. Name two activities he participates in.

2.4 Les Métiers

📖Lisez

A) Quatre personnes parlent de leur métier. Lisez les passages et répondez aux questions :

Séverine

Je travaille comme assistante de direction dans une grande banque à Paris. J'aime bien mon métier car il est intéressant et assez varié. Chaque jour j'organise des voyages, je rédige des documents et je prends des notes lors des réunions. Pour être une bonne assistante il faut savoir s'adapter, être, disponible et discrète. Dans mon métier chaque jour est différent avec plein de nouveaux défis !

Karine

Je suis professeur au lycée. J'enseigne les langues modernes ; l'anglais et l'espagnol. J'aime bien mon métier car j'aime travailler avec les jeunes. En classe, il y a toujours une occasion de découvrir et partager de nouvelles idées avec les élèves. Un bon prof doit savoir communiquer et gérer des situations difficiles. Malheureusement, les profs doivent faire face au manque de discipline et de respect qui existe dans beaucoup d'établissements scolaires aujourd'hui.

Fabien

Je suis dentiste. Mon cabinet est situé au centre de Bordeaux. C'est une profession qui n'a pas une bonne réputation mais j'adore mon travail. Je suis heureux de pouvoir aider les patients et les soigner. Chaque jour je rencontre des patients différents et j'aime bien discuter avec eux. Je ne m'ennuie jamais au travail. Selon moi, l'avantage de mon métier est le contact avec les patients. Bien sûr, il y a les inconvénients. C'est vrai que les horaires sont longs et il faut sept ans d'études pour obtenir les diplômes nécessaires pour pratiquer.

Didier

Je travaille comme mécanicien dans un garage à Toulouse. Le métier de garagiste me plaît beaucoup parce que je suis passionné par les voitures. Mon travail me permet de voyager et rencontrer plein de monde. C'est un travail dur et très physique. Il faut connaître toutes sortes de véhicules. Tous les jours je réalise l'entretien des autos, je vérifie que tout est en ordre au niveau des pneus et des freins. De temps en temps, il m'arrive de faire des dépannages aussi.

1. According to Séverine, what qualities does a good personal assistant need?

2. What does Karine say is the biggest challenge facing teachers today?

3. Name **two** disadvantages that Fabien associates with his profession.

4. Why does Didier enjoy working as a mechanic?

Vocabulaire

B) Liste des métiers

Below is a list of common professions. Most professions exist in a male and female form.

Exemple : Mon frère est acteur et ma sœur est actrice.

However, grammatically, some professions have only a male form (or rarer still, a female form) which is used for both sexes.

Exemple : Louise est ingénieur et son mari Paul est ingénieur aussi.

Masculine	Feminine	Meaning
acteur	actrice	actor
boulanger	boulangère	baker
musicien	musicienne	musician
professeur	professeur	teacher (secondary)
fonctionnaire	fonctionnaire	civil servant
médecin	médecin	doctor
dentiste	dentiste	dentist
ingénieur	ingénieur	engineer
journaliste	journaliste	journalist
infirmier	infirmière	nurse
serveur	serveuse	waiter
vendeur	vendeuse	salesperson
policier	policière	police officer
employé de banque	employee de banque	banker
assistant	assistante	administrator
instituteur	institutrice	teacher (primary)
avocat	avocate	lawyer
mécanicien	mécanicienne	mechanic
Informaticien	informaticienne	IT worker
facteur	factrice	postman/woman
plombier	plombier	plumber

Parlez

C) À deux, répondez à l'oral aux questions suivantes :

1. Quel est le métier de votre père ?

2. Quel est le métier de votre mère ?

3. Quel est votre métier préféré, pourquoi ?

Écoutez 2.3

D) **Devinez le métier ? Écoutez ces quatre personnes qui parlent de leur métier. Try to guess what each person's profession is.**

Prénom	Métier
Didier	
Richard	
Amélie	
Agnès	

2.5 Les Tâches Ménagères

Écrivez

A) **Link the household chore in column A with its description in column B.**

Colonne A	Colonne B
1. Mettre les couverts	a. utiliser un fer à repasser sur les vêtements
2. Faire du jardinage	b. laver les vêtements dans la machine à laver
3. Faire du bricolage	c. dresser une table avec les assiettes, verres, fourchettes et couteaux
4. Préparer les repas	d. s'occuper des plantes et des arbres, tondre la pelouse
5. Faire la lessive	e. réparer ou construire les choses soi-même à la maison
6. Faire du repassage	f. faire la cuisine pour le déjeuner ou le dîner

Vocabulaire

B) **Chez vous qui fait le ménage ?**

Personne n'aime faire le ménage et cela peut être à l'origine de beaucoup de disputes à la maison. Regardez la liste des tâches ménagères suivante et avec un partenaire demandez qui fait quoi chez vous ?

- Faire la cuisine
- Faire du bricolage
- Faire le lit
- Faire du repassage
- Faire des courses
- Faire du jardinage
- Faire la lessive
- Passer l'aspirateur
- Ranger la chambre

Quelques réponses possibles :
Chez moi c'est ma mère qui ...
À la maison c'est plutôt mon père qui ...
Chez nous c'est toujours moi qui ...
Chez moi on partage toutes les tâches ménagères !

2.6 Dix Questions à l'Oral

 2.4

A) Thème : La Vie en Famille

Utiliser le vocabulaire p. 40 pour répondre aux questions suivantes. Notez vos réponses dans votre carnet d'oral.

Les questions

1. Vous êtes combien dans la famille ?
2. Vous êtes l'aînée ou le cadet/la cadette ?
3. Vous avez des frères ou des sœurs ?
4. Comment sont vos parents ?
5. Que font vos parents dans la vie ?
6. Est-ce que vous vous entendez bien avec vos parents ?
7. Est-ce que vous vous disputez de temps en temps avec votre famille ? Pourquoi ?
8. Est-ce que vous avez un bon rapport avec votre frère/sœur ?
9. Décrivez votre frère/sœur ?
10. Est-ce que vous aidez vos parents à la maison ?

 2.5

B) Pour vous aider

Q : Vous êtes combien dans la famille ?
Nous sommes cinq dans ma famille. Il y a mes parents, moi-même, ma grande sœur et mon petit frère.

Q : Vous avez des frères ou des sœurs ?
Oui, j'ai une sœur et un frère. Ma sœur s'appelle Kate. Elle est plus âgée que moi, elle a 22 ans. Elle va à la fac. Elle étudie le droit à UCD. Elle est très sympa et on s'entend bien.
Mon petit frère s'appelle Seán il a 12 ans. Il est en 6ème au collège. Il est sportif et aime bien le rugby. J'ai un assez bon rapport avec lui mais il m'énerve quand il pique mes affaires !

Q : Décrivez votre sœur.
Ma grande sœur s'appelle Kate et elle a 22 ans. Elle est de taille moyenne. Elle a les cheveux blonds avec les yeux bleus. Je pense qu'elle est sociable et bavarde. Chaque week-end elle sort en boîte avec ses amis. Comme moi elle adore la musique et la danse. On passe pas mal de temps ensemble et on s'entend à merveille. Pour résumer elle est très gentille et je l'adore.

Q : Que font vos parents dans la vie ?
Mes parents travaillent tous les deux. Mon père s'appelle Paul. Il travaille dans une banque. Il est comptable. C'est un métier difficile avec beaucoup de pression. Ma mère s'appelle Lorna. Elle est professeur au lycée. Elle enseigne les langues modernes. C'est très pratique car tous les soirs elle m'aide à faire mes devoirs. C'est génial !

Q : Est-ce-que vous aidez vos parents à la maison ?
Chez moi malheureusement c'est plutôt ma mère qui fait le ménage. C'est un scandale, mon père ne fait rien ! Donc j'aide beaucoup ma mère à la maison. Je passe l'aspirateur, je fais à manger et je fais du repassage.

2.7 La Grammaire – Les Adjectifs
📖Apprenez

A) Use

An adjective is a word that describes a noun. An adjective may describe the shape, colour, size, nature, etc. of a noun.

B) Formation

- In French, adjectives must agree in gender (**masculine/feminine**) and in number **(singular/plural)** with the noun they describe.

Exemple: Masculine singular: le petit garçon   Feminine singular: La petite fille
Masculine plural: les petits garçons   Feminine plural: Les petites filles

- When you first learn an adjective, you do so in its masculine singular form, i.e. *grand, petit, beau, noir*.

- In French, adjectives usually come after the noun, i.e. *le stylo* **noir**, *la chaise* **verte**.

In general, the following rules can be applied to make an adjective agree with the noun:

1) To make an adjective **feminine**, add an -*e* to the end.

Exemple: mon frère est grand   ma sœur est grande

2) To make an adjective **masculine** plural, add an -*s* to the end.

Exemple: mon frère est grand   mes frères sont grands

3) To make an adjective **feminine** plural, add an -*es* to the end.

Exemple: ma sœur est grande   mes sœurs sont grandes

C) Other general rules

1) Adjectives ending in an -*e* in the masculine form **do not change** in the feminine form.

Exemple: le bâtiment est rouge   la maison est rouge

2) Adjectives ending in -*e* in the masculine form take an extra -*e* in the feminine form.

Exemple: Paul est fâché   Claire est fâchée

3) Adjectives ending in -*er* in the masculine form change to -*ère* in the feminine form.

Exemple: le mois dernier   la semaine dernière

4) Adjectives ending in -*x* in the masculine form change to -*se* in the feminine form.

Exemple: le garçon est heureux   la fille est heureuse

5) Adjectives ending in -*f* in the masculine form change to -*ve* in the feminine form.

Exemple: mon frère est sportif   ma sœur est sportive

6) Adjectives ending in -*el*, -*en*, and -*on* **double the final consonant** and add an -*e* in the feminine form.

Exemple: le père est italien   la mère est italienne

D) Position of adjectives

In general, adjectives in French are placed after the noun they describe. However, the following adjectives are placed before the noun they describe:

Adjectif	
beau	*beautiful*
bon	*good*
dernier	*last*
grand	*big*
gros	*fat*
joli	*nice/pretty*
haut	*high*
long	*long*
mauvais	*bad*
méchant	*naughty*
nouveau	*new*
petit	*small*
premier	*first*
vaste	*large*
vieux	*old*
vilain	*nasty*

There are several French adjectives which have irregular feminine and/or plural forms. These must be learned off by heart.

Masculine singular	Masculine plural	Feminine singular	Feminine plural	Meaning
beau (bel)	beaux	belle	belles	beautiful
nouveau (nouvel)	nouveaux	nouvelle	nouvelles	new
fou (fol)	fous	folle	folles	crazy
mou	mous	molle	molles	soft
vieux (viel)	vieux	vieille	vieilles	old

E) Les adjectifs possessifs

# Apprenez

A possessive adjective shows possession or ownership. In English, they are my, your, his, her, its, our, your, their. A possessive adjective agrees in gender and in number with the **noun** it describes. Each possessive adjective has a masculine singular, feminine singular and plural form.

Masculine singular	Feminine singular	Plural
mon	ma	mes
ton	ta	tes
son	sa	ses
notre	notre	nos
votre	votre	vos
leur	leur	leurs

If you want to say 'my brother', you say **« mon frère »** regardless of whether you are male or female. The possessive adjective always agrees with the noun. Since *frère* is a masculine singular word, you must use *mon*.

There are no individual words in French for his and her. **Son**, **sa** and **ses** mean both 'his' and 'her'. **Son frère** can mean both 'his brother' and 'her brother'.

If a feminine word starts with a vowel or a silent **h**, you must use the masculine form of the possessive adjective, i.e. **mon**, **ton** and **son** in place of **ma**, **ta** and **sa**. This is for pronunciation purposes.

Exemple : l'école   mon école   my school

Apprenez

2.8 La Grammaire – La Négation

The most common way of making a statement negative is to use the expression « **ne ... pas** ». The **ne** is placed before the verb and the **pas** is placed after it.

Exemple : Je **ne** suis **pas** content.

If the verb is in the passé composé, the **ne** is placed before the auxiliary verb (*être* or *avoir*) and the **pas** is placed immediately after it. Do not place the **ne** after the past participle.

Exemple : Je **ne** suis **pas** allé.

Ne changes to a **n'** if it comes before a vowel or a silent **h**.

Exemple : Elle **n'**est **pas** là.
Tu **n'**as **pas** répondu à la question.
Je **n'**habite **pas** en France.

Other negative phrases	
ne ... aucun(e)	no/none/not any
ne ... guère	hardly
ne ... jamais	never
ne ... ni ... ni	neither ... nor
ne ... nul(le)	no/not any
ne ... nulle part	nowhere/not anywhere
ne ... pas encore	not yet
ne ... pas toujours	not always
ne ... personne	nobody
ne ... plus	no more/no longer
ne ... que	only
ne ... rien	nothing

The **ne** is placed before the verb and the second part of the negative phrase, **jamais** or **rien**, is placed after it.

Exemple : Elle **ne** veut aller **nulle** part.   She doesn't want to go anywhere.
Je **n'**ai **rien** fait.   I did nothing.
Il **n'**est **pas** encore arrivé.   He has not arrived yet.
Ne me parle **plus** !   Don't speak to me any more!

If **personne** is the subject of the sentence, it comes first, followed by **ne**.

Exemple : **Personne** n'est venu au concert.   Nobody came to the concert.

2.9 La Grammaire – L'Interrogation
📖Apprenez

There are four ways of asking a question in French.

A) Raising your voice
When speaking, a statement can be changed into a question by raising the pitch of your voice at the end of the sentence. This is an informal way of asking a question.

Exemple : Tu aimes la musique pop ?
 Il habite près de Paris ?
 Vous voulez venir au concert ?

The phrase « *n'est-ce pas* ? » ('isn't it?') can be added to this method.

Exemple : Il habite près de Paris, n'est-ce pas ?

B) Inversion
A statement can be changed into a question by inverting the subject and the verb. A hyphen is used to separate the subject and the verb.

Exemple : Aimes-tu la musique pop ?
 Habite-t*-il près de Paris ?
 Voulez-vous venir au concert ?

* *A* **t** *is placed between the subject and the verb to prevent two vowels coming together. This is used to ease pronunciation.*

C) « Est-ce que ? »
A statement can be changed into a question by adding the phrase « *est-ce que ?* » (is it that?) to the beginning of the sentence.

Exemple : Est-ce que tu aimes la musique pop ?
 Est-ce qu'il* habite près de Paris ?
 Est-ce que vous voulez venir au concert ?

* *An apostrophe is placed between* que *and the subject to prevent two vowels coming together (replacing the* **e** *of* que). *This is used to ease pronunciation.*

D) Questioning words
The following is a list of questioning words commonly used in French:

Exemple : Où habites-tu ?   Where do you live?
 Ça coûte combien le kilo de pommes ?   How much is it for a
                                         kilo of apples?
 Comment tu le fais ?   How do you do it?
 Qui est là ?   Who is there?

Question	
quand ?	when?
pourquoi ?	why?
combien ?	how much/many?
comment ?	how?
où ?	where?
que, quoi ?	what?
qui ?	who?

2.10 La Compréhension Écrite

📖 Lisez

A) The following article gives advice on how to answer family-related questions during a job interview. Read the article and answer the following questions in English:

Avez-vous des frères ou sœurs ?

I) Au palmarès des préjugés négatifs figure souvent l'enfant unique. D'emblée, les recruteurs vous imaginent avec des idées bien arrêtées et peu disposé à collaborer ou à travailler en équipe. Si vous êtes dans ce cas, il faudra donc insister sur votre capacité à avoir des amis, à partager, etc.

Vous avez des frères et sœurs ? Tant mieux pour vous, mais attention, en matière de psychologie, la place occupée au sein d'une famille est encore révélatrice de certains traits de caractère. Ainsi, l'aîné est l'enfant dans lequel les parents s'investissent le plus. Il occupe une position de leader dans la famille, mais il est aussi celui qui essuie les plâtres. En revanche, le dernier est considéré comme un privilégié.

Certains recruteurs peuvent aussi vous demander ensuite l'âge et la profession de vos frères et sœurs, histoire de voir « si les benjamins ont profité de l'expérience des aînés et même si une émulation a pu naître entre tous les enfants », indique Guillaume Verney-Carron, dirigeant du cabinet Personalis. De même, le recruteur cherchera à déterminer si le milieu culturel a beaucoup pesé sur votre famille ou si chacun est parti dans une direction différente.

II) Les réponses à éviter
On choisit ses amis, pas sa famille : « Oui, mais je les vois très peu. »
Désespéré « J'ai un frère … hélas. »

Des réponses possibles

Vous êtes enfant unique ?
« Je n'ai pas de frère et sœur, mais je ne me suis jamais perçu(e) comme enfant unique, car j'ai toujours vécu proche de mes cousins et cousines. »

À la demande du recruteur vous pourrez être amené à vous expliquer : « Tous les soirs après l'école, je partais chez ma tante jusqu'à ce que mes parents viennent me rechercher et je faisais mes devoirs avec mes cousins et cousines » ou « J'ai deux cousines et un cousin, qui sont nés la même année que moi, et nous avons suivi toute notre scolarité ensemble. Nous nous retrouvions également à chaque période de vacances. »

Vous avez des frères et sœurs ?
« J'ai deux frères plus âgés que moi et une sœur plus jeune. »

Puis, vous pouvez éventuellement ajouter : « Mon frère aîné est actuellement professeur dans un lycée, mon frère cadet termine ses études de médecine et ma sœur est inscrite en licence de lettres. »

http://www.letudiant.fr/

1. Why do interviewers view job applicants who are an only child in a negative light? (Section I)
2. What does the author suggest you do during the interview if you are an only child? (Section I)
3. Employers put emphasis on an applicant's position in the family. According to the text, how is the oldest child perceived? (Section I)
4. What **two** pieces of information concerning your brothers and sisters may the interviewer ask you? (Section I)
5. The author provides sample answers for job applicants. (Section II)
   i) What should you say if asked if you are an only child?
   ii) What should you say if asked if you have brothers or sisters?

 Lisez

B) Read the following accounts of two popular American TV families and answer the questions.

Les Simpson et Les Soprano : deux familles américaines pas comme les autres !

Les Simpson

Les Simpson sont une caricature de la famille à l'américaine. Ces cinq petits êtres jaunes vivent à 742 Evergreen Terrasse à Springfield une ville anonyme aux États-Unis.

Le père : Homer J. Simpson
Homer, le père famille obèse et chauve est censé représenter l'américain moyen. Ses passe-temps favoris sont : boire de la bière Duff, manger des beignets, regarder la télévision par satellite et dormir.

Quant à son travail, il est inspecteur de la sécurité à la centrale nucléaire. A cause de sa nature paresseuse il lui arrive souvent des accidents au travail et dans sa vie quotidienne. Homer aime avant tout sa femme et sa famille même s'il lui arrive d'être de temps en temps un père irresponsable. Comme il ne prend pas la vie au sérieux en général il s'entend bien avec tout le monde à Springfield. Cependant, il déteste les sœurs de sa femme Marge : Selma et Patty.

La mère : Marjorie « Marge » Simpson (née Bouvier)
Marge, la mère de la famille avec les cheveux bleus très hauts, est tout le contraire de Homer. Son rôle principal est d'être la maman attentionnée de trois enfants, Bart, Lisa et la petite Maggie.

Comme Homer préfère passer ses moments de loisir sur le canapé c'est à Marge de faire toutes les tâches ménagères de la maison. Elle n'est jamais d'accord avec les idées folles d'Homer et le lui fait savoir. Malheureusement Homer n'écoute jamais ses bons conseils. C'est souvent elle qui doit supporter et trouver une solution aux bêtises d'Homer et de Bart.

Les enfants : Bartholomew « Bart » Simpson, Lisa Simpson,
Margaret « Maggie » Simpson
Les trois enfants de cette famille animée sont Bart âgé de 10 ans, Lisa âgé de 8 ans et la petite dernière Maggie. Bart est vraiment très turbulent. Mauvais élève il ne cesse de faire des bêtises et se retrouve souvent devant le Directeur Skinner. Il aime châtier sa sœur et faire du skateboard.

À l'opposé de son grand frère, Lisa est une petite fille bien sérieuse. Intelligente et compréhensive elle aime jouer du saxophone, étudier et jouer avec sa poupée Malibu Stacey. Comme Lisa et Bart possèdent des caractères bien différents ils jouent souvent les rôles d'ennemis jurés.

1. Name **two** of Homer's favourite pastimes.

2. What is Homer's attitude to life in general?

3. Why does Marge have to do all the household chores?

4. How does Marge react to Homer's crazy ideas?

5. What type of student is Bart?

6. How is Lisa different from her older brother?

Les Soprano

Cette fameuse famille Italo-américaine mène une vie bien mouvementée dans le New Jersey.

Le père : Anthony Soprano
Malgré son sourire charmant, Anthony Soprano est un père de famille pas comme les autres. Appelé Tony par tout le monde, il est à la fois père de deux familles : sa vraie famille et sa famille professionnelle la mafia. Tony est le parrain de la mafia du New Jersey. La famille avant tout est sa devise et il gâte souvent ses enfants. Bien qu'il puisse paraître le père idéal Tony a un caractère très complexe. D'un côté il est quelqu'un de gentil et rigolo mais de l'autre il peut être violent et explosif.

La mère : Carmela Soprano

Carmela est une femme qui respecte les vieilles traditions italiennes. Cette femme au foyer met sa famille bien au centre de son monde. On la trouve souvent dans la cuisine en train de préparer des somptueux plats italiens comme « le ziti ». Intelligente, patiente et de nature sociable elle est très à l'aise avec les gens. Très douée pour la cuisine elle adore organiser les repas et les fêtes de famille. Elle a aussi un côté chrétien et elle va souvent à l'église. Parfois elle a du mal à accepter les activités criminelles de son mari.

Les enfants : Meadow Soprano, Anthony Junior « AJ » Soprano

Meadow et AJ sont les deux enfants adolescents Soprano. Meadow est une jeune femme indépendante et pleine de vie. Dotée d'un caractère sincère et travailleur elle est inscrite comme étudiante en droit dans la prestigieuse université de Colombia. AJ le benjamin de la famille, est un adolescent en pleine période de rébellion. Les passe-temps préférés de ce jeune homme paresseux sont : passer des heures devant la télé ou jouer à la console. Il a du mal à se concentrer à l'école et son bulletin scolaire est souvent une source d'ennuis chez les Soprano.

1. What is Tony Soprano's motto in life?
2. How would you describe Tony's personality?
3. Name two things that are important to Carmela.
4. Carmela loves to cook. How does she enjoy using this talent?
5. What type of teenager is AJ? (Give **two** details.)
6. What often causes problems in the Soprano house?

 Lisez

C) Lisez l'article suivant et répondez aux questions :

Réussir sa Famille Recomposée

I. On ne choisit pas sa famille, dit-on, mais on choisit peut-être encore moins sa famille recomposée. Si elle a fait les beaux jours des séries télévisées, version idyllique, la vie de ces nouvelles tribus n'est pas aussi rose qu'on voudrait le croire. Jalousies à arbitrer, difficultés à trouver sa place, interrogations sur l'autorité, sont autant de défis à relever au quotidien. Conscients de l'impossibilité et des dangers qu'il y aurait à délivrer des recettes toutes faites, nous avons essayé de comprendre les différents enjeux psys et de proposer des repères destinés à mieux cerner le rôle de chacun pour rendre la vie commune plus harmonieuse.

L'arrivée du Nouveau Conjoint Dans la Famille

L'enfant a besoin de temps pour accepter de créer un lien avec un adulte, surtout lorsqu'il s'agit du conjoint de son parent. Avant d'accueillir celui-ci à la maison à plein temps, il faut en parler longuement avec lui : qu'en pense-t-il ? Quels sont ses a priori ? Ses inquiétudes ? S'il n'a pas à décider de la vie privée de ses parents, il est concerné par les changements familiaux. Et ses sentiments (appréhension, rejet) doivent être écoutés. La rencontre avec le nouveau conjoint ne doit jamais être le fruit d'un « hasard arrangé ». Elle doit être assumée et revêtir un côté officiel, car elle permet la conclusion de discussions et trace un nouveau cadre pour l'enfant. Il va de soi que le choix des circonstances doit mettre tout le monde à l'aise (repas, sortie...), à commencer par le futur beau-parent, car c'est d'abord de lui que dépendra l'envie de l'enfant de s'investir dans cette nouvelle relation. On le présentera comme « l'ami(e) de maman (de papa) » ; l'enfant ne doit pas se sentir obligé de l'accepter immédiatement en tant que beau-parent. On évitera de le questionner sur sa première impression. « Tu le (la) trouves sympa ? » n'est pas anodin. Il faut laisser à l'enfant l'espace et le temps pour développer un rapport d'individu à individu avec son futur beau-parent.

II. La Place du Beau-Parent

Pour se structurer, l'enfant a besoin de comprendre que son beau-parent n'est pas un copain ou un égal, mais un adulte, sur lequel il peut compter et à qui, en échange, il doit respect et obéissance. Le beau-parent a un rôle éducatif et, au minimum, le devoir d'autorité et de protection, sans pour autant se substituer au père ou à la mère. Dans cette relation – qui dépendra de ce qu'il se sent prêt à investir et de ce que l'enfant a besoin de trouver auprès de lui – le rôle du parent présent est décisif. Il doit aider son conjoint à prendre sa place dans la famille, en le responsabilisant et en lui laissant des initiatives en matière de vie familiale.

Comment Se Faire Appeler

Evidemment, l'appellation « papa » ou « maman » n'est pas souhaitable, surtout si le vrai « papa » (ou la vraie « maman ») participe à l'éducation de l'enfant. Se faire appeler par son prénom est la pratique la plus courante. Si elle facilite la relation au début, cette pratique est ambivalente, car elle ne permet pas de nommer explicitement les places respectives de chacun et ne pose pas clairement les limites entre l'enfant et l'adulte. Il est donc essentiel que le beau-parent ne joue pas au « copain » avec l'enfant et que sa place d'adulte soit clairement signifiée par des responsabilités précises. Il faut parfois accepter le surnom choisi par l'enfant. Il a l'avantage de marquer à la fois le statut particulier de cet adulte-là et d'être porteur d'une charge affective qui crée du lien.

Anne-Laure Gannac, *Psychologies Magazine,* n° 227, février 2004

---

1. Selon la première section la vie en famille recomposée n'est pas toujours facile.

   Trouvez **deux** facteurs qui rendent la vie difficile.

2. i) D'après l'auteur, avant d'accueillir un nouveau conjoint à la maison un parent

   doit ? (Section I)

      a) être inquiet

      b) rien changer

      c) être angoissé

      d) discuter avec son enfant

   ii) Trouvez l'expression qui indique que l'enfant a besoin de parler avec son parent

   au sujet de l'arrivée d'un nouveau conjoint. (Section I)

3. i) Relevez l'expression qui indique comment le beau-parent doit être présenté à

   l'enfant. (Section I)

   ii) Selon l'auteur le beau-parent a un rôle important à jouer dans la vie familiale.

   Trouvez-en **deux** exemples. (Section II)

4. Dans la deuxième section l'auteur dit qu'un beau parent ne peut pas prendre la place du parent biologique. Citiez la phrase qui exprime cette idée.

5. i) En général un enfant appelle son nouveau beau parent : (Section II)

    a) par son nom

    b) maman

    c) par son surnom

    d) papa

  ii) Trouvez le verbe qui veut dire « tolérer ». (Section II)

6. What do we learn from the text about the author's opinion on the best way for a person to introduce a new partner to his or her children? (Give **two** points.)

2.11 La Compréhension Littéraire
 Lisez

Lisez l'extrait du roman puis répondez aux questions :

I. — Est-ce qu'on va vraiment l'appeler comme ça ? demanda un jour Denis.
— Bien sûr. Ma sœur a tenu à ce qu'elle porte ce prénom.
— Ta sœur était folle.
— Non. Ma sœur était fragile. De toute façon, c'est joli, Plectrude.
— Tu trouves ?
— Oui. Et puis ça lui va bien.
— Je ne suis pas d'accord. Elle a l'air d'une fée. Moi, je l'aurais appelée Aurore.
— C'est trop tard. Les petites l'ont déjà adoptée sous son vrai prénom. Et je t'assure que ça lui va bien : ça fait princesse gothique.
— Pauvre gosse ! A l'école, ça sera lourd à porter.
— Pas pour elle. Elle a assez de personnalité pour ça.

II. Plectrude prononça son premier mot à l'âge normal et ce fut : « Maman ! » Clémence s'extasia Hilare. Denis lui fit observer que le premier mot de chacun de ses enfants, et d'ailleurs de tous les enfants du monde, était Maman.
— Ce n'est pas pareil, dit Clémence.

Pendant très longtemps, « maman » fut le seul mot de Plectrude. Comme le cordon ombilical, ce mot lui était un lien suffisant avec le monde. D'emblée, elle l'avait voisé à la perfection, avec sa voyelle nasale à la fin, d'une voix sûre, au lieu du « mama-mama » de la plupart des bébés.

Elle le prononçait rarement mais, quand elle le prononçait, c'était avec une clarté solennelle qui forçait l'attention. On eût juré qu'elle choisissait son moment pour ménager ses effets.

III. Clémence avait six ans quand Lucette était née : elle se souvenait très bien de sa sœur à la naissance, à un an, à deux ans, etc. Aucune confusion n'était possible :
— Lucette était ordinaire. Elle pleurait beaucoup, elle était tour à tour adorable et insupportable. Elle n'avait rien d'exceptionnel. Plectrude ne lui ressemble en rien : elle est silencieuse, sérieuse, réfléchie. On sent combien elle est intelligente.
Denis se moquait gentiment de sa femme :
— Cesse de parler d'elle comme du messie. C'est une charmante petite, voilà tout.
Il la hissait à bout de bras au-dessus de sa tête en s'attendrissant.

                Amélie Nothomb, *Robert des Noms Propres*, Éditions Albin Michel

1. Denis n'aime pas du tout le prénom de Plectrude. Citez un exemple de cette aversion dans la première section.

2. i) Relevez l'expression qui indique à quel moment de sa vie Plectrude a commencé à parler. (Section II)

   ii) Denis pensait que le premier mot de Plectrude était :

   a) exceptionnel

   b) normal

   c) trop tôt

   d) hors du commun

3. Comment savons-nous que Plectrude ne parlait pas beaucoup ? (Section II)

4. i) Relevez dans la troisième section :

   a) un mot qui veut dire « pas souvent »

   b) un mot qui veut dire « intérêt »

   ii) Qu'est-ce qui montre que Clémence garde un souvenir de l'enfance de sa petite sœur ?

5. D'après l'auteur quel est le contraste entre le caractère de Lucette et celui de Plectrude ?

   a) Lucette

   b) Plectrude

6. Relevez dans la trosième section un verbe à l'infinitif.

7. Denis does not share his wife's belief that Plectrude is an exceptional child. How is this shown throughout the text? (Give **two** points.)

2.12 La Production Écrite – La Lettre Informelle

In the French exam, there are two types of letter you will be asked to write: the formal and the informal. We will first study the informal. The informal letter does not appear in the Leaving Certificate Ordinary Level written section. However, it is still advisable that Ordinary Level candidates familiarise themselves with the material, as it will appear frequently in other areas of the paper.

An informal letter is one written between friends or family. When writing informally, you usually address the recipient as *tu*. Therefore, all questions should be asked in the *tu* form.

Exemple : Est-ce que tu-veux venir chez moi cet été ?

You must also use the *tu* form of the possessive adjectives *ton*, *ta*, *tes*.

Exemple : Comment se sont passées tes vacances ?

However, if you are writing to two people, a young person you do not know or a friend's parents, you must keep the informal layout but use the pronoun *vous* and the possessive adjectives *votre* and *vos*.

Exemple : Est-ce que vous-voulez venir chez moi cet été ?
Comment se sont passées vos vacances ?

A) Layout

Always use the same layout. *Il faut l'apprendre par coeur !*

For the greeting, use:
- *Cher* for a boy
- *Chère* for a girl
- *Chers* for two or more people

Exemple : Cher Luc,
          Chère Isabelle,
          Chers parents,

The place and date are written with a small letter on the right-hand side.

Exemple : Paris, le 12 juillet 2010

When signing off, use one of the following:
- *Amitiés*
- *À bientôt*
- *Bises !*
- *Cordialement*

Exemple : A bientôt,
          Amitiés,
          Paul

Sample letter

Paris, le 13 mai

Cher Luc,

Je te remercie beaucoup de ta lettre. Je suis ravi d'être ton nouveau correspondant. Je me présente : je m'appelle Garrett et je suis irlandais. Mon anniversaire est le 1ᵉʳ mai et j'ai 17 ans. J'habite avec ma famille à Dublin. J'ai les yeux bleus et les cheveux châtain. Je suis de taille moyenne et je fais un mètre 80. Je suis de nature très calme et bavard. Je suis passionné par le sport. J'adore le football et le rugby. Je suis le capitaine de l'équipe de rugby au lycée.

Nous sommes quatre à la maison. Mon père s'appelle Charles. Il est médecin et il travaille dans l'un des plus grands hôpitaux en Irlande. Il est cardiologue. Ma mère s'appelle Louise elle est professeur d'histoire au collège. Mes parents sont très sympa et heureusement ils ne sont pas très stricts. Je m'entends très bien avec eux. J'ai une petite sœur qui s'appelle Laura. Elle a 14 ans et elle adore la mode, la lecture et la natation. Elle est vraiment adorable comme fille et on passe beaucoup de temps ensemble.

Ce sera bientôt les grandes vacances ! Est-ce que tu veux venir passer quelques semaines chez moi en Irlande ? Tu seras toujours le bienvenu chez moi.

Écris-moi bientôt,

Amitiés

Garrett

B) Emails

An email is written in the same style as an informal letter. The only change is the layout. Study the example below:

Write an email to your French friend Isabelle, in which you:
• Thank her for her last email and photos.
• Refuse her invitation and explain why you cannot go.
• Mention that you are studying hard at the moment for your exams.

Sample email

Webmail - Nouveau Message

Fichier   Edition   Affichage

A : isa_roger@wanadoo.fr
De : catherine_m94@yahoo.fr
Sujet : Ton Invitation

Salut Isabelle,

Un grand merci pour ton dernier email. J'ai bien aimé les photos que tu m'as envoyées. Elles étaient très drôles.
C'était vraiment gentil de m'inviter à venir chez toi en France cet été. Malheureusement, je ne peux pas accepter ton invitation car je suis complètement fauchée. Je n'ai pas assez d'argent pour me payer le billet d'avion.
Sinon, j'en ai vraiment marre de l'école. Les examens sont bientôt et je passe tout mon temps à réviser. J'attends le mois de juin avec impatience. Vive les vacances!

A bientôt,
Catherine

Terminé

Écrivez

i) Your name is Claire/Connor Martin and you live in Dublin. Your new French penpal is called Annabelle. Write a letter to Annabelle in which you:

• Introduce yourself.
• Say that you are delighted to be her new penpal.
• Describe your family.
• Say how you will spend the summer holidays.
• Invite her to spend a week in Ireland at Christmas.

ii) Your name is Penny/Paul O'Brien. Your French friend Jean-Jacques is coming to stay with you for two weeks. Write a letter to Jean-Jacques in which you:

• Say that you are looking forward to his visit.
• Mention what you have planned for his stay in Ireland.
• Ask him what type of food he likes.
• Tell him how the exams are going for you.
• Say how you spent your eighteenth birthday.

For more tips and advice on letter writing, turn to La Préparation à l'Examen at the end of the unit (page 67).

2.13 Faire le Bilan

✍ Écrivez

A) Exercices de vocabulaire

i) Traduisez les mots suivants en français :

a) the youngest	f) uncle	k) baby	p) salesperson
b) the eldest	g) nephew	l) to like someone	q) engineer
c) son	h) niece	m) to dislike someone	r) to iron
d) daughter	i) stepfather	n) waiter	s) to tidy a room
e) aunt	j) teenager	o) nurse	t) to cook a meal

ii) Traduisez les mots suivants en anglais :

a) un jumeau	f) une demi-sœur	k) un médecin	p) un boulanger
b) une jumelle	g) la cousine	l) une assistante	q) passer l'aspirateur
c) les frangins	h) la personne âgée	m) un plombier	r) faire la lessive
d) la petite fille	i) un facteur	n) un avocat	s) faire du bricolage
e) la belle-mère	j) une institutrice	o) un vendeur	t) faire les courses

iii) Traduisez les verbes suivants en français :

a) to love someone	f) to help
b) to get on with	g) to teach
c) to fight with someone	h) to cook
d) to drive crazy	i) to wash
e) to work	j) to tidy

iv) Mettez le, la, l' ou les devant les noms :

a) ____ famille	f) ____ jardinage
b) ____ fils	g) ____ cuisine
c) ____ benjamin	h) ____ métier
d) ____ ménage	i) ____ avocate
e) ____ couverts	j) ____ musicienne

v) Mettez le dialogue en ordre et recopiez-le dans votre cahier :

a) très • ma • je • avec • petite • m'entends • Sophie • bien • sœur =

b) mère • difficile • un • elle • avec • sa • a • rapport • assez =

c) week-end • du • fais • tous • jardinage • les • je =

d) pas • faire • tout • du • n'aime • la • je • lessive =

e) à • je • dans • une • assistante • Paris • banque • travaille • comme =

vi) Donnez le contraire :

Exemple : gentil – méchant

a) dernier
b) grand
c) bon
d) vieux
e) gros

vii) Chassez l'intrus :

Exemple : grand/petit/vaste – petit

a) sœur/fille/cousin
b) fils/jumelle/frère
c) aimer/agacer/adorer
d) nouveau/ancien/vieux
e) joli/vilain/méchant

B) Exercices de grammaire

Les adjectifs

i) Traduisez les expressions suivantes en français :

a) the young girl   f) the pretty woman
b) the tall man   g) the beautiful flower
c) the black pen   h) the good wine
d) the red chair   i) the fat cat
e) the old house   j) the white house

ii) Complétez les phrases avec le form des adjectifs qui convient :

a) La fille est _____ (petit) et très _____ (joli).

b) Le fils est _____ (grand) et _____ (méchant).

c) Ma mère est très _____ (actif) et _____ (sportif).

d) Ma grand-mère est _____ (vieux) mais très _____ (charmant).

e) Ma sœur est très _____ (intelligent) et _____ (compréhensif).

f) Mes parents sont _____ (content) et _____ (heureux).

g) Mes cousines sont très _____ (beau) et _____ (petit).

h) Mes _____ (nouveau) cousins en Italie sont assez _____ (beau).

i) Ma _____ (nouveau) tante est _____ (italien).

j) Ma _____ (cher) tante, tu es très _____ (courageux).

iii) Nommez dix adjectifs qui sont placés avant le nom :

a) _____

b) _____

c) _____

d) _____

e) _____

f) _____

g) _____

h) _____

i) _____

j) _____

iv) Complétez les phrases avec les adjectifs possessifs qui conviennent :

a) _____ sœur et moi avons de la chance car _____ père est extrêmement gentil.

b) Luc et Thomas, il faut bien ranger _____ affaires dans _____ chambre.

c) Monsieur Martin et _____ femme Anne sont très fiers de _____ fille.

d) Madame, vous avez perdu _____ clés et _____ portefeuille !

e) Amanda, où sont _____ stylo et _____ cahiers ?

v) Complétez le texte avec les adjectifs possessifs qui conviennent :

Lucas est en vacances avec _____ famille en France. Il reste au camping municipal de Saint Jean de Monts. Il aime _____ tente car elle est spacieuse et confortable. D'habitude, il ne s'entend pas très bien avec _____ père mais pour l'instant tout se passe bien. Lucas a un bon rapport avec _____ frères et ils s'amusent bien ensemble. Aujourd'hui ils vont voir _____ cousins français.

La négation

i) Mettez les phrases suivantes à la forme négative :

a) Je vais à l'école aujourd'hui.

b) Ils adorent regarder la télévision.

c) Tu aimes lire les journaux français.

d) Elles prennent le petit déjeuner ensemble.

e) Nous connaissons cette petite fille !

ii) Traduisez les phrases suivantes en anglais :

a) Je n'aime pas les chats.
b) Il n'y a personne à la maison.
c) Nous n'allons plus au cinéma.
d) Elle ne boit ni café ni thé.
e) Paul n'a jamais aimé l'école.
f) Je n'ai rien trouvé !
g) Le prof n'est pas encore arrivé.
h) Elles ne font toujours pas le ménage.
i) Il n'y a que trois filles dans la classe.
j) Le chien n'est allé nulle part.

iii) Traduisez les phrases suivantes en français :

a) I no longer smoke.
b) I don't know anyone.
c) I only have one book.
d) I have neither a cat nor a dog.
e) I never go to France.

L'interrogation

i) Ecrivez les phrases suivantes à la forme interrogative :

a) Je regarde la télévision.
b) Tu aimes écouter la radio.
c) Elles boivent de la limonade.
d) Nous allons en France.
e) C'est la seule pharmacie ici.
f) Il est grand et sportif.
g) Elle est déjà partie.
h) Ils adorent le petit chien.
i) Ses amis vont au cinéma ensemble.
j) Vous allez manger au restaurant ce soir.

ii) Complétez les phrases avec le mot qui convient vous pouvez utiliser le même mot plusieurs fois :

qui, quand, que, pourquoi, combien, comment, où

a) _____ est-ce que vous allez revenir en France?
b) _____ tu es parti si tôt ce matin ?
c) _____ allez-vous au travail ?
d) Il y a _____ d'élèves dans votre lycée ?
e) _____ habites-tu maintenant?
f) Je prends le livre. Ça coûte _____ ?
g) _____ est-ce que tu veux faire ce soir ?
h) _____ est venu me voir ?
i) _____ allez-vous Madame ?
j) _____ vas-tu en vacances cet été ?

iii) Traduisez les phrases suivantes en français :

a) Do you work on Sunday?
b) Where do they live?
c) Do you like pop music?
d) Who wants to read the book?
e) How does he get to school?
f) How many dogs do you have?
g) What do you want to eat tonight?
h) Where does she want to go on holidays?
i) Are you happy?
j) When do you leave?

C) Exercices écrits

Lettre informelle

i) Écrivez les lettres ci-dessous :

a) Your name is Conor/Cathy O'Donoghue and you live in Dublin. Your new French penpal is called Amélie. Write a letter to Amélie in which you:

- Say that you are happy to be her new penpal.
- Describe your personality.
- Talk about your older brother and sister.
- Mention your favourite pastime.
- Invite her to spend a week in Ireland during the Easter holidays.

b) Your name is Niall/Niamh Regan. Your new French penpal is called David. Write an email to David in which you:

- Thank him for his letter of introduction.
- Tell him that you are an outgoing, sporty person.
- Say that you are an only child and get on very well with your parents.
- Mention what you like to do in your spare time.
- Invite him to spend a weekend in Dublin with you and your parents.

c) Your name is Alan/Amanda O'Brien. Your French friend Thierry is coming to stay with you for two weeks during the summer. Write an email to Thierry in which you:

- Thank him for his last email.
- Say that you are looking forward to his visit.
- Mention that your father will collect him from Dublin airport.
- Tell him that you will go surfing during his stay.
- Send your best wishes to his family.

d) Your name is John/Jennifer Sharp. Your French friend Delphine has invited you to spend two weeks with her in France. Write a letter to Delphine in which you:

- Thank her for the birthday card and present.
- Say that you are looking forward to your visit to France.
- Mention what type of food you like.
- Ask her about the weather in France
- Tell her what you have planned for your birthday next week.

e) Your name is Jack/Jenny Rafter. Your French friend Isabelle has invited you to stay with her for two weeks during the summer. Write an email to Isabelle in which you:

- Thank her for her kind invitation
- Decline the invitation, saying you do not have enough money to go.
- Mention how your exams are going.
- Tell her that you will have to get a job during the summer.
- Ask her what present she would like for her birthday.

ii) Écrivez les lettres ci-dessous :

a) Your name is Carl/Catherine Tormey. You are taking part in a French exchange. Write a letter to your exchange partner David/Delphine in which you:

- Say that your French teacher gave you his/her details.
- Say that you are looking forward to his/her visit to Ireland.
- Tell him/her that you will collect him/her from the airport.
- Mention what type of food you eat at home and ask what type of food he/she likes.
- Tell him/her what activities you have planned for the stay.

(about 75 words)

b) Your name is John/Jenny Doyle. You spent the month of July in Paris, staying with your French penpal Monique's family. Write an email to her parents in which you:

- Thank them for the wonderful holiday you spent with them.
- Say that your level of French has greatly improved.
- Mention that you have returned to school and are getting good grades in French.
- Say that they are welcome to stay with your parents next summer.
- Say that you are sending them some photos of the holiday with this email.

(about 75 words)

2.14 La Préparation à l'Examen – La Lettre Informelle

📖 Étudiez

On the Higher Level paper, the informal letter may appear in Question 2 of the written section. This question is worth 7.5% of your overall mark. You must write a minimum of 75 words. Spend no longer than 20 minutes completing this question.

When attempting this question, you must deal with each of the points in turn. Make a list of the vocabulary and tenses you will need to answer each point.

Never write a letter without planning it first. Read through the notes you have made on each point and organise these into a first draft. Reread the draft several times, paying special attention to verbs, spelling and grammar. Once you are happy that you have eliminated all errors, you may write the final answer.

The letter is marked on the basis of communication and language, with each carrying equal weight.

Marking scheme

Q.2 letter
Formula = 6 marks (for layout)

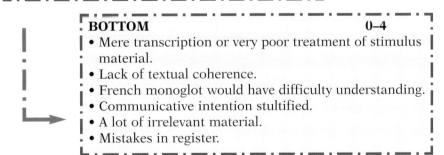

Communication

TOP   9–12
- Stimulus material well exploited.
- High level of textual coherence.
- Clarity in argumentation.
- Communicative intention fulfilled.
- Little or no irrelevant material.
- Few mistakes in register.

MIDDLE   5–8
- More or less competent treatment of stimulus material.
- Reasonable level of textual coherence.
- Comprehensible for French monoglot.
- Communicative intention more or less respected.
- Some irrelevant material.
- Not too many mistakes in register.

BOTTOM   0–4
- Mere transcription or very poor treatment of stimulus material.
- Lack of textual coherence.
- French monoglot would have difficulty understanding.
- Communicative intention stultified.
- A lot of irrelevant material.
- Mistakes in register.

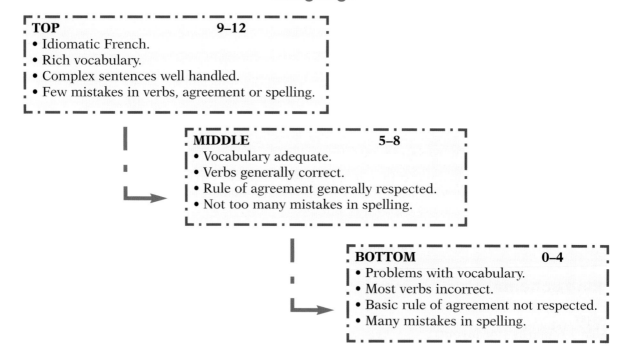

> **TOP**   9–12
> * Idiomatic French.
> * Rich vocabulary.
> * Complex sentences well handled.
> * Few mistakes in verbs, agreement or spelling.

> **MIDDLE**   5–8
> * Vocabulary adequate.
> * Verbs generally correct.
> * Rule of agreement generally respected.
> * Not too many mistakes in spelling.

> **BOTTOM**   0–4
> * Problems with vocabulary.
> * Most verbs incorrect.
> * Basic rule of agreement not respected.
> * Many mistakes in spelling.

Sample letter

Your name is Sarah/Seán O'Neill. Your French friend Luc is coming to Ireland during the summer holidays. Write a letter to Luc in which you:

* Apologise for not writing sooner.
* Tell him how school is going for you.
* Say what you will do during his stay.
* Tell him you will collect him from the airport.
* Wish him a happy birthday.

Galway, le 12 avril

Cher Luc,

Cela fait longtemps que je voulais t'écrire, mais les examens arrivent bientôt et je suis en train de faire des révisions ! Je suis vraiment sous pression à l'école. Quel cauchemar ! J'espère que tout va bien pour toi, et que tu attends ton séjour en Irlande avec impatience.

Je suis ravie que tu viennes chez moi au mois de juillet. J'ai beaucoup de projets pour nous deux. Comme Dublin est une ville très historique et pittoresque nous allons visiter le Château de Dublin et le Musée National d'Irlande. Ce sera vraiment super !

Quand tu arriveras je viendrai te chercher en voiture à l'aéroport. Est-ce que tu peux m'attendre à côté de la sortie principale ?

Je veux te souhaiter un joyeux anniversaire. J'espère que tu as bien fêté ton anniversaire. Est-ce que tu as reçu mon petit cadeau ?

Je dois te laisser maintenant. J'attends ta réponse avec impatience. Écris-moi vite !

Amitiés,
Sarah

Écrivez

Your name is Niamh/Niall Martin and you live in Galway. Your French friend Jean-Louis is celebrating his eighteenth birthday. Write a letter to Jean-Louis in which you:

- Wish him a happy birthday.
- Ask him how he is going to celebrate his birthday.
- Say how you spent/will spend your eighteenth birthday.
- Ask him if he has found a job for the summer.
- Tell him how the Leaving Certificate exams are going for you.

(about 75 words)
2002 Leaving Certificate HL Section II Q2 b)

Les phrases utiles

The following phrases will prove useful when writing informal letters:

Beginning	
Merci beaucoup pour ta gentille lettre qui est arrivée hier.	*Many thanks for your kind letter, which arrived yesterday.*
J'étais ravi(e) de reçevoir votre lettre.	*I was delighted to receive your letter.*
Quelle belle surprise, j'ai reçu votre lettre la semaine dernière.	*What a lovely surprise, I received your letter last week.*
J'étais très content(e) d'avoir de tes nouvelles.	*I was very happy to hear how you are getting on.*

Expressing thanks	
Je te remercie pour la carte d'anniversaire.	*Many thanks for the birthday card.*
Merci mille fois pour le gentil cadeau.	*Thanks a million for your kind present.*
Ton cadeau m'a fait vraiment plaisir. C'était très gentil de ta part.	*I was delighted with your present. That was very kind of you.*
Merci pour le petit colis. J'adore le DVD.	*Thank you for the little parcel. I love the DVD.*
Je vais le regarder ce week-end.	*I will watch it this weekend.*

Saying how you are	
J'espère que tu vas bien. Moi ça va très bien, je suis en pleine forme.	*I hope that you are well. I'm doing well and am in great form.*
Alors mon ami(e) comment vas-tu ? Moi ça va bien en ce moment.	*So, my friend, how are you? I'm doing great at the moment.*
Quoi de neuf ? Pas grand-chose de nouveau ici !	*What's new? Nothing much happening here!*
Ça ne va pas très bien. J'en ai marre de tout !	*I'm not doing too well. I'm fed up with everything.*

Inviting someone to stay

Est-ce que tu veux venir passer quelques semaines chez moi en Irlande ?	*Would you like to spend a few weeks with me in Ireland?*
Ça te dit de venir chez moi pendant les vacances d'été/de Noël/de Pâques ?	*Would you like to visit me during the summer/Christmas/Easter holidays?*
Je t'invite à passer tes vacances en Irlande avec ma famille.	*I'm inviting you to spend your holidays with my family in Ireland.*

Accepting/refusing an invitation

Merci beaucoup pour ta gentille invitation. Je serais ravi(e) de venir chez toi.	*Thank you for your kind invitation. I would be delighted to stay with you.*
J'accepte ton invitation avec plaisir et j'attends mon voyage en France avec impatience.	*I am delighted to accept your invitation and am looking forward to visiting France.*
Je suis vraiment désolé(e), mais je ne peux pas venir chez toi cet été.	*I am very sorry, but I cannot stay with you this summer.*
Je ne peux pas accepter ton invitation car je n'ai pas assez d'argent et je dois travailler pendant le mois de juillet. C'est dommage !	*I cannot accept your invitation as I do not have enough money and have to work during July. It's a shame!*

Discussing plans

Je vais vraiment faire la fête pour mon anniversaire. J'organise une grande fête chez moi. Il y aura un DJ avec des platines. Ce sera extra.	*I'm going to really party for my birthday. I'm organising a big party in my house. There will be a DJ with decks. It's going to be amazing.*
Après les examens, j'ai envie de voyager un peu. J'aimerais bien passer quelques semaines avec toi en France.	*After the exams, I want to travel. I would like to spend a few weeks with you in France.*
Avant de partir en vacances, il faut que je trouve un petit boulot pour le mois de juin. J'ai besoin de gagner de l'argent.	*Before I go on holidays, I need to find a job for June. I need to earn some money.*
Quand tu vas venir à Dublin il y aura beaucoup de choses à faire. Dublin est une ville très branchée avec plein de bons plans pour sortir et des supers boîtes.	*When you come to Dublin, there will be lots to do. Dublin is a trendy city with an amazing nightlife and super nightclubs.*

Asking about plans

Quels sont vos projets pour ce week-end/cet été ?	*What are your plans for this weekend/this summer?*
Que est-ce que tu vas faire pour fêter ton anniversaire ?	*How are you going to celebrate your birthday?*
Est-ce que tu as un petit boulot pour l'été ?	*Do you have a summer job?*
Qu'est-ce que tu vas faire après les examens ?	*What are you going to do after the exams?*

Greetings for special occasions

Bon anniversaire/joyeux anniversaire.	*Happy birthday.*
Joyeux Noël et Bonne Année !	*Merry Christmas and a Happy New Year!*
Joyeuses Pâques !	*Happy Easter!*
Bonne fête !	*Used for holidays and feast days (such as Bastille Day)*
Mes meilleurs vœux	*Best wishes*
Félicitations !	*Congratulations!*
Bon courage !	*Good luck!*

Signing off

Dis bonjour à ta famille de ma part.	*Say hello to your family for me.*
Voici toutes mes nouvelles. J'attends ta prochaine lettre avec impatience.	*That's all my news. I look forward to your next letter.*
J'attends tes nouvelles/ta réponse avec impatience. Écris-moi vite !	*I look forward to hearing your news/your response. Write to me soon!*
Amitiés/À bientôt/Bises !/Cordialement	*Your friend/see you soon/hugs and kisses/kind regards*

 # Révisions

2

UNITÉ

2.15 Auto-évaluation

APRÈS AVOIR TERMINÉ L'UNITÉ **2**, JE SUIS CAPABLE DE :

L'expression orale

	Bien	Assez bien	Pas du tout
donner des informations sur la famille			
décrire les rapports entre les générations			
décrire qui fait le ménage à la maison			
parler des différents métiers			

Compréhension écrite

	Bien	Assez bien	Pas du tout
lire et comprendre des descriptions de métiers			
lire et comprendre des descriptions de familles			
lire et comprendre une compréhension littéraire			
répondre aux questions en français			

Production écrite

	Bien	Assez bien	Pas du tout
écrire une lettre informelle			

Grammaire

	Bien	Assez bien	Pas du tout
comprendre, former et employer des adjectifs			
comprendre, former et employer l'interrogation			
comprendre, former et employer la négation			

3
UNITÉ

Chez Moi

Objectifs linguistiques et communicatifs :

➜ Discussing different types of housing
➜ Describing your home
➜ Comparing city and country life
➜ Talking about your neighbourhood
➜ Discussing nationalities and languages

Vocabulaire :

➜ Le logement
➜ Les meubles
➜ La ville et la campagne
➜ Mon quartier
➜ Les pays et les nationalités

Dossier oral :

➜ Mon quartier

Production écrite :

➜ Le journal intime

Grammaire :

➜ Le passé composé
➜ L'imparfait

Préparation à l'examen :

➜ Le journal intime

3.1 Le Logement en France
📖 Lisez

La République française est le troisième plus grand pays d'Europe avec une superficie de 551.500 km². D'après le dernier recensement la population de la France est de 61.538.322. Avec autant d'habitants les types de logement en France sont nombreux et variés.

🔤 Vocabulaire

A) Le logement
Traduisez le vocabulaire suivant en anglais. Vous pouvez utiliser votre dictionnaire.

Les maisons

- une maison individuelle/un pavillon
- une maison jumelée
- un bungalow
- une maison de campagne
- une maison mitoyenne
- un studio
- un appartement
- un immeuble
- un HLM

Décrivez votre maison

Ma maison est :
- grande
- petite
- moderne
- vieille
- spacieuse
- claire

Où est-ce que vous habitez ?

J'habite :
- au centre ville
- en banlieue
- à la campagne
- dans un lotissement
- dans un village
- à la montagne
- au bord de la mer

Mon appartement est :
- minuscule
- lumineux
- vieux

Les pièces de la maison

Au rez-de-chaussée/en bas il y a :
- l'entrée
- la salle à manger
- la salle de bain
- le salon
- le bureau
- la cuisine
- la salle de télévision

En haut il y a :
- la chambre (à coucher)
- la salle de bain
- le grenier

- la cave
- le sous-sol

Les meubles de la maison

- le tapis
- le rideau
- la télévision
- une affiche
- le lit
- la table de chevet
- la commode
- le coffre
- la lampe
- une armoire
- le placard
- le canapé
- la table
- la chaise
- le fauteuil
- le lecteur DVD
- le lave-linge
- le lave-vaisselle
- le four
- le four à micro-ondes

Votre avis – Adorer/aimer/détester

Exemples : J'adore ma chambre parce que …

Je n'aime pas ma chambre parce que …

Elle est grande/petite/spacieuse.

En plus

Exemples : Je partage ma chambre avec …

J'ai ma propre chambre.

Ma chambre se trouve au premier étage.

Parlez

i) À deux, répondez à l'oral aux questions suivantes :

1. Parlez-moi de votre maison.
2. Combien de pièces y a-t-il chez vous ?
3. Décrivez votre chambre à coucher.
4. Quelle est votre pièce préférée ? Pourquoi ?
5. Avez-vous une télévision ou un ordinateur dans votre chambre ?

 Écrivez

ii) Link the style of accommodation in column A with its description in column B.

Colonne A	Colonne B
1. Un studio	a. Un logement social avec un loyer raisonnable
2. Un HLM	b. Une maison qui partage un mur avec la maison voisine
3. Un bungalow	c. Une maison avec son propre terrain tout autour
4. Une maison jumelée	d. Un petit appartement pour une seule personne
5. Une maison individuelle	e. Une maison de plain-pied

 Écrivez

iii) À vous maintenant – écrivez un paragraphe sur votre logement !

1. Vous habitez quel type de logement ?

2. Est-ce que vous avez votre propre chambre chez vous ?

3. Quelle est votre pièce préférée ?

4. Aimez-vous votre maison ?

3.2 Chez Moi

 Lisez

A) Mon logement
Lisez les commentaires de trois personnes qui parlent de leur logement et répondez aux questions suivantes :

Un studio

Moi, c'est Luc. J'habite à Lyon dans un petit studio de 15m². Je n'aime pas du tout mon logement car il est minuscule et bruyant. J'ai vraiment du mal à vivre dans un tel espace. Mes voisins de palier font souvent la fête et quelques fois il est impossible de dormir la nuit car ils mettent la musique à fond. Ce n'est pas agréable de vivre à côté de gens qui ne respectent pas les règles de l'immeuble.

J'aimerais bien déménager mais comme je suis étudiant je n'ai pas beaucoup d'argent. Malheureusement, je n'ai pas les moyens de louer un plus grand appartement. Mon loyer actuel n'est pas cher donc pour le moment je suis obligé de rester dans mon petit studio.

1. What type of accommodation does Luc live in?

2. Why does he not like living there? (Give **two** reasons.)

3. What does he say about his neighbours?

4. Why can he not move to another type of accommodation?

Une maison individuelle

Je m'appelle Fatima. Ma maison se situe dans un lotissement dans la banlieue sud de Marseille. C'est une maison individuelle à deux étages. Je l'apprécie énormément parce que c'est une résidence moderne, calme et spacieuse. C'est une maison ancienne qui date du dernier siècle mais elle est très confortable et moderne.

Nous avons cinq chambres à coucher, deux salles de bains, une cuisine, un salon et un grenier. Nous avons aussi un grand terrain autour de la maison. C'est un endroit idéal pour les enfants en été. Ils passent des heures à jouer dans le jardin ou à nager dans la piscine. Il fait souvent beau à Marseille et nous aimons manger dehors sur la terrasse. Nous faisons souvent des barbecues en famille.

1. Where does Fatima live? (Give **two** details.)
2. How does she describe her home?
3. When was her home built?
4. Why is the garden an ideal spot for the children?

Un appartement

Je m'appelle Loïc et je suis parisien. Moi et ma femme habitons dans un appartement au centre de Paris. Notre appartement se trouve dans le 5ème arrondissement à deux pas des Jardins du Luxembourg. C'est un grand appartement de 120m² au dernier étage d'un immeuble moderne. Nous avons huit pièces chez nous, dont trois chambres, une salle de bain, une cuisine, une salle à manger, un salon et un petit bureau.

L'appartement est spacieux et très ensoleillé. Heureusement, on a un grand balcon qui entoure l'appartement, donc on peut profiter du beau temps en été. Notre balcon donne sur les Jardins du Luxembourg. Pour commencer ma journée de façon agréable, tous les matins je prends mon petit déjeuner en lisant le journal sur le balcon. C'est l'endroit idéal pour commencer la journée car la vue est vraiment magnifique !

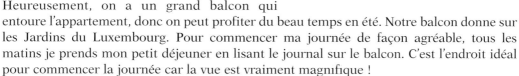

1. What Parisian landmark is Loïc's apartment located next to?
2. How does Loïc describe his apartment? (Give **two** details.)
3. How can Loïc and his wife enjoy the fine weather in summer?
4. Describe how Loïc starts each day.

● Écoutez 3.1

B) Ma chambre préférée
Listen to five young people speaking about their favourite room in the house.

Favourite room	Reason why they prefer the room
1.	
2.	
3.	
4.	
5.	

ABCVocabulaire

C) Le vocabulaire clé

L'immobilier	
l'immobilier	*real estate*
à vendre	*for sale*
à louer	*to rent*
immeuble moderne/ancien	*modern/old building*
rénové/refait à neuf	*restored*
un studio	*a one-bed apartment*
un appartement 2/3 pièces	*a two/three-room apartment*
donnant sur jardin	*overlooking a garden*
à proximité des transports	*close to public transport*

Lisez

D) Les annonces immobilières
Read the property advertisements and match each property to its description in the table that follows.

1. Appartement 5 pièces
895.000 130 m2 Paris 75013
Tolbiac, rue de la Maison Blanche. À vendre. Superbe 5 pièces de style moderne, situé au 1er étage, donnant sur cour pavée et rénovée. Séjour, 4 chambres, 2 salles de bains. Exceptionnellement calme et ensoleillé. L'appartement comprend un parking privé, à proximité de transports (métro lignes 7 et 5, bus 21 et 68). Tous commerces, marché (samedi), école et parc.

Plus de détails sur
http ://www.maisonspascheres.fr
Tél : 01 67 92 46 23
/06 15 10 39 37

2. Appartement 4 pièces
350.000 75 m2
Paris 75011

Rue de la Main d'Or appartement 3 pièces, salon + 2 grandes chambres à coucher, salle de bain avec baignoire et WC indépendant, cuisine entièrement équipée à neuf, double vitrage porte cuisine donnant sur cour, situé à 3 min de la gare de Lyon et accès métro lignes 3, 7,13 et 12 plus arrêt de bus plusieurs lignes.
Tél : 01 49 78 34 25

3.

Maison ou Villa
6 pièces
482.000 150 m^2
Aubervilliers
93300

À seulement 2 km de Paris, proche du métro et RER. Belle maison traditionnelle indépendante dans quartier calme. Très bien située à côté du centre-ville. 150 m^2. Façade en pierre, intérieur en granite, cuisine neuve, 3 chambres dont 1 suite parentale de 30 m^2 avec dressing, salle de bain en marbre, chauffage électrique, garage, cave et bureau au S/Sol. Habitable de suite sans aucun travaux. LIBRE de suite.

Tél : 06 15 78 34 23 ou
04 36 78 25 44

5. **Appartement 4 pièces**
550.000 95 m^2 **Paris 75011**

Appartement 4 pièces au 2e étage d'un immeuble ancien sur cour très agréable. Cuisine équipée, salle de bain avec baignoire, toilettes séparées, digicode, cave. Proche de la Place de la République, quartier très calme, faibles charges. Pièce totalement insonorisée, idéal pour musicien.

Plus de détails et de photos sur
www.appartaparis.fr
Tel : 01 99 06 34 91
ou 06 23 52 96 12

4.

Appartement 1 pièce
95.000 22 m^2 **Paris 75003**

Rue Etienne Marcel, studio à louer dans immeuble ancien calme 500m du Centre Pompidou. Entrée, salle de bain WC, cuisine équipée. Fenêtres double vitrage sol parquet et chauffage électrique individuel. Couchage en mezzanine. Placards de rangement supplémentaires en face de la chambre. Cave, digicode et interphone.

Plus de détails sur
http ://www.maisonspascheres.fr
Tél : 01 67 92 46 23
/ 06 15 10 39 37

6. **Appartement 3 pièces**
250.000 75 m^2
Noisy-le-sec 93130

Bel appartement refait à neuf, très clair de 75 m^2 donnant sur jardin calme et lumineux. Cuisine, salle de bain et WC séparés, cave et local vélo, état impeccable, à proximité des transports, bus et RER E. Quartier résidentiel, tous commerces, écoles.

Plus de détails et de photos sur
www.appartaparis.fr
Tel : 01 99 06 34 91
ou 06 23 52 96 12

Property	Description
1.	a. Comes with extra storage.
2.	b. Does not need any work done to it.
3.	c. Recently renovated.
4.	d. Has a fully equipped kitchen and a basement.
5.	e. Comes with its own parking space.
6.	f. Is situated next to a train and Métro station.

3.3 La Ville
 Lisez

A) Description d'une ville française
Lisez la description de la ville de Lyon et répondez aux questions en français.

Lyon est la ville principale du département du Rhône, situé dans la région Rhône-Alpes. Avec un million d'habitants, c'est la troisième ville de France (seulement Paris et Marseille sont plus grandes).

La ville est traversée par deux fleuves, le Rhône et la Saône. Tout au long des quais nous trouvons de nombreux ponts et passerelles. Les habitants de Lyon s'appellent les Lyonnais. Lyon est très connue pour son quartier historique, Le Vieux Lyon, qui date de la Renaissance. Ce quartier est inscrit au patrimoine mondial de l'Unesco.

Avec ses quatre universités et environ 120.000 étudiants, Lyon est aussi une ville étudiante. Très réputée pour la gastronomie, la cuisine lyonnaise est connue partout en France. Les bistrots traditionnels à Lyon s'appellent les bouchons. On y mange les plats locaux comme l'andouillette, la quenelle ou la salade lyonnaise. Paul Bocuse, l'un des meilleurs cuisiniers de France, est originaire de la ville. Il est considéré comme le Pape de la cuisine française et il est le propriétaire de plusieurs restaurants à Lyon.

Lyon est très bien desservie par les transports. Les deux gares SNCF, Perrache et la Gare de Part Dieu sont desservies par des TGV et relient Lyon directement aux plus grandes villes françaises.

L'aéroport de Lyon Saint-Exupéry accueille des vols nationaux et internationaux. Il porte le nom d'Antoine de Saint-Exupéry, aviateur, écrivain et auteur du célèbre *Petit Prince*. Il était aussi originaire de Lyon.

Lyon est une ville touristique avec plusieurs musées, monuments et bâtiments historiques.

Le monument le plus connu de la ville est La Basilique de Notre-Dame de Fourvière. C'est une église construite en pierre blanche qui est située sur une colline qui domine la ville de Lyon.

1. Trouvez une expression qui indique que la ville de Lyon n'est pas aussi grande que Paris.

2. Quels sont les noms des deux rivières lyonnaises ?

3. Expliquez pourquoi Lyon est connue comme une ville étudiante.

4. Nommez **deux** plats traditionnels Lyonnais.

5. Expliquez pourquoi l'aéroport de Lyon s'appelle l'aéroport de Lyon Saint-Exupéry.

6. Quelles sont les attractions touristiques à Lyon ?

 Écoutez ·················· 3.2

B) Deux jeunes français parlent de leur ville
Écoutez les commentaires de Nadège et Christophe puis répondez aux questions.

Nadège
1. What town does Nadège live in?
2. How many inhabitants does the town have?
3. What is unusual about the Rue Saint Michel?

Christophe
1. What region does Christophe live in?
2. Why is his town famous?
3. Why is this region popular with tourists?

ABC Vocabulaire

C) La vie en ville contre la vie à la campagne
Quels sont les avantages et les inconvénients d'habiter en ville ? Est-ce que la vie à la campagne est plus agréable ?

La campagne			
une vallée	valley	une feuille	leaf
un champ	field	l'herbe	grass
un chemin	path	une ferme	farm
un sentier	lane	un fermier	farmer
la nature	nature	le paysage	the scenery
un fleuve	river	la terre	the land
un lac	lake	tranquille	peaceful
une forêt	forest	le calme	calm
un arbre	tree		
à la campagne	in the country		
la campagnard	country dweller		
la France profonde	rural France		
le sens de la communauté	the sense of community		
respirer l'air pur	to breathe fresh air		
la désertification	depopulation		

La ville

en ville	*in town/in the city*	un citadin	*city-dweller*
le centre-ville	*city centre*	un bâtiment	*building*
la mairie	*town hall*	un gratte-ciel	*skyscraper*
le milieu urbain	*urban environment*	un immeuble	*block of flats*
		un lotissement	*housing estate*
l'agglomeration (f)	*built-up area*	les faubourgs	*outskirts*
l'arrondissement (m)	*city postal district*	une tour	*tower block*
la banlieue	*suburb*	un immeuble H.L.M.	*council house*
le quartier	*area*	surpeuplé	*overcroweded*
le quartier défavorisé	*disadvantaged area*	la manque des espaces verts	*lack of green spaces*
une zone industrielle	*industrial estate*	bruyant	*noisy*
un banlieusard	*commuter*	la solitude	*loneliness*

Lisez les phrases suivantes et pour chacune entre elles, dites si c'est positif ou négatif.

1. Il y a beaucoup de choses à faire.
2. Il y a beaucoup de pollution.
3. C'est une jolie ville.
4. C'est un village calme.
5. C'est trop calme.
6. J'aime bien l'ambiance.
7. C'est ennuyeux.

8. C'est touristique et pittoresque.
9. Il y a trop de monde.
10. C'est très moderne.
11. C'est trop vieux.
12. Il y a beaucoup de parcs d'attraction.
13. Il n'y a pas assez de magasins.
14. Il y a un grand choix d'activités sportives.

 # Lisez

D) Vivre à la campagne ou en ville ?

La vie en ville ou à la campagne : où est-ce qu'on vit le mieux ? Lisez les commentaires de Bertrand et Marie et répondez aux questions en anglais.

Bertrand, Les Landes

Je suis né à Bordeaux et j'ai passé presque toute ma vie dans cette ville. L'année dernière moi et ma femme avons pris notre retraite. La première chose que nous avons faite a été de déménager à la campagne. Nous avons acheté une petite maison à côté de la plage dans une région qui s'appelle Les Landes.

Quand j'habitais en ville j'étais souvent très stressé à cause des problèmes liés à la vie quotidienne. À mon avis, les plus grands problèmes sont la circulation, le bruit et la pollution. Malheureusement il n'y a très peu d'espaces verts et l'air est très pollué. Il existe aussi des problèmes sociaux comme la violence, le crime et le racisme. Il y avait des moments ou j'en avais marre de tout et je rêvais de partir à la campagne.

Je vis dans ma nouvelle maison depuis un an et je pense que la vie à la campagne est vraiment meilleure que la vie en ville. Ici à la campagne nous avons plus de temps pour apprécier la vie. Le taux de criminalité est plus bas et les gens sont beaucoup plus ouverts et chaleureux. Les plus grands avantages avec la vie à la campagne sont l'air pur et la nature. Tous les jours je me promène dans la forêt ou sur la plage avec mon chien. Ça c'est vraiment la belle vie !

1. Why did Bertrand move to the countryside?
2. Name **two** sources of stress that exist in towns.
3. According to Bertrand name **two** advantages of living in the countryside.

Marie, Montpellier

J'ai grandi dans une petite ferme dans le sud de la France. J'y ai vécu jusqu'à l'âge de 17 ans. La ville la plus proche était à 30 kilomètres. Ce n'était pas très pratique pour faire les courses ou pour sortir le soir. J'aime bien ma région mais quand on est jeune adulte il n'y a pas grand chose à faire à la campagne. On se sent très isolé et un peu oublié par le reste du monde.

J'ai pris un studio à Montpellier quand j'ai commencé la fac l'année dernière. L'avantage de la ville est incontestable. Tout d'abord il existe une très bonne infrastructure, avec des installations culturelles et sportives et un bon système de transports en commun. C'est très facile de se déplacer en ville, on peut voyager par métro, par bus ou par tramway. On n'a même pas besoin d'avoir une voiture.

En ville, il y a toujours quelque chose à faire et on ne s'ennuie jamais. Pendant la journée on peut faire du shopping, du sport, visiter un musée ou une exposition. Pour s'amuser le soir il y a des cinémas, des discothèques, des concerts, des théâtres et des bars. On est jeune qu'une fois dans la vie et à mon avis c'est important d'habiter quelque part où l'on peut vraiment faire la fête. Sans doute le fait que j'habite en ville rend ma vie quotidienne beaucoup plus intéressante !

1. Name **two** reasons why Marie disliked living in the country.
2. Mention **two** points Marie makes about the transport system in Montpellier.
3. Why does Marie think it is important that young people live in a town?

3.4 Mon Quartier
Vocabulaire

A) Travaillez le vocabulaire :

- mon quartier
- les habitants
- les jeunes du quartier
- les espaces verts
- les équipements sportifs
  et culturels

- les installations
- un terrain de tennis
- une piscine
- un stade
- une salle de sport
- un théâtre

- une boîte
- un cinéma
- une bibliothèque
- un centre commercial
- un jardin public

Exemple :
Mon quartier est situé à 5 kilomètres du centre ville.

C'est un quartier assez calme/résidentiel/bruyant/mort/vivant....

Mon quartier est formidable :
Il y a tant de choses à faire et à voir.
Il y a beaucoup de jeunes.
C'est très animé.

Mon quartier est nul :
Il n'y a rien a faire.
Il n'y a que des vieux.
Il manque d'installations.

Écoutez 3.3

B) Mon quartier
Quatre jeunes français parlent de leurs quartiers. Écoutez leurs commentaires puis répondez aux questions.

Chloé
1. How long has Chloé lived in Clamart?
2. Why does she like her neighbourhood?
3. Name **three** sporting facilities in her area.

Jérôme
1. What comment does Jérôme make about the people living in his area?
2. Name **two** reasons why Jérôme dislikes his area.
3. Where must young people go to enjoy a good night out?

Samir
1. What type of apartment does Samir live in?
2. Name **two** reasons why he likes living in his area.
3. How does Samir like to spend his evenings?

Delphine
1. What type of apartment does Delphine live in?
2. Mention **two** problems that exist in her neighbourhood.
3. What happens when young people in the area become bored? How can this problem be solved?

Écrivez ....

Ecrivez un paragraphe sur les problèmes qui existent dans votre quartier. Y a-t-il des solutions aux problèmes ?

3.5 Les Pays et les Nationalités

When talking about what country you live in, it is important to use the correct preposition.

Choose between *à, en, au* and *aux* :

Prépositions
à + une ville
en + pays féminin
au + pays masculin
aux + pays au pluriel

Exemples :
Niall habite à Dublin.
J'habite en France/en Irlande.
Maria habite au Portugal.
Brad et Barbara habitent aux États-Unis.

Les pays de l'Union Européenne

Depuis janvier 2007 il y a 27 états membres de l'Union Européenne.

Le pays	Les habitants	La langue officielle
L'Allemagne	un Allemand, une Allemande	l'allemand
L'Autriche	un Autrichien, une Autrichienne	l'allemand
La Belgique	un/une Belge	le français/le flamand
La Bulgarie	un/une Bulgare	le bulgare
Chypre	un/une Chypriote	le grec
Le Danemark	un Danois, une Danoise	le danois

Le pays	Les habitants	La langue officielle
L'Espagne	un Espagnol, une Espagnole	l'espagnol
L'Estonie	un Estonien, une Estonienne	l'estonien
La Finlande	un Finlandais, une Finlandaise	le finnois
La France	un Français, une Française	le français
La Grèce	un Grec, une Grecque	le grec
La Hongrie	un Hongrois, une Hongroise	le hongrois
L'Irlande	un Irlandais, une Irlandaise	l'anglais/le gaélique
L'Italie	un Italien, une Italienne	l'italien
La Lettonie	un Letton, une Lettone	le letton
La Lituanie	un Lituanien, une Lituanienne	le lituanien
Le Luxembourg	un Luxembourgeois, une Luxembourgeoise	le français/l'allemand
Malte	un Maltais, une Maltaise	le maltais
Les Pays-Bas	un Hollandais, une Hollandaise	le néerlandais
La Pologne	un Polonais, une Polonaise	le polonais
Le Portugal	un Portugais, une Portugaise	le portugais
La République Tchèque	un/une Tchèque	le tchèque
La Roumanie	un Roumain, une Roumaine	le roumain
Le Royaume-Uni	un/une Brittannique	l'anglais
La Slovaquie	un/une Slovaque	le slovaque
La Slovénie	un/une Slovène	le slovène
La Suède	un Suédois, une Suédoise	le suédois/le finnois

 **Écrivez**

i) Les langues officielles. Trouvez la langue officielle des pays ci-dessous. Reliez la colonne A avec la colonne B.

Colonne A	Colonne B
1. Le Pays Bas	a. l'anglais
2. Le Luxembourg	b. le français et l'allemand
3. L'Egypte	c. le suédois et le finnois
4. L'Espagne	d. le polonais
5. Le Chypre	e. l'allemand
6. La Suède	f. le français, l'italien, l'allemand et le romanche
7. Le Canada	g. le français
8. La Suisse	h. l'arabe
9. La Pologne	i. l'espagnol
10. Le Cameroun	j. le néerlandais

Parlez

ii) À l'oral

1. Est-ce que vous avez visité beaucoup de pays en Europe ?
2. Quel est votre pays préféré ? Pourquoi ?
3. Combien de langues parlez-vous ?
4. Quel est le pays d'Europe que vous aimeriez visiter le plus ?
5. Avez-vous des amis ou de la famille qui habitent dans un autre pays européen ?

Écrivez

iii) Écrivez un paragraphe sur des vacances dans un pays européen. Mentionnez le climat, les habitants, la langue officielle et la cuisine. Votre récit peut être réel ou imaginaire.

3.6 Les Pays Francophones

Vocabulaire

A) Le Vocabulaire

Un pays francophone est un pays où une grande partie de la population parle français ou un pays avec des liens forts avec la langue et la culture françaises. Les pays francophones sont regroupés dans une association qui s'appelle « L'organisation Internationale de la Francophonie » (L'OIF).

Le pays	Les habitants	La langue officielle
Le Canada	un Canadien, une Canadienne	l'anglais/le français
Le Cameroun	un Camerounais, une Camerounaise	le français
Le Sénégal	un Sénégalais, une Sénégalaise	le français
Haïti	un Haïtien, une Haïtienne	le français
L'Égypte	un Égyptien, une Égyptienne	l'arabe
Le Liban	un Libanais, une Libanaise	l'arabe
Le Maroc	un Marocain, une Marocaine	l'arabe
La Tunisie	un Tunisien, une Tunisienne	l'arabe
La Suisse	un/une Suisse	le français
La Belgique	un/une Belge	le français/le flamand
Le Luxembourg	un Luxembourgeois, une Luxembourgeoise	le français/l'allemand
Le Mali	un Malien, une Malienne	le français
Madagascar	un/une Malgache	le malgache
Le Cambodge	un Cambodgien, une Cambodgienne	le khmer
Le Vietnam	un Vietnamien, une Vietnamienne	le vietnamien

Les membres de l'Organisation Internationale de la Francophonie

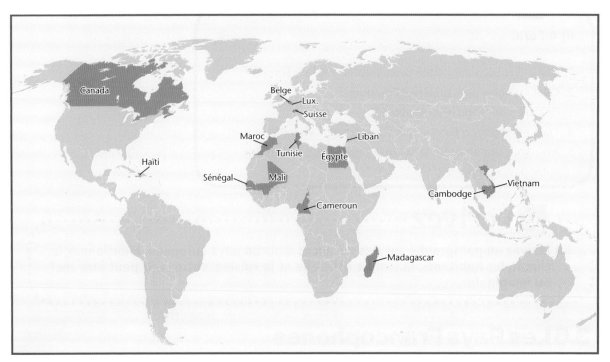

📖Lisez

B) Les habitants des pays francophones

Abdel : Tunis

Moi, c'est Abdel et je suis tunisien. J'habite à Tunis, c'est la capitale de la Tunisie. Elle est située dans le nord du pays sur la côte méditerranéenne. Tunis est une belle ville car les bâtiments sont souvent construits en pierre blanche. Le climat est très doux et le soleil brille tout le temps sur ma ville. Avec une population d'environ 2 millions d'habitants, c'est la plus grande ville de la Tunisie. La ville de Tunis est au centre de la vie culturelle tunisienne. Il y a plusieurs musées, théâtres et salles de concert. Tunis est aussi célèbre pour sa grande Médina, avec ses mosquées et ses souks (les marchés). Ici on parle en français et en arabe.

Anne-Marie : Montréal

Je m'appelle Anne-Marie et je suis québécoise. Je suis née au Québec et j'habite à Montréal. C'est l'une des plus grandes villes au Canada. Ma ville est le centre du commerce, de l'industrie et de la culture. Montréal est une ville multiculturelle d'environ 3,7 millions d'habitants. Environ 70% de la population est francophone. Cette statistique la rend la quatrième ville francophone au monde. Nous avons un climat très varié.

En hiver la température baisse jusqu'à −10 dégrés mais en été elle peut atteindre 30 dégrés. Les sports comme le hockey sur glace et le patinage sont très populaires ici.

Samuel : Dakar

Moi, je m'appelle Samuel. Je suis sénégalais et je vis à Dakar. La population de Dakar est 2.500.000 personnes. J'adore l'ambiance à Dakar parce que c'est une ville animée et chaleureuse. Certaines personnes disent qu'il y a trop de monde à Dakar. Ils ont raison, mais ce n'est pas grave car j'adore vivre dans une ville qui bouge. La musique et le sport sont très importants pour nous. La musique sénégalaise a une très bonne réputation en Afrique et en France. Youssou N'Dour est notre chanteur le plus célèbre. C'est un excellent musicien et nous sommes très fiers de lui. Dakar est connue comme la dernière étape dans la course automobile le rallye Paris-Dakar. Cette course commence en Europe et se termine à Dakar.

Écrivez

i) Vrai ou faux ? Lisez les phrases suivantes et dites si elles sont vraies ou fausses.

	Vrai	Faux
À Montréal 30% de la population parlent une autre langue que le français.		
La musique sénégalaise est connue partout dans le monde.		
Le temps à Tunis est très varié.		
Dakar est une ville vivante.		
Montréal est connue pour ses événements sportifs.		

ii) Qui est qui ? Trouvez la personne qui correspond le mieux aux affirmations suivantes :

Nom	
	Habite dans l'une des plus grandes villes francophones au monde
	Sa ville est située au bord de la mer
	Apprécie énormément les équipements culturels de sa ville
	Est habitante d'une ville où les sports d'hiver sont pratiqués
	Habite dans une ville qui est surpeuplée

Pour plus de renseignements sur la communauté francophone consultez le site web de L'Organisation Internationale de la Francophonie : www.francophonie.org.

3.7 Dix Questions à l'Oral

Parlez Écoutez — 3.4

A) Thème : Mon quartier

Utiliser le vocabulaire pp 74–75 et p. 83 pour répondre aux questions suivantes. Notez vos réponses dans votre carnet d'oral.

1. Où habitez-vous ?
2. Décrivez-moi votre maison.
3. Est-ce que vous avez votre propre chambre ?
4. Quelle est votre pièce préférée chez vous ?
5. Aimez-vous votre quartier ?
6. Y a-t-il assez d'installations dans votre quartier ?
7. Décrivez la vie dans votre quartier.
8. Quels sont les problèmes qui existent dans votre quartier ?
9. Quelles sont les mesures qui contribueraient à améliorer la vie dans votre ville ?
10. À votre avis, est-ce que la vie est meilleure en ville ou à la campagne ?

Écoutez ·········· 3.5

B) Pour vous aider

Q : Où habitez-vous ?
J'habite dans la banlieue sud de Dublin à Rathfarnham. J'ai de la chance car je n'habite pas très loin de mon lycée. C'est très pratique le matin !

Q : Décrivez-moi votre maison.
J'habite une maison individuelle. C'est une petite maison, mais elle est moderne et confortable. Il y a sept pièces chez moi. En haut, il y a trois chambres et une salle de bains. En bas il y a une cuisine, un salon et une salle à manger. Il y a un grand jardin avec une terrasse derrière la maison.

Q : Décrivez-moi votre chambre à coucher.
J'ai de la chance car j'ai ma propre chambre. Elle se trouve au premier étage. J'adore ma chambre parce qu'elle est grande et spacieuse. Ma chambre est bien meublée avec un lit, une table de chevet, une petite armoire, une étagère et un bureau pour mon ordinateur. Comme j'adore le rugby j'ai une grande affiche de l'équipe irlandaise sur le mur.

Q : Décrivez-moi votre quartier.
J'habite un quartier résidentiel. C'est un quartier jeune et animé. En général, les maisons sont très entretenues et les habitants sont très amicaux. J'adore mon quartier car il y a tellement de choses à faire et à voir, surtout pour les jeunes. Par exemple il y a un club de rugby, un club de tennis, des pubs et une boîte de nuit. Nous avons de la chance d'avoir beaucoup d'installations ici, y compris un grand centre commercial, des banques, des écoles, des terrains de sport, des parcs, un théâtre et un cinéma.

Q : Quels sont les problèmes qui existent dans votre quartier ?
Heureusement, il n'existe pas beaucoup de problèmes sociaux dans mon quartier. Le seul vrai problème ici, c'est la circulation. Il y a trop de voitures sur les routes ! Pendant les heures de pointe, il y a souvent des embouteillages. C'est très embêtant !

3.8 La Production Écrite – Le Journal Intime

The *journal intime* (diary entry) is a written question that appears on both the Ordinary and Higher Level Leaving Certificate papers. It appears as an optional question on both papers.

You are asked to discuss recent events that have happened to you and record your feelings and emotions concerning these events.

The diary entry is written in the first person *je* in simple informal French, as if you were talking to a close friend. Answers should be at least 75 words long. It is advisable to include expressions and idioms that you have learned for the oral examination. While there are no marks awarded for layout, it is best to use a diary entry format.

Sample answer

You have just moved into a new house. Note the following in your diary :
- The move was very stressful.
- You are not happy that you have to share a room with your sister.
- It will be a disaster, as you do not get on with her.

Samedi 2 mai, 20 heures

Cher journal,

J'en ai vraiment marre de ma famille ! Nous avons déménagé ce matin. C'était horrible, un vrai désastre ! Tout le monde était vraiment stressé et nous nous sommes beaucoup disputés. Malheureusement, le pire était à venir. Je viens d'apprendre qu'il y a seulement deux chambres à coucher dans la nouvelle maison. Quel cauchemar, je dois partager une chambre avec ma petite sœur Sophie ! Je n'aime pas du tout ma sœur car c'est une vraie petite peste. Ce sera une catastrophe ! On ne s'entend pas bien ensemble. Je la trouve impatiente et énervante.

Alors je n'en peux plus, je vais me coucher.

Bonne nuit,

Isabella

 **Écrivez**

À vous maintenant !

You are staying with your French cousin, Marie, in Paris. Note the following in your diary:
- The area in which she lives is great for young people.
- You are not happy with the room that you are staying in.
- Both you and your cousin enjoy the same pastimes.

3.9 La Grammaire – Le Passé Composé
 Apprenez

Le *passé composé* (the perfect tense) is the most commonly used past tense in French. It is a compound tense made up of two parts : an **auxiliary verb** (*être* or *avoir*) and a **past participle**.

A) Use

The *passé composé* is used for a completed action or event in the past. It can be broken down into three groups. The first two groups take **avoir** as the auxiliary, while the third group takes **être**.

Group 1: Regular verbs that take **avoir** as the auxiliary.

Group 2: Verbs with irregular past participles that take **avoir** as the auxiliary.

Group 3: Fourteen verbs that take **être** as the auxiliary.

B) Formation
Group 1 : Regular verbs + *avoir*

The past participles of regular verbs are formed in the following way :
-*er* changes to *é*
-*ir* changes to *i*
-*re* changes to *u*

Exemple :

-er	donner	donné	given
-ir	finir	fini	finished
-re	vendre	vendu	sold

Donner (to give) :	Finir (to finish) :	Vendre (to sell) :
j'ai donné	j'ai fini	j'ai vendu
tu as donné	tu as fini	tu as vendu
il/elle/on a donné	il/elle/on a fini	il/elle/on a vendu
nous avons donné	nous avons fini	nous avons vendu
vous avez donné	vous avez fini	vous avez vendu
ils/elles ont donné	ils/elles ont fini	ils/elles ont vendu

Exemple :

J'ai donné le livre à Claire.   I gave the book to Claire.

Il a fini tous ses devoirs.   He finished all his homework.

Nous avons vendu notre maison l'année dernière.   We sold our house last year.

Group 2 : Irregular past participles + *avoir*

Verbs in this group have an irregular past participle but still use **avoir** as their auxiliary. The irregular past participles must be learned off by heart. The following is a list of the most commonly used verbs in Group 2.

avoir (*to have*)	j'ai **eu**	dire (*to say*)	j'ai **dit**
boire (*to drink*)	j'ai **bu**	écrire (*to write*)	j'ai **écrit**
connaître (*to know*)	j'ai **connu**	être (*to be*)	j'ai **été**
croire (*to believe*)	j'ai **cru**	faire (*to do*)	j'ai **fait**
devoir (*to have to*)	j'ai **dû**	lire (*to read*)	j'ai **lu**

mettre (*to put*)	j'ai **mis**	rire (*to laugh*)	j'ai **ri**
offrir (*to offer*)	j'ai **offert**	savoir (*to know*)	j'ai **su**
ouvrir (*to open*)	j'ai **ouvert**	suivre (*to follow*)	j'ai **suivi**
pouvoir (*to be able to*)	j'ai **pu**	tenir (*to hold*)	j'ai **tenu**
prendre (*to take*)	j'ai **pris**	voir (*to see*)	j'ai **vu**
recevoir (*to receive*)	j'ai **reçu**	vouloir (*to want*)	j'ai **voulu**

Exemple : J'ai vu la Tour Eiffel en vacances l'été dernier.

Il a ouvert la porte pour sa mère.

Nous avons offert un cadeau à notre ami.

Group 3 : 14 Verbs + *être* (agreement)

The following fourteen verbs take *être* as the auxiliary verb. They may be remembered using the following mnemonic:

MRS VAN DE TRAMPP

All the past participles are regular, with the exception of the following three verbs:

mourir –> mort   venir –> venu   naître –> né

monter (*to go up*)	je suis **monté(e)**
rester (*to stay*)	je suis **resté(e)**
sortir (*to go out*)	je suis **sorti(e)**
venir (*to come*)	je suis **venu(e)**
aller (*to go*)	je suis **allé(e)**
naître (*to be born*)	je suis **né(e)**
descendre (*to go down*)	je suis **descendu(e)**
entrer (*to enter*)	je suis **entré(e)**
tomber (*to fall*)	je suis **tombé(e)**
retourner (*to return*)	je suis **retourné(e)**
arriver (*to arrive*)	je suis **arrivé(e)**
mourir (*to die*)	je suis **mort(e)**
passer (*to call by*)	je suis **passé(e)**
partir (*to leave*)	je suis **parti(e)**

When a verb takes *être* as an auxiliary, the past participle must agree with the subject in gender (masculine/feminine) and in number (singular/plural).

Exemple :
Aller (to go)
je suis allé(e)   nous sommes allé(e)s
tu es allé(e)   vous êtes allé(e)s
il est allé   ils sont allés
elle est allée   elles sont allées

Exemple :
Elle est sortie hier soir.   She went out last night.
Nous sommes rétournés en Irlande.   We returned to Ireland.
Elles sont arrivées tard.   They arrived late.

The *passé composé* is often used with the following phrases :
• hier
• le week-end dernier
• il y a un mois
• hier soir
• samedi dernier
• l'année dernière

3.10 La Grammaire – L'Imparfait
📖Apprenez

A) Use

The *imparfait* is the second past tense that you learn in French. It is a descriptive tense and is used for the following.

- A continuous or habitual action in the past

Exemple :

L'année dernière, je **jouais** au rugby deux fois par semaine.	Last year I used to play rugby twice a week.

- Physical and emotional descriptions, such as weather, time, age and feelings

Exemple :

L'été dernier il **pleuvait** tous les jours	Last summer, it used to rain every day.
J'**étais** très triste.	I was very sad.
Il **avait** vingt ans à l'époque.	He was twenty at the time.

- An action taking place when something else happened

Exemple :

Je **faisais** mes devoirs quand le téléphone a sonné.	I was doing my homework when the phone rang.

B) Formation

To form the imperfect, take the **nous** part of the present tense. Drop the **-ons** ending and add the appropriate imperfect ending : *-ais, -ais, -ait, -ions, -iez, -aient*.

Exemple : donner

je donnais
tu donnais
il/elle/on donnait
nous donnions
vous donniez
ils/elles donnaient

Regular and irregular verbs all take the same endings. The only exception to this rule is the verb **être**, as the **nous** part of the present tense does not end in *-ons*.

Exemple : être

j'étais
tu étais
il/elle/on était
nous étions
vous étiez
ils/elles étaient

The imperfect tense is often used with the following phrases:

Les phrases utiles	
d'habitude	*usually*
en général	*in general, generally*
le week-end	*on the weekends*
le soir	*in the evenings*
tous les jours	*every day*

3.11 La Compréhension Écrite
Lisez

Read the following article concerning nature reserves in Provence.

Environnement :
Les espaces naturels protégés

1. Le Parc régional marin de la Côte bleue

Le Parc marin de la Côte bleue, dans les Bouches-du-Rhône, s'étend depuis 1983 sur le territoire de cinq communes (Carry-le-Rouet, Ensuès-la-Redonne, Martigues, Le Rove et Sausset-les-Pins). Deux zones marines protégées ont été créées à Cap-Couronne et Carry-le-Rouet ou pêche, plongée et mouillage de bateaux sont interdits afin d'augmenter la productivité du milieu marin et de favoriser la reconstitution du biotope naturel.

2. Le Conservatoire du littoral

Le Conservatoire du littoral participe à cette préservation de l'environnement en achetant des terrains pour endiguer l'urbanisation des côtes et aider les communes à mieux aménager les lieux. Dans les Bouches-du-Rhône, il protège le massif des calanques (16 km de long et 3 km de large) et l'archipel de Riou, plus de 3.000 ha de la Côte bleue, une partie des rives de l'étang de Berre, des portions de la plaine de la Crau ainsi que des sites camarguais comme la Palissade.

3. Le Parc naturel régional de Camargue

Le Parc naturel régional de Camargue a été fondé en 1970 pour préserver quelque 85.000 ha de nature en péril. Deux communes (Arles et Les Saintes-Maries-de-la-Mer) se partagent ce territoire amphibien aux 365 espèces d'oiseaux, classé « Reserve de biosphère » par l'Unesco en 1977. Grâce à la mise en place du parc ornithologique du Pont-de-Gau, d'une réserve zoologique et botanique autour de l'étang de Vaccarès, en partie inaccessible aux touristes, et à la construction de l'impressionnante digue à la mer, le Parc a amplement contribué à la sauvegarde de ce fragile écosystème. Il a également développé des parcours et des

lieux (le centre d'information de Ginès, par exemple) pour sensibiliser le public à cette nature unique.

4. Le Parc naturel régional du Luberon

Le Parc naturel du Luberon (72 communes) a équipé ses 170.000 ha de nombreuses voies pédestres comme le sentier des ocres à Roussillon, celui de la forêt des cèdres à Bonnieux ou le chemin des terrasses de cultures à Goult. De plus, un itinéraire cycliste (Tour du Luberon), formant une boucle de 235 km depuis Cavaillon (Vaucluse) en passant par Manosque (Alpes-de-Haute-Provence) et les villages perchés, a été créé. Il permet aux amoureux de la nature de découvrir en sécurité ces paysages, classés « Réserves de biosphère » en 1997 par l'Unesco. Pour le Parc, dont la Maison se situe à Apt, il s'agit de prévenir la dégradation du milieu naturel en raison d'une urbanisation mal maîtrisée jadis et d'une agriculture dépréciée.

5. Le Parc national du Mercantour

Six communes des Alpes-de-Haute-Provence font partie du Parc national du Mercantour, à cheval sur le département des Alpes-Maritimes. Créé en juillet 1979, il a pour mission de protéger une zone de plus de 215.000 ha. Y poussent près de 2.000 espèces de plantes, dont 40 endémiques, et y vivent des animaux en

voie de disparition comme le loup, l'aigle royal ou son congénère, le gypaète barbu, réintroduit en 1993. En balisant environ 600 km de sentiers, le Parc permet aux touristes de découvrir cet espace tout en le sauvegardant au maximum des dégradations.

6. Le Parc naturel régional du Verdon
Le Parc naturel régional du Verdon, dont la création date seulement de 1997, occupe les départements des Alpes-de-Haute-Provence et du Var. Sur une étendue de près de 180.000 ha, avec pour centre documentaire et administratif Moustiers-Sainte-Marie, le Parc comporte huit zones paysagères dont celle du plateau de Valensole et sa lavande, et celle des Préalpes avec son relief tourmenté. Comme dans les autres Parcs, de nombreux chemins de randonnée ont été aménagés, tel le sentier de découverte de Blieux, où aucun panneau n'a été planté afin de ne pas troubler le paysage, ou le sentier botanique d'Esparron-de-Verdon. Il a également été mis en place des sites voués à l'éducation et à la découverte comme l'observatoire des vautours fauves à Rougon en collaboration avec une association locale.

Manuel Jardinaud, *Geó Guide Sélection Provence,* Édition Spéciale
© Gallimard Loisirs

Which of the paragraphs (1 to 6) does the information in the left-hand column below refer to? Write the name of the corresponding national park in the right-hand column. (Each park may be used more than once.)

Description	National park
(a) Where you can see numerous species of birds	
(b) Which fights against the urbanisation of the coastline	
(c) Where fishing and diving are prohibited	
(d) Which offers many pedestrian walks	
(e) Where you can see endangered animals like wolves and eagles	
(f) Where you can see lavender	
(g) Where nature lovers discover the countryside by bicycle	
(h) Where thousands of plants grow	
(i) Where you can learn about and observe vultures	
(j) Where two marine protected reserves have been created	

3.12 La Compréhension Littéraire
📖 Lisez

Lisez l'extrait du roman puis répondez aux questions.

I. Ce fut ma nièce qui alla ouvrir quand on frappa. Elle venait de me servir mon café, comme chaque soir (le café me fait dormir). J'étais assis au fond de la pièce, relativement dans l'ombre. La porte donne sur le jardin, de plain-pied. Tout le long de la maison court un trottoir de carreaux rouges très commode quand il pleut. Nous entendîmes marcher, le bruit des talons sur le carreau. Ma nièce me regarda et posa sa tasse. Je gardai la mienne dans mes mains.

Il faisait nuit, pas très froid : ce novembre-là ne fut pas très froid. Je vis l'immense silhouette, la casquette plate, l'imperméable jeté sur les épaules comme une cape.

Ma nièce avait ouvert la porte et restait silencieuse. Elle avait rabattu la porte sur le mur, elle se tenait elle-même contre le mur, sans rien regarder. Moi je buvais mon café, à petits coups.

L'officier, à la porte, dit : « S'il vous plaît. » Sa tête fit un petit salut. Il sembla mesurer le silence. Puis il entra.

II. La cape glissa sur son avant-bras, il salua militairement et se découvrit. Il se tourna vers ma nièce, sourit discrètement en inclinant très légèrement le buste. Puis il me fit face et m'adressa une révérence plus grave. Il dit : « Je me nomme Werner von Ebrennac. » J'eus le temps de penser très vite : «Le nom n'est pas allemand. Descendant d'émigré protestant ? » Il ajouta : « Je suis désolé. »

Le dernier mot, prononcé en traînant, tomba dans le silence. Ma nièce avait fermé la porte et restait adossée au mur, regardant droit devant elle. Je ne m'étais pas levé. Je déposai lentement ma tasse vide sur l'harmonium et croisai mes mains et attendis.

L'officier reprit : « Cela était naturellement nécessaire. J'eusse évité si cela était possible. Je pense mon ordonnance fera tout pour votre tranquillité. » Il était debout au milieu de la pièce. Il était immense et très mince. En levant le bras il eût touché les solives.

III. Sa tête était légèrement penchée en avant, comme si le cou n'eût pas été planté sur les épaules, mais à la naissance de la poitrine. Il n'était pas voûté, mais cela faisait comme s'il l'était. Ses hanches et ses épaules étroites étaient impressionnantes. Le visage était beau. Viril et marqué de deux grandes dépressions le long des joues. On ne voyait pas les yeux, que cachait l'ombre portée de l'arcade. Ils me parurent clairs. Les cheveux étaient blonds et souples, jetés en arrière, brillant soyeusement sous la lumière du lustre.

Le silence se prolongeait. Il devenait de plus en plus épais, comme le brouillard du matin. Épais et immobile. L'immobilité de ma nièce, la mienne aussi sans doute, alourdissaient ce silence, le rendaient de plomb.

Vercors, *Le Silence de la Mer,* Éditions Albin Michel

1. i) Trouvez la phrase qui indique que le narrateur et sa nièce ont entendu l'arrivée de quelqu'un à la maison. (Section I)

ii) Trouvez **deux** détails qui montrent que la nièce n'a pas reçu l'officier allemand dans sa maison de façon chaleureuse. (Section I)

2. Citez une expression dans la première section qui indique que le narrateur n'a pas posé sa tasse de café quand sa nièce est allée ouvrir la porte. (Section I)

3. Quand l'officier est arrivé à la porte le narrateur buvait son café : (Section II)

    a) vite
    b) lentement
    c) tout d'un coup
    d) rapidement

4. i) Quel détail dans la deuxième section nous suggère que l'officier savait que son arrivée à la maison gênait le narrateur et sa nièce ? (Section II)

   ii) Quel mot dans la troisième section indique que l'officier avait parlé au narrateur d'un ton respectueux ?

5. i) Citez **deux** adjectifs qui décrivent l'officier physiquement. (Section III)

   ii) Relevez dans la troisième section un adverbe.

6. What is the attitude of the narrator and his niece to the German officer who arrives into their home ? (Give **two** points.)

3.13 Faire le Bilan

✎ Écrivez

A) Exercices de vocabulaire

i) Traduisez les mots suivants en français :

a) detached house
b) holiday home
c) apartement block
d) suburb
e) housing estate

f) spacious
g) hall
h) bathroom
i) kitchen
j) attic

k) carpet
l) curtain
m) dishwasher
n) first floor
o) neighbourhood

p) town
q) countryside
r) inhabitants
s) shopping centre
t) nightclub

ii) Traduisez les mots suivants en anglais :

a) un pavillon
b) un studio
c) un HLM
d) lumineux
e) clair

f) le rez-de-chaussée
g) l'étage
h) la cave
i) le placard
j) le fauteuil

k) le lave-vaisselle
l) le four
m) l'immobilier
n) à proximité
o) les espaces verts

p) les installations
q) animé
r) bruyant
s) un francophone
t) un pays

iii) Traduisez les verbes suivants en anglais :

a) habiter
b) vivre
c) louer
d) vendre
e) acheter

f) rénover
g) équiper
h) déménager
i) manquer
j) améliorer

iv) Mettez *le*, *la*, *l'* ou *les* devant les noms :

a) ___ bungalow
b) ___ pièce
c) ___ chambre
d) ___ télévision
e) ___ meubles

f) ___ lecteur DVD
g) ___ village
h) ___ piscine
i) ___ stade
j) ___ équipements

v) Mettez le dialogue en ordre et recopiez-le dans votre cahier :

Exemple : France • suis • j'habite • en • française • Paris • et • à = *Je suis française et j'habite à Paris en France.*

a) Québec • canadienne • elle • elle • au • à • et • est • habite • Montréal =

b) HLM • de • dans • sud • banlieue • la • un • Paris • dans • j'habite =

c) petit • arrondissement • dans • ami • un • mon • studio • le • dans • Paris • 5ème
   • habite • de =

d) dans • il • quartier • y • sportives • a • d'installations • beaucoup • mon =

e) pour • n' • mon • faire • à • déteste • y • car • il • quartier l'je • jeunes • les • rien • a =

vi) **Pour chacun des pays suivants, trouvez le nom des habitants et la langue officielle :**

Le pays	Les habitants	La langue officielle
e.g La France	un Français, une Française	le français
a) L'Irlande		
b) La Suède		
c) Le Royaume-Uni		
d) L'Italie		
e) L'Allemagne		
f) Les Pays-Bas		
g) La Pologne		
h) Le Portugal		
i) L'Espagne		
j) La Belgique		
k) Le Luxembourg		
l) Le Danemark		
m) La Suisse		
n) Les États-Unis		
o) Le Cameroun		
p) L'Egypte		
q) Le Maroc		
r) La Tunisie		
s) Le Canada		
t) Le Vietnam		

B) Exercices de grammaire

Le passé composé

i) **Donnez les participes passés des verbes suivants (Groupe 1) :**

a) rêver
b) fondre
c) dormir
d) réussir
e) chanter

f) attendre
g) agir
h) fumer
i) remplir
j) balader

ii) **Donnez les participes passés des verbes suivants (Groupe 2) :**

a) avoir
b) faire
c) devoir
d) boire
e) croire

f) voir
g) vouloir
h) connaître
i) savoir
j) pouvoir

iii) Donnez les participes passés des verbes suivants (Groupe 3) :

a) sortir   f) retourner
b) rester   g) venir
c) revenir   h) mourir
d) monter   i) passer
e) rentrer   j) naître

iv) Choisissez la bonne forme du verbe auxiliaire :

a) Elle _____ chanté devant les invités.
b) Nous _____ joué au tennis cet après-midi.
c) Vous _____ allés en France l'année dernière.
d) Je _____ vendu ma maison de campagne.
e) Elles _____ descendues dans la cave
f) Tu _____ vu ce beau garçon ?
g) Je me _____ levé très tôt ce matin !
h) Ils _____ partis ensemble hier soir.
i) Vous _____ voyagé dans la même voiture.
j) Elle _____ fini le travail à 17h00.

v) Choisissez le bon auxiliaire pour les verbes suivants et mettez-les au passé composé :

Exemple : arriver (tu) = être   tu es arrivé(e)
chanter (je) = avoir   j'ai chanté

a) tomber (*ils*)   f) voir (*il*)
b) être (*vous*)   g) devenir (*tu*)
c) naître (*nous*)   h) donner (*ils*)
d) aller (*je*)   i) entrer (*vous*)
e) faire (*elles*)   j) avoir (*nous*)

vi) Conjuguez les verbes suivants au passé composé :

a) Nous (*visiter*) _____ la tour Eiffel à Paris.
b) Ils (*arriver*) _____ à l'école en retard.
c) Je (*avoir*) _____ vraiment peur !
d) Tu (*boire*) _____une pinte de Guinness en Irlande.
e) Je (*faire*) _____ mes devoirs hier soir.
f) Il (*téléphoner*) _____ lundi dernier vers midi.
g) Vous (*partir*) _____ à quelle heure ?
h) Ils (*dormir*) _____ jusqu'à 10h00 ce matin.
i) Elle (*voir*) _____ un très bon film samedi dernier.
j) Je (*aller*) _____ voir le médecin la semaine dernière.

vii) Mettez les verbes au passé composé et à la forme négative :

a) Je (*voir*) _____ le nouveau film de Spielberg.

b) Nous (*avoir*) _____ assez de temps pour dîner.

c) Elles (*venir*) _____ à la soirée de Monique.

d) Tu (*aimer*) _____ mon gâteau au chocolat ?

e) Anna (*partir*) _____ toute seule.

f) Je (*s'amuser*) _____ hier soir en boîte.

g) Elles (*aller*) _____ en Espagne l'année dernière.

h) Pourquoi tu (*attendre*) _____ devant le café hier ?

i) Il (*connaître*) _____ toutes les paroles de la chanson !

j) Je (*naître*) _____ à Bordeaux.

viii) Le passé composé avec « être ». Entourez la bonne réponse :

Exemple : Elle est arrivé/arrivées/(arrivée.)

a) Les filles sont *tombés/tombée/tombées* amoureuses du nouveau parfum.

b) Marc est *venue/venu/venus* me voir à l'hôpital la semaine dernière.

c) Jeanne d'Arc est *né/nées/née* à Domrémy le 5 janvier 1412.

d) Ils sont *arrivées/arrivé/arrivés* à la Gare du Nord à 13h00.

e) Ma mère et moi sommes *allée/allées/allé* au musée mardi dernier.

L'imparfait

i) Conjuguez les verbes suivants à l'imparfait :

a) Pendant mon enfance je (*voir*) _____ mes cousins français chaque été.

b) Elles (*être*) _____ très gentilles avec moi pendant les vacances.

c) Il (*faire*) _____ très beau au mois de juin en Espagne.

d) Ils _____ (*venir*) me voir tous les jours à l'hôpital l'année dernière.

e) Pendant les années 60 mes parents _____ (*écouter*) les Beatles.

f) Vous ne (*parler*) _____ pas français l'année dernière.

g) Tu (*savoir*) _____ lire à l'âge de 5 ans.

h) La maison (*être*) _____ grande et spacieuse.

i) Je (*avoir*) _____ vraiment peur !

j) Nous (*donner*) _____ de l'argent aux enfants.

ii) Traduisez les phrases suivantes en anglais :

a) Quand j'étais petit, je regardais les dessins animés.

b) Il y avait souvent des averses au mois d'avril.

c) Il faisait froid au mois de juillet dernier.

d) Quand j'étais à l'université, je sortais beaucoup.

e) Quand nous étions jeunes, nous vivions à Paris.

iii) Conjuguez les verbes suivants au passé composé :

a) Sa mère (*venir*) _____ de France pour fêter son anniversaire.

b) Les filles (*manger*) _____ le petit déjeuner ensemble.

c) Mon père et moi (*arriver*) _____ pendant avec une heure de retard.

d) Nous (*s'amuser*) _____ pendant les vacances.

e) Elles (*naître*) _____ en France pendant la guerre.

f) Je (*me réveiller*) _____ assez tôt.

g) Amy et Louise (*voir*) _____ le bel acteur.

h) Vous (*être*) _____ triste, Monsieur ?

i) Claire, tu (*rester*) _____ deux semaines en France ?

j) Je (*avoir*) _____ vraiment besoin d'un ami.

iv) Traduisez les phrases suivantes en français :

a) The girls went to school yesterday.
b) I chose the correct answer.
c) The boys arrived at the airport.
d) My aunt was not born in England.
e) The bird died in the tree.
f) She decided not to go to work.
g) My brother went home at 10pm.
h) They left out together.
i) You slept well.
j) The men entered the room.

C) Exercices écrits

Le journal intime

i) You have just had an argument with your friend over schoolwork. Note the following in your diary:

- The history project is difficult and you need his/her help with it.
- You are not happy that he/she is lazy and that you have to do all the work.
- Your parents will be very angry if you do not get a good grade for it.

ii) You have returned from a school trip to Co. Cork. Note the following in your diary:

- This was your first visit to Co. Cork and you really enjoyed it.
- Say what tourist attractions you saw and what you thought of them.
- Describe the journey and say what time you arrived home at.

iii) You have just returned home after your last day of the Leaving Certificate. Note the following in your diary:

- You were delighted to finish secondary school.
- Describe how you said goodbye to everyone and took some nice photos of your friends.
- You think that you will get a good result in the Leaving Certificate.

iv) You have just returned home from a trip to your local cinema. Note the following in your diary:

- You went to see a horror film with your friends.
- Describe how you were frightened and didn't enjoy the film.
- After the film you went clubbing and really enjoyed yourself.

v) You have a bad cold and have stayed home from school. Note the following in your diary:

- You feel unwell and are in a bad mood.
- The television is broken and you are very bored.
- You will read a book to pass the time.

vi) You have just returned from a holiday with your grandparents in France. Note the following in your diary:

- The people are lovely and you are really enjoying yourself.
- The weather is great and you are sunbathing a lot.
- You would like to live in France after you finish school.

Le journal intime : plus avancé

i) Vous participez à un échange scolaire avec un lycée français. Cependant vous ne vous entendez pas du tout avec votre correspondant français. Vous auriez du mal à rester chez lui pendant deux semaines !

Qu'est-ce que vous notez à ce sujet dans votre journal intime?

(75 mots environ)

ii) Vous avez envie de partir en vacances à Tenerife avec votre classe après le bac. Vos parents ne sont pas du tout d'accord avec cette idée et vous interdisent d'y aller.

Qu'est-ce que vous notez à ce sujet dans votre journal intime?

(75 mots environ)

iii) Aujourd'hui vous êtes arrivé(e) à Paris ou vous allez passer un an pour perfectionner votre connaissance de la langue française. Vous allez passer votre première nuit toute seule dans un pays étranger.

Décrivez vos sentiments dans votre journal intime.

(75 mots environ)

iv) Votre père vous a annoncé que vous allez déménager et que désormais il faut partager une chambre avec votre petit frère.

Décrivez vos sentiments dans votre journal intime.

(75 mots environ)

v) Aujourd'hui vous avez eu un accident à l'école. Vous êtes capitaine de l'équipe de football et malheureusement vous ne pouvez pas jouer dans la finale de la ligue demain.

Qu'est-ce que vous notez à ce sujet dans votre journal intime ?

(75 mots environ)

vi) Vous venez de gagner deux billets pour un séjour à Berlin. Vous voulez partir avec votre meilleur(e) ami(e) mais vos parents disent que vous êtes trop jeune pour voyager sans un/une adulte.

Qu'est-ce que vous notez à ce sujet dans votre journal intime ?

(75 mots environ)

3.14 La Préparation à l'Examen – Le Journal Intime

📇 Étudiez

Ordinary Level

The diary entry question appears as one of two options in Section C, part II and is worth 30 marks (15 for communication and 15 for language). The candidate is given three points to complete. Each point is worth 5 marks and you must cover all three.

Tips for approaching the question:

1. Start with the correct layout, with the day, date and time on the top right-hand side.
2. Begin with the phrase *Cher journal*.
3. Sign off with a phrase such as *à demain/bonne nuit* and a name.
4. Introduce the event or topic that you must discuss.
5. Present your feelings and opinion on the topic.
6. Sign off and say goodnight.

Sample answer

You have just had an argument with your parents about going out at the weekend. Note the following in your diary:
• You want to go out with your friends, but your parents won't allow you to.
• You did a lot of homework this week.
• You think that they are too strict and you are angry.

Leaving Certificate Ordinary Level 2007

Jeudi 17 octobre, 20 heures

Cher Journal,

Je suis vraiment furieuse contre mes parents. Toute la bande va sortir en boîte de nuit ce week-end. Toute la bande sauf moi ! Quand j'ai demandé à maman et papa si je pouvais sortir ils m'ont dit non. Ce n'est vraiment pas juste car je fais tout ce qu'ils veulent. Ils ont vraiment de la chance d'avoir une gentille fille bien sérieuse comme moi. Par exemple, cette semaine j'ai passé trois heures à faire mes devoirs chaque soir. Je n'ai jamais fait autant de devoirs de ma vie mais ils me traitent toujours comme une enfant. Honnêtement, ils sont beaucoup trop stricts avec moi. Comme je déteste mes parents, ils sont vraiment casse-pieds !

À demain
Lucy

Higher Level

The diary entry question appears as one of two options in Section C, part II and is worth 30 marks (15 marks for communication and 15 marks for language).

Tips for answering the question:
1. Commencez avec la bonne mise en page.
2. Une introduction – reformuler l'instruction.
3. Un sentiment – expliquer comment vous vous sentez.
4. Votre opinion/argument.
5. Votre conclusion.

Sample answer

Vous venez de gagner deux billets pour un grand événement sportif en Angleterre. Ce serait un week-end super, mais vos parents insistent pour que vous restiez à la maison, car vos examens sont trop proches.
Qu'est-ce que vous notez à ce sujet dans votre journal intime ? *(75 mots environ)*
Leaving Certificate Higher Level 2007

dimanche 7 juillet, 22 heures

Cher journal,

Quelle journée extraordinaire ! Tout a très bien commencé ce matin quand j'ai ouvert mon courrier. J'ai gagné deux billets pour la finale de la Coupe d'Angleterre à Wembley, Liverpool contre Manchester United. J'étais vraiment ravi car le foot est mon sport préféré et j'adore l'équipe de Manchester United. Allez-les Diables Rouges !

Quelle chance, quel bonheur ! Hélas ça n'a pas duré. Dès que mes parents ont vu la date du match ils ont dit qu'il était hors de question d'y assister. Ils m'ont expliqué que les examens sont trop proches et qu'il est plus important de passer le week-end à la maison à réviser. Ce n'est vraiment pas juste. Mon père a ajouté que ce serait un vrai gâchis de ne pas utiliser les billets donc il ira à ma place… Quel culot ! Qu'est-ce qu'il est embêtant mon père !

Je n'ai vraiment pas de chance. Rien que d'y penser, ça me fait mal au ventre !

Bonne nuit
Ronan

Les phrases utiles

Opening	
Quelle journée merveilleuse !	*What a wonderful day!*
Comme je suis fatigué(e). Je viens de passer une superbe journée.	*Oh, I'm so tired. I have just had the most wonderful day.*
Quel cauchemar ! Je viens de passer la pire journée de ma vie.	*What a nightmare! I have just had the worst day of my life.*
Quelle catastrophe ! Aujourd'hui ne s'est pas très bien passé pour moi.	*What a catastrophe! Today did not go very well for me.*
Il est tard et je suis tout(e) seul(e) chez moi.	*It's late and I'm home alone.*
Me voilà après une journée bien mouvementée.	*Here I am after a busy day.*
Je ne le crois pas.	*I don't believe it.*
Incroyable mais vrai.	*Unbelievable, but true.*
Quelle journée/soirée.	*What a day/night.*
Quelles bonnes/mauvaises nouvelles.	*What great/awful news.*
Je viens d'apprendre que.	*I have just learned that.*

Discussing events

Je viens de rentrer de l'école/des vacances/d'un concert.	*I have just come back from school/holidays/a concert.*
Ce soir je suis allé(e) au cinéma/au café/en boîte avec toute la bande.	*This evening I went to the cinema/café/nightclub with the gang.*
Aujourd'hui je suis allé(e) en ville/au lycée/au concert/au café.	*Today I went to town/school/a concert/a café.*
C'était vraiment fantastique/chouette/formidable.	*It was really great.*
Je me suis bien amusé(e) aujourd'hui/ce soir.	*I really enjoyed myself today/this evening.*

Discussing emotions

Je suis ravi(e)/content(e)/aux anges.	*I'm delighted/happy/thrilled.*
J'ai vraiment de la chance.	*I'm so lucky.*
Vive les vacances.	*Long live the holidays.*
C'est la belle vie !	*This is the life!*
Je suis triste/fâché(e)/inquiet(ète)/choqué(e).	*I'm sad/angry/worried/shocked.*
Personne ne me comprend.	*Nobody understands me.*
Je me sens tout(e) seul(e).	*I feel all alone.*
Je m'ennuie à mourir.	*I'm bored to death.*
J'ai le cafard/je suis déprimé(e).	*I'm depressed.*
Je suis furieux/furieuse contre mes parents/mon frère/ma sœur/mes copains.	*I'm furious with my parents/my brother/my sister/my friends.*
J'en ai marre de …	*I'm totally fed up with…*
Ça m'énerve trop !	*That drives me crazy!*
Quel culot !	*What a nerve!*

Signing off

C'est tout pour ce soir.	*That's all for tonight.*
Je suis vraiment fatigué(e), je vais me coucher.	*I'm really tired. I'm going to bed.*
Alors je n'en peux plus. Je vais me coucher.	*I have had enough. I'm going to bed.*
J'espère que demain tout ira mieux.	*I hope that things will be better tomorrow.*
Vivement demain soir/le week-end.	*I can't wait for tomorrow night/the weekend.*
Bonne nuit.	*Good night.*
À demain.	*Until tomorrow.*

3.15 Auto-évaluation

APRÈS AVOIR TERMINÉ L'UNITÉ 3, JE SUIS CAPABLE DE :

L'expression orale

	Bien	Assez bien	Pas du tout
décrire ma maison			
donner des informations sur mon quartier			
décrire ma ville ou mon village			
parler des problèmes qui existent dans la ville			
nommez les langues et habitants des pays de L'UE			
nommez les langues et habitants des pays francophones			

Compréhension écrite

	Bien	Assez bien	Pas du tout
lire et comprendre les annonces immobilières			
lire et comprendre un guide touristique			

Production écrite

	Bien	Assez bien	Pas du tout
tenir un journal intime			
exprimer mes sentiments			

Grammaire

	Bien	Assez bien	Pas du tout
comprendre, former et employer le passé composé			
comprendre, former et employer l'imparfait			

La Vie des Jeunes

Objectifs linguistiques et communicatifs :

- Describe your friends
- Discuss nights out
- Compare different fashion styles
- Talk about pocket money and part-time jobs

Vocabulaire :

- L'amitié
- La vie nocturne
- Les vêtements
- La mode
- Le petit boulot

Dossier oral :

- Les amis

Production écrite :

- Le message
- Donnez votre opinion

Grammaire :

- Les adverbes
- Les articles

Préparation à l'examen :

- La compréhension auditive

4.1 Les Amis
📖 Lisez

A) Les copains et les copines

Les amis sont très importants pour les jeunes. Quatre adolescents parlent de leurs amis. Lisez les descriptions et répondez aux questions sur le thème de l'amitié :

Bertrand : Mon meilleur ami s'appelle Éric. Il est né à Londres en Angleterre mais il vit en France depuis l'âge de cinq ans. On se connaît depuis dix ans et on était dans la même classe à l'école primaire. Comme moi, il a 18 ans. Incroyable mais vrai on est nés le même jour ! Notre date de naissance est le 18 mai. D'habitude, on fête notre anniversaire ensemble. Cette année on a fait une super soirée pour fêter nos 18 ans ensemble. On a reservé des places dans le salon VIP d'une boîte de nuit très branchée. Tout le monde a bien dansé et bien rigolé. La fête a continué jusqu'à trois heures du matin. C'était vraiment un anniversaire inoubliable. On est très fêtards tous les deux !

Stéphanie : Ma meilleure copine s'appelle Claire. Elle a un an de plus que moi. Nous nous connaissons depuis très longtemps car nous sommes voisines. En effet, je la considère presque comme une sœur. Nous avons grandi ensemble. Elle a vraiment partagé ma vie car nous avons les mêmes souvenirs d'enfance. J'ai vraiment confiance en elle. J'admire le fait qu'elle possède des bonnes qualités. C'est quelqu'un de sincère, patient, loyal et honnête. Si j'ai un petit coup de cafard elle est toujours à l'écoute. Je peux toujours lui en parler. Elle est capable de résoudre n'importe quel problème. J'apprécie énormément ses conseils. Sans ma meilleure copine je serais vraiment perdue !

Grégoire : Je n'ai pas vraiment de meilleur copain. Je fais plutôt partie d'une petite bande d'amis. Nous sommes quatre : il y a David, Stéphane, Thomas et moi–même. Nous sommes dans la même classe au lycée et avons à peu près le même âge. Nous habitons tous dans la banlieue sud de Paris et nous nous sommes rencontrés au collège. Le sport est la chose la plus importante pour le groupe et nous sommes tous très sportifs. Tous fanas de rugby, nous jouons pour la même équipe à l'école. Stéphane et moi jouons à l'avant car nous sommes grands et costauds. David et Thomas jouent à l'arrière cars ils courent très vite. Le week-end nous allons au match ensemble pour voir notre équipe de rugby préférée.

Nathalie : Mon meilleur ami s'appelle Charles. Il habite à Ajaccio en Corse. Ma grand-mère est corse et je passe toutes mes vacances là-bas. J'ai rencontré Charles il y a dix ans. On se connaît maintenant depuis sept ans. Il est grand et mince. Il fait 1 mètre 90. Il a les yeux bleus et les cheveux noirs frisés. Je le trouve drôle, sympa et très sincère. Malgré le fait qu'on soit les meilleurs amis du monde on ne partage pas du tout les mêmes goûts. Personnellement, je suis une grande sportive mais mon ami n'aime pas le sport. A l'école, la matière qu'il déteste le plus est l'éducation physique et sportive ! A mon avis, Charles est très cultivé car il adore la lecture et le cinéma. Il passe tout son temps à lire et son écrivain préféré est Marc Levy.

i) Vrai ou faux ? Lisez les phrases suivantes et dites si elles sont vraies ou fausses :

	Vrai	Faux
Bertrand est plus âgé qu'Éric.		
Stéphanie habite près de chez sa copine Claire.		
Grégoire a un meilleur ami qui aime le rugby.		
Nathalie et Charles aiment les mêmes passe-temps.		

ii) Qui-est qui ? Trouvez la personne qui correspond le mieux aux affirmations suivantes :

	Nom
Son meilleur ami est né à l'étranger.	
Est plus jeune que sa meilleure amie.	
Son meilleur ami habite sur une île.	
Aime bien regarder le sport avec ses amis.	
Habite à côté de chez son meilleur ami.	
Aime bien faire la fête.	
Son meilleur ami aime bien bouquiner.	
Partage les mêmes goûts que ses amis.	

Écrivez

B) Á vous maintenant

Écrivez un petit paragraphe sur votre meilleur(e) ami(e). Décrivez sa personnalité et ses passe-temps préférés.

Écoutez 4.1

C) Mon meilleur ami

Listen to the five speakers – Noémie, Victor, Léon, Bruno and Lorraine – talking about their best friends, then fill in the table below.

	Noémie	Victor	Léon	Bruno	Lorraine
Are they older or younger than their friend?					
Where did they meet their friend?					
How long have they known each other?					
Name **two** of their friend's hobbies.					
What is the quality they admire most in their friend?					

4.2 Les Qualités et les Défauts Chez un Ami !

Vocabulaire

A) Les qualités et les défauts

Les qualités	
A mon avis un(e) ami(e) doit être :	
attentionné(e)	caring
amusant(e)	funny
aimable	friendly
compréhénsif(ive)	understanding
honnête	honest
gentil(le)	kind
loyal(e)	loyal
sociable	sociable
sincère	sincere
sympa	kind

Les défauts	
A mon avis un(e) ami(e) ne doit pas être :	
égoïste	selfish
embêtant(e)	annoying
ennuyeux(se)	boring
gâté(e)	spoiled
jaloux(se)	jealous
malhonnête	dishonest
méfiant(e)	suspicious
paresseux(se)	lazy
râleur(se)	grumpy
têtu(e)	stubborn

Écoutez ··· 4.2

B) L'importance de l'amitié

Écoutez trois jeunes francophones – Ayesha, Chantal, et Claude – qui parlent de l'amitié. Répondez aux questions suivantes :

1. According to Ayesha, what are the most important qualities to look for in a friend?
2. Name three shortcomings Ayesha dislikes in people.
3. Why does Chantal say that everyone needs friends?
4. Mention **two** points Chantal makes about childhood friends.
5. Why is friendship so important to Claude?
6. Does Claude think that it is easy to make friends?

Parlez

C) À deux, répondez à l'oral aux questions suivantes :

1. Est-ce que vous avez un(e) meilleur(e) ami(e) ?

2. Est-ce que vous partagez les mêmes goûts que votre ami(e) ?

3. Quelles sont les qualités que vous admirez le plus chez votre ami(e) ?

4. Est-ce que votre meilleur(e) ami(e) a des défauts ?

5. Êtes-vous un(e) bon(ne) ami(e) ?

Écrivez

D) À vous maintenant ! Faites une liste des qualités et défauts* de votre meilleur(e) ami(e)

* Attention, ne lui montrez pas la liste de ses défauts. Vous risquez de gâcher votre amitié !

4.3 Les Sorties

Vocabulaire

A) Les jeunes adorent sortir !

For discussing weekend plans, we use a tense called the *futur proche*. Turn to the grammar section of Unit 5 (p.164) to see how this tense is formed.

Ce week-end je vais	
dîner au resto	*to have dinner in a restaurant*
visiter un musée	*to go to a museum*
faire du shopping	*to go shopping*
aller au théâtre	*to go to the theatre*
assister à un concert	*to go to a concert*

Vendredi soir je vais	
sortir en boîte	*to go to a club*
aller au cinéma	*to go to the cinema*
faire la fête !	*to party*
sortir avec mon copain/ma copine	*to go out with my boyfriend/girlfriend*
faire une soirée entre amis	*to go on a night out with friends*

Écoutez ···················· 4.3

B) Écoutez trois jeunes qui parlent de la vie nocturne dans leurs villes. Répondez aux questions suivantes :

Élise
1. Why does Élise not like the nightlife in Brussels?
2. Mention **two** things Élise mentions about clubbing in Paris.

Seán
1. What is Dublin nightlife famous for?
2. According to Seán, why is it easy to enjoy yourself in Dublin?

Jean-Édouard
1. According to Jean-Édouard, what **two** types of people would enjoy a night out at the opera?
2. What is the best way to finish a night out in Bordeaux?

Écrivez

C) Associez les éléments des deux colonnes. Match the activity to the interest.

Intérêt	Activité
1. la musique rock	a. sortir en boîte
2. rigoler et bavarder	b. assister à un concert
3. la littérature	c. une soirée à l'opéra
4. la musique techno	d. une soirée au théâtre
5. la musique classique	e. une soirée entre amis

Parlez

D) À deux, répondez à l'oral aux questions suivantes :

1. Est-ce que vous sortez beaucoup le week-end ?
2. Où est-ce que vous aimez sortir le vendredi soir ?
3. Quels types de sorties aimez-vous ?
4. Qu'est-ce que vous allez faire ce week-end ?
5. Est-ce que vous êtes sorti(e)s le week-end dernier ?

Écrivez

E) À vous maintenant, écrivez un paragraphe sur vos types de sorties préférées.

4.4 La Mode

ABC Vocabulaire

A) Les vêtements

Pour femme	
une robe	dress
une veste	jacket
un imperméable	raincoat
un chemisier	blouse
une jupe	skirt
une tunique	tunic

Les chaussures	
des ballerines	pumps
des bottes	boots
des chaussures de sports	trainers
des baskets	trainers (familiar)
les talons	high heels
les tongs	flip-flops

Pour homme	
un pantalon	pair of trousers
un manteau	overcoat
un blouson	jacket
une chemise	shirt
une cravate	tie

Les accessoires	
une ceinture	belt
un chapeau	hat
une écharpe	scarf
un collant	tights
des chaussettes	socks
un sac à main	handbag
des lunettes de soleil	sunglasses
des bijoux	jewellery

Mixte	
un jean	pair of jeans
un treillis	pair of combat trousers
un survêtement	tracksuit
un tee-shirt	T-shirt
un survêt	tracksuit (familiar)
un pull	jumper

Le style	
les fringues	clothes (familiar)
une tendance	trend
être à la mode	to be fashionable
dernier cri	latest style

B) Les jeunes et la mode

Lisez

Être à la mode ou porter les vêtements tendance est souvent très important dans la vie d'une jeune personne. Lisez les commentaires de quatre jeunes concernant la mode puis répondez aux questions.

Élodie

Je suis passionnée par la mode mais comme je suis encore élève je n'ai pas beaucoup d'argent. Je suis souvent fauchée et je ne peux pas dépenser grand chose dans les vêtements. En général, je lis les revues de mode comme *Elle* ou *Vogue* pour suivre les nouvelles tendances. J'adore m'inspirer et copier les looks des mannequins ou des « personnalités » en vogue. Ensuite j'achète le même style de vêtements dans les magasins pas chers comme Pimkie ou Étam. On peut être à la mode sans être riche !

1. Why is Élodie unable to spend much money on clothes?
2. Why does she read fashion magazines?
3. How does she manage to stay in fashion?

Julien

Alors moi et la mode c'est une vraie catastrophe ! Je ne m'intéresse pas du tout aux vêtements. Aujourd'hui les jeunes sont obsédés par la mode et les vêtements de marque. Ils sont prêts à dépenser une fortune dans les sacs tendance, les chaussures dernier cri et le maquillage. C'est complètement ridicule. Il vaut mieux dépenser votre argent dans les choses plus importantes comme les voyages, les livres ou les DVD.

1. What is Julien's opinion on fashion?
2. Name **three** items that young people are willing to spend a fortune on.
3. What does Julien suggest that people should buy instead?

Dorothée

La mode est vraiment ma plus grande passion dans la vie. Heureusement j'ai trois sœurs, donc il y a toujours un grand choix de fringues à la maison. Mes sœurs sont gentilles car elles me prêtent tout leurs vêtements. J'adore les sacs cabas pailletés de Vanessa Bruno et les chaussures à semelle rouge de Christian Louboutin. Je suis une fille très BCBG. J'adore les vêtements de marque même s'ils coûtent chers, ils sont toujours de très bonne qualité. Mon look préféré en ce moment est celui de Vanessa Paradis. Elle est élégante et toujours très bien habillée. J'adore surtout ses accessoires comme ses bijoux ou ses grandes lunettes toujours signées Chanel.

1. Why does Dorothée love her sisters so much?
2. What is her opinion of designer clothes?
3. Name **two** things she mentions about Vanessa Paradis's style.

Jean-Laurent

Comme je fais du skate la mode est assez importante pour moi. Un vrai skateur doit absolument respecter l'attitude de ce sport culte. Les fringues font vraiment partie de l'attitude skate. Un skateur ne peut pas s'habiller n'importe comment. Pendant les années 90 le look de skateur était plutôt punk mais maintenant il est plus lié au look hip-hop. Le look skate est un vrai mélange entre les vêtements de sport et les fringues streetwear. Pour faire du skate je mets un jean ou un short baggy, un t-shirt XL à logo, des baskets Etnies et une casquette.

1. How has skater fashion changed over the last decade?
2. How does Jean-Laurent describe skater style?
3. What does he wear when he goes skateboarding?

C) Les dernières tendances de la mode

Voici une petite explication de quelques-uns des looks qui sont à la mode en France :

Le look bohème

Les fans de ce style portent des tuniques, des maxi-jupes froissées, des robes orientales, des bijoux à tendance ethnique et un maquillage très naturel.

Le look BCBG (Bon Chic Bon Genre)

Les fans de ce style portent des vêtements de marque très classiques, des chemises vichy ou à petits carreaux, des polos signés Ralph Lauren et des produits autobronzants.

Le look bimbo

Les fans de ce style portent des petites robes, des mini-jupes, des vêtements roses, des talons aiguille et beaucoup de maquillage.

Le look hippie (baba cool)

Les fans de ce style portent des longues robes à fleurs, des tuniques en coton, des petites mules, des pantalons en lin, des bijoux en bois et un foulard dans les cheveux.

Le look surfeur

Les fans de ce style portent des caleçons ou maillots de bain fleuris, des colliers de bois, des chemises hawaï aux motifs floraux, des tongs Birkenstock et des pantacourts.

Le look gothique

Les fans de ce style portent des vêtements noirs, des robes à dentelle noire, des Dos Martens, des grandes bottes, des bijoux en forme de croix ou tête de mort, du fond de teint pâle et de l'eyeliner noir.

Le look hip-hop

Les fans de ce style portent des baskets de marque, des survets Nike ou Adidas, des treillis, des pantalons baggys tombant sur les fesses, des tee-shirts colorés à logo, des casquettes et des méga lunettes de soleil.

Le look rasta

Les fans de ce style portent des vêtements de couleur verte, jaune et rouge, des bijoux africains, des vieux jeans, des tee-shirts à l'effigie de Bob Marley, des baskets, des bonnets et des tresses rasta.

✒ Écrivez

i) Associez les éléments des deux colonnes. Match the item of clothing to the style.

Vêtement	Look
1. un treillis	a. le look gothique
2. une mini-jupe rose	b. le look bohème
3. une jupe froissée	c. le look rasta
4. un tee-shirt vert et jaune	d. le look hip-hop
5. un pantalon noir	e. le look bimbo

Parlez

ii) À deux, répondez à l'oral aux questions suivantes :

1. Quels sont les vêtements que vous aimez porter le plus ?
2. Est-ce que vous avez un look ? Expliquez votre look ?
3. Quel est le look préféré de vos amis ?
4. Est ce que la mode est importante pour vous ? Pourquoi ?
5. Qu'est-ce que vous portez en semaine/le week-end ?

Écoutez 4.4

D) Écoutez les cinq jeunes qui parlent de leur façon de s'habiller. Dites quel est leur look préféré et remplissez la grille ci-contre.

Prénom	Style
François	
Gilles	
Laure	
Guillaume	
Marine	

Écrivez

E) À vous maintenant, écrivez un paragraphe sur ce que vous avez porté le week-end dernier.

4.5 L'Argent de Poche
Lisez

A) Lisez les commentaires de quatre jeunes concernant l'argent de poche ensuite répondez aux questions.

Lucas : Ne m'en parle pas de l'argent de poche ! Je reçois seulement 5€ par semaine. Oui, ce n'est pas beaucoup. Je n'ai pas de chance, mes parents sont trop radins. Honnêtement, on ne peut pas faire grand-chose avec 5€. Toutes les distractions à Dublin coûtent très cher. Même un billet de cinéma coûte au moins 8€. Chaque fois qu'on me propose une sortie je dois dire non. C'est vraiment injuste. La plupart de mes amis reçoivent au moins 10€ par semaine.

Victoire : Mes parents me donnent 60€ par mois. Pour recevoir mon argent de poche je dois faire du baby-sitting le vendredi soir. Je garde mon petit frère et mes deux petites sœurs. En moyenne je dépense 30€ par mois. J'achète des revues de mode, des livres ou des CD. Je mets le reste de mon argent de côté. Je fais des économies car je veux partir en vacances avec ma meilleure copine l'été prochain.

Audrey : Ma mère me donne 100€ par mois. C'est une somme importante mais je dois travailler très dur pour la gagner. Chaque semaine je fais beaucoup de ménage à la maison. En général, je passe l'aspirateur, je mets la table, je range ma chambre, je fais la vaisselle et je fais du repassage. Je dépense très peu d'argent. Je mets presque tout mon argent sur mon compte bancaire. J'économise en ce moment parce que je veux me payer un nouvel ordinateur portable.

Mathieu : Je ne reçois pas d'argent de poche parce que j'ai un petit boulot. Je travaille le week-end à temps partiel comme serveur dans un café. Je prends les commandes et je débarrasse les tables en terrasse. A mon avis les adolescents sont très gâtés aujourd'hui. Les parents leur donnent trop d'argent. Les gens qui ont dix-huit ans ou plus ne devraient pas recevoir d'argent de poche. Ils doivent trouver un petit boulot et gagner leur propre argent. J'adore mon travail car il me rend plus indépendant. Je ne suis plus forcé d'emprunter à mes parents chaque fois que je veux m'acheter quelque chose. Grâce à mon travail je me sens plus adulte !

1. Pourquoi Lucas ne peut-il pas participer aux sorties avec ses amis ?
2. Que fait Victoire pour gagner son argent de poche ?
3. Expliquez pourquoi Audrey est en train de faire des économies ?
4. Quel est l'avis de Mathieu sur l'argent de poche et les adolescents ?

ABCVocabulaire

B) Use the vocabulary below to discuss the topic of pocket money.

- recevoir de l'argent de poche – to receive pocket money
  Exemple: Je reçois ...€ par semaine/mois.

- donner de l'argent de poche – to give pocket money
  Exemple: Mes parents me donnent ...€ par semaine.

- dépenser – to spend
  Exemple: Je dépense tout mon argent de poche. D'habitude j'achète des CD et des livres.

- économiser – to save
  Exemple: Je préfère économiser mon argent pour me payer une moto.

- gérer votre argent – to manage your money
  Exemple: Je gère très bien mon argent. J'ai toujours beaucoup d'argent sur mon compte bancaire.
  Je ne gère pas très bien mon argent. Je suis toujours à découvert/fauché(e).

Parlez

C) À deux, répondez à l'oral aux questions suivantes :

1. Est-ce que vos parents vous donnent de l'argent de poche ?
2. Vous recevez combien d'argent par semaine ?
3. Que faites-vous pour gagner l'argent de poche ?
4. Que faites-vous de votre argent de poche ?
5. Est-ce que vous gérer bien votre argent ?

4.6 Les Petits Boulots

ABC Vocabulaire

A) Les petits boulots

un boulot	job (familiar)	gagner de l'argent	to earn money
un boulot d'été	summer job	gagner le SMIC	to earn the minimum wage
un travail	job	un salaire	salary
travailler	to work	travailler à temps partiel	to work part-time
un employé	worker	travailler à plein temps	to work full-time

✍ Écrivez

i) Les petits boulots. Match each of the following illustrations to the corresponding job in the table below:

a.

b.

c.

d.

e.

	Lettre
1. Je travaille comme serveur(euse) dans un restaurant.	
2. Je travaille comme vendeur(euse) dans un magasin.	
3. Je travaille comme caissier(ière) dans un supermarché.	
4. Je travaille comme baby-sitter pour mes voisins.	
5. Je travaille comme moniteur(trice) dans une colonie de vacances.	

Lisez

ii) Four young French people talk about their part-time jobs. Lisez les commentaires et répondez aux questions :

Manon : Je travaille à temps partiel comme caissière à Monoprix. D'habitude, je travaille deux soirs par semaine. J'aime bien travailler dans un supermarché car le travail est intéressant et assez sociable. La plupart de mes collègues sont jeunes et je m'entends très bien avec eux. Chaque jour je rencontre plein de monde. À la caisse je passe beaucoup de temps à parler aux gens. J'adore bavarder avec les habitués qui viennent tous les jours, surtout les vieilles mamies du quartier. C'est vraiment un plaisir de les servir. Mon salaire est correct, je gagne 10 euros par heure. Mon travail est important pour moi car il me donne un sentiment d'indépendance.

Jules : Cette année, j'ai un petit boulot très sympa. Je travaille comme serveur dans le restaurant de mon oncle et ma tante. Le restaurant s'appelle 'La Cigale de Marseille'. La cuisine est typiquement provençale. Nos plats sont souvent faits avec de l'huile d'olive, de l'ail et des tomates. Je travaille tout le week-end et un soir par semaine. C'est un boulot difficile car on passe beaucoup de temps debout. Je suis souvent épuisé après le service ! Le métier de serveur est très varié ; il faut mettre les couverts, servir les plats et débarrasser les tables. Le salaire est assez bon et je trouve le travail intéressant. Pour moi il est très important de gagner mon propre argent.

Laetitia : Je suis vendeuse dans une petite boutique au centre-ville. Comme je suis encore étudiante je travaille seulement le samedi matin. Je dois ranger des vêtements, travailler à la caisse et aider les clients à choisir les vêtements. C'est très facile pour moi de conseiller les gens car je suis passionnée par la mode. J'adore mon travail parce qu'il me donne l'occasion d'acquérir de nouvelles compétences. Au niveau de salaire je ne gagne pas beaucoup d'argent. Je gagne le SMIC. Cependant, je ne me plains pas car j'ai une réduction de 25% sur tous les vêtements en magasin.

Florence : Ma tante Marie est femme d'affaires. Elle travaille pour une grande banque française. Son travail est assez stressant et ses horaires sont longs. De temps en temps elle doit partir en voyage d'affaires et a besoin de quelqu'un pour s'occuper de ses enfants. Cómme j'habite près de chez elle ma tante m'a proposé de garder ses enfants. Je fais du baby-sitting pour elle environ trois fois par semaine. J'adore garder mes trois petits cousins. Luc le bébé a un an, Sophie a 6 ans et Patrick a 3 ans. Ils sont vraiment adorables et je m'entends très bien avec eux. Les enfants sont toujours très sages pour moi et cela rend mon travail bien agréable. Mon petit boulot est très pratique car quand les enfants sont couchés je peux réviser.

Qui est qui ? Trouvez la personne qui correspond le mieux aux affirmations suivantes :

	Prénom
Peut étudier pendant le travail.	
Aime les gens au travail.	
Ne travaille pas beaucoup d'heures.	
Travaille dans une entreprise familiale.	
Trouve son travail assez fatigant.	
Son travail lui aide à se sentir plus adulte.	
N'a pas un salaire très élevé.	
Connaît bien ses clientes.	

✏️ Écrivez

B) Les avantages et les inconvénients d'un petit boulot en terminale

i) Some students take on a part-time job during the final year of school. However, it can be difficult to reconcile study with a part-time job.

Decide which of the following statements are advantages and which are disadvantages of working during the final year of school. Tick the correct box in the table below.

	Avantage	Inconvénient
1. Grâce au travail on se sent plus adulte.		
2. Après avoir travaillé le week-end on est souvent fatigué le lundi matin à l'école.		
3. Il est assez important d'avoir une expérience du monde du travail.		
4. Parfois j'ai du mal à me concentrer en classe.		
5. Mon petit boulot me permet de gagner mon propre argent.		
6. Le travail me donne un sentiment d'indépendance.		
7. Grâce à mon travail, j'ai appris à mieux communiquer et je suis plus sûr(e) de moi.		
8. Comme je suis fatigué(e) après le travail je n'ai pas du tout envie d'étudier.		
9. Il n'est pas facile de bien réviser pour un contrôle ou faire tous ses devoirs après le travail.		
10. C'est important d'avoir une expérience de la vie active.		

ii) Travailler en terminale : À votre avis, est-ce que les adolescents ont le temps de travailler en terminale ?   *(Environ 75 mots)*

📖 Lisez

C) Aude est en train de préparer son baccalauréat mais elle a aussi un petit boulot. Sa mère n'est pas du tout contente. Elle ne veut absolument pas que sa fille travaille pendant l'année scolaire. Lisez le courriel qu'Aude à envoyé à sa tante Sophie par rapport à ce problème.

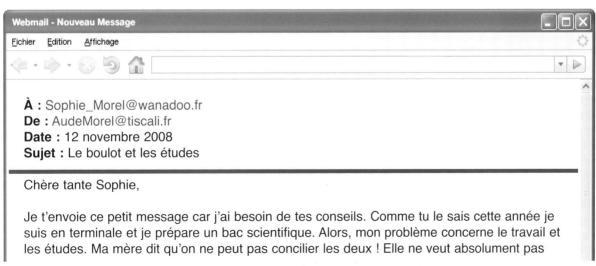

Webmail - Nouveau Message

Fichier   Edition   Affichage

À : Sophie_Morel@wanadoo.fr
De : AudeMorel@tiscali.fr
Date : 12 novembre 2008
Sujet : Le boulot et les études

Chère tante Sophie,

Je t'envoie ce petit message car j'ai besoin de tes conseils. Comme tu le sais cette année je suis en terminale et je prépare un bac scientifique. Alors, mon problème concerne le travail et les études. Ma mère dit qu'on ne peut pas concilier les deux ! Elle ne veut absolument pas

que je travaille. Tous mes profs disent que je suis une bonne élève et que j'aurai de très bons résultats au mois de juin. Personne ne peut nier que j'accorde beaucoup d'importance à mes études. Cependant je pense qu'un élève doit mener une vie bien équilibrée et avoir une vie en dehors de l'école. Voilà pourquoi j'ai commencé un petit boulot cette année. Je travaille le samedi après midi dans un magasin de musique. Mon travail n'est pas du tout stressant. Il me permet de me détendre un peu et de me changer les idées. Comment peut-on dire que ce travail est quelque chose de mauvais ? Qu'est-ce que je peux faire pour convaincre ma mère que mon petit boulot est quelque chose de positif ?
Gros bisous,
Aude

Terminé

Webmail - Nouveau Message

Fichier   Edition   Affichage

À : AudeMorel@tiscali.fr
De : Sophie_Morel@wanadoo.fr
Date : 13 novembre 2008
Sujet : re : Le boulot et les études

Ma très chère Aude,

Alors, je suis vraiment désolée mais je suis tout à fait d'accord avec ta mère. Oui, elle a complètement raison, en terminale on ne peut jamais concilier les études et le travail ! C'est très simple, on passe le bac une fois dans sa vie. Ce serait vraiment bête de gâcher ton avenir juste pour passer quelques heures dans un magasin de musique. Tu devrais remplacer ton petit boulot par un passe-temps. N'oublie pas que les étudiants en terminale ont besoin d'activité physique pour rester en bonne santé. On ne dit pas *Mensa sana in corpore sano* pour rien. Pourquoi ne pas passer quelques heures à la piscine le samedi après midi au lieu d'aller travailler ? Ce serait une meilleure façon de te détendre.
Écoute ta pauvre maman et bon courage avec tes études !
À bientôt,
Tata Sophie

Terminé

---

i) Answer the following questions in English:

1. Why does Aude send an email to her aunt?

2. What is Aude's problem?

3. What type of student is Aude?

4. What is her mum's opinion of the situation?

5. Name **two** pieces of advice Aunt Sophie offers Aude.

ii) Répondez aux questions suivantes en français :

1. En ce qui concerne le petit boulot et les études, qui a raison, Aude ou sa mère ? Pourquoi ?

2. Etes-vous d'accord avec la réponse de tante Sophie ?

3. A votre avis est-ce qu'il y a une solution au problème ?

4.7 Dix Questions à l'Oral

Parlez — 4.5

A) Thème : Les amis

Utilisez le vocabulaire p. 112 et p. 113 pour répondre aux questions suivantes. Notez vos réponses dans votre carnet d'oral.

Les questions

1. Est-ce que vous avez un(e) meilleur(e) ami(e) ?
2. Il/elle est comment votre ami(e) ?
3. Est-ce que vous partagez les mêmes goûts que votre ami(e) ?
4. Parlez-moi un peu de vos amis.
5. Qu'est-ce que vous allez faire ce week-end avec votre ami(e) ?
6. Qu'est-ce que vous avez fait le week-end dernier avec votre ami(e) ?
7. Qu'est-ce que vous faites avec vos amis pour vous amuser ?
8. Quelles sont les qualités que vous admirez chez un(e) ami(e) ?
9. Est-ce que l'amitié est importante pour vous ?
10. Est-ce que vous avez un(e) petit(e) ami(e) ?

Écoutez ················ 4.6

B) Pour vous aider

Q : Est-ce que vous avez une meilleure amie ?
Oui, ma meilleure amie s'appelle Isabelle. Je la connais depuis 5 ans. On est vraiment proches l'une de l'autre. On est presque commes des sœurs !

Q : Elle est comment votre ami(e) ?
Alors physiquement Isabelle est assez grande et mince. Elle fait 1 mètre 75. Je la trouve très jolie. Elle a les cheveux blonds et les yeux bleus. Tout le monde dit qu'elle est toujours très bien habillée. J'adore son look, c'est très branché. J'aime bien sa personnalité aussi. Elle est gentille et patiente. Elle adore la musique et elle joue du piano. Elle est vraiment douée pour la musique pop. Après le bac, elle aimerait devenir musicienne professionnelle.

Q : Qu'est-ce que vous allez faire ce week-end avec votre ami(e) ?
On a prévu un week-end bien chargé. Tout d'abord on va aller au cinéma vendredi soir. On aimerait bien voir le nouveau James Bond. C'est un film d'action qui parle des aventures du célèbre espion britannique. Puis samedi matin on va faire les magasins au centre-ville. J'aimerais bien acheter une nouvelle jupe. On va déjeuner en ville aussi dans notre petit café préféré.

Q : Qu'est-ce que vous faites avec votre ami(e) pour vous amuser ?
Heureusement, on partage les mêmes goûts donc en général on adore les mêmes passe-temps. D'habitude, on sort en ville le vendredi soir. On s'amuse bien en boîte car on adore danser. Sinon on aime regarder des matchs de foot ensemble le dimanche. On est dingues de l'équipe de Liverpool.

Q : Est-ce que vous avez un petit ami ?
Oui, j'ai un petit ami il s'appelle Shane et on sort ensemble depuis deux ans. Je l'ai rencontré en vacances à Galway l'été dernier. Il a 18 ans et il habite près de chez moi. Comme moi il est en terminale. C'est très pratique car on peut étudier ensemble.

4.8 La Production Écrite – Le Message
📖 Étudiez

Question 2B of Section II of the Leaving Certificate Ordinary Level exam requires you to write a note. This is one of two options in Section B, the other being a postcard. There are 30 points awarded for this question (15 marks for communication and 15 marks for language).

Common message themes

- Making invitations.
- Accepting/rejecting invitations.
- Saying where you have gone.
- Saying when you will return.
- Arranging to meet someone.
- Asking someone to/saying you will call back.
- Saying you will ring someone.

You are given three tasks to complete. You must cover all three or marks will be deducted. Pay close attention to the tense. In general, you will be required to use the present, past and future tenses.

When writing a note to a friend, use the *tu* form and address the recipient by his or her first name, such as **Cher Paul** or **Chère Claire**. When writing a formal note, use the *vous* form and the title **Monsieur** or **Madame**. The same applies when you are writing to more than one person. While there are no marks awarded for layout, it is advisable to use a proper layout.

Message layout

Day and time:	Jeudi, 13 heures
Informal greeting:	Cher Paul/Chère Claire,
Formal greeting:	Monsieur Garnier/Madame Garnier/M. et Mme Garnier,
Informal ending:	À plus tard/À bientôt
Formal ending:	Cordialement
Sign your name:	Niall/Breda

Les phrases utiles

The following phrases will prove useful when writing a message:

Opening	
Juste un petit mot pour te dire que …	Just a little note to let you know that …
Juste un petit mot pour vous dire que …	Just a little note to let you (plural) know that …
Pendant ton absence, Paul a téléphoné.	While you were out, Paul called. (tu form)
Pendant votre absence, Mme Dupont a appelé.	While you were out, Mrs Dupont called. (**vous** form)
Pendant ton absence, Marie a appelé pour t'inviter au cinéma.	While you were out, Marie called to invite you to the cinema.
Luc a téléphoné il y a une heure.	Luc phoned an hour ago.

Making Invitations

Tu veux venir au cinéma/café/parc avec moi ?	*Do you want to come to the cinema/café/park with me?*
Ça te dirait de venir à la piscine/à la soirée avec nous ?	*Would you like to go to the swimming pool/party with us?*
Ça te dit de m'accompagner à la fête vendredi soir ?	*Would you like to accompany me to the party on Friday night?*
Tu veux me rejoindre au restaurant ?	*Would you like to join me at the restaurant?*

Accepting/rejecting invitations

Je te retrouverai en face de l'église.	*I will meet you in front of the church.*
Je te donne rendez-vous à 18h00 devant le café.	*I will meet you at 6 p.m. outside the café.*
Alors, nous nous retrouvons devant le parc à 15 heures.	*So, we will meet in front of the park at 3 p.m.*
Je suis désolé(e) mais je ne peux pas venir au cinéma car je suis fauché(e).	*I am sorry that I can't go to the cinema, as I am broke.*
Je dois rester à la maison car je suis malade.	*I have to stay at home, as I am sick.*

Saying where you have gone

Je suis allé(e)/je suis parti(e) au cinéma/au centre ville/au café.	*I have gone to the cinema/city centre/café.*
Je vais à la bibliothèque/à la discothèque.	*I'm going to the library/disco.*
Je vais chez Isabelle/chez mon cousin.	*I have gone to Isabelle's/my cousin's house.*
Je suis allé(e) faire les courses en ville.	*I have gone to town to go shopping.*
Je suis allé(e) acheter du pain à la boulangerie.	*I have gone to the bakers to buy bread.*
Je suis allé(e) acheter des médicaments à la pharmacie.	*I have gone to the pharmacy to buy medicine.*

Saying when you will return

Je serai de retour à 23 heures.	*I will be back at 11 p.m.*
Je serai de retour avant/après le dîner.	*I will be back before/after dinner.*
Je rentrerai tard ce soir car …	*I will be back home late tonight because …*
Je reviendrai plus tard.	*I will be back later.*

Asking someone to call/saying you will call back

Peux-tu rappeler plus tard/demain ?	*Can you ring back later/tomorrow? (**tu** form)*
Pourriez-vous lui rappeler plus tard/demain ?	*Could you please call him/her back later/tomorrow ? (vous form)*
Pourriez-vous le/la demander de me rappeler plus tard ?	*Could you ask him/her to call me back later?*
Je te téléphonerai plus tard.	*I will phone you later.*
Je vous rappellerai plus tard/demain matin.	*I will call you back later/tomorrow morning.*

Tout Va Bien !

Signing off	
À tout à l'heure/à plus tard.	See you later.
À bientôt.	See you soon.
À ce soir/à demain.	See you tonight/see you tomorrow.
Cordialement.	Kind regards (vous form)

Sample informal note

You are staying with your penpal, Gérard, in Bordeaux. Leave a message saying that you:

- Have gone to town to buy a CD.
- Will be home for dinner at 7.30 p.m.
- Have two tickets for the cinema this evening.

Mardi, 11h30

Cher Gérard,

Juste un petit mot pour te dire que je suis allé en ville acheter un CD. Ne t'inquiète pas, je serai de retour à 19h30 pour le dîner. J'ai deux billets de cinéma pour ce soir. Veux-tu venir avec moi ?

À plus tard,
Ronan

Sample formal note

You are working as an au pair for M. and Mme Leroy. While they are out, Mme Blanc rings. Leave a message saying that:

- Mme Blanc rang while they were out.
- Mme Blanc is sick and will not come to lunch tomorrow.
- The children have gone to bed and are asleep.

Vendredi, 23h00

M. et Mme Leroy,

Pendant votre absence, Mme Blanc a appelé. Malheureusement, elle est malade et ne peut pas venir déjeuner à la maison demain. Elle est enrhumée. Les enfants se sont couchés à 21h30. Ils dorment bien tous les deux.

Cordialement,
Eimear

4.9 La Grammaire – Les Adverbes

A) Use
An **adverb** is a word that modifies a verb. An adverb can indicate manner, time, place and cause.

In English, adverbs are usually forms of an adjective and end in *-ly*. In French, adverbs are also formed from an adjective and they usually end in *-ment*.

B) Formation
Adverbs can be regular or irregular.

Regular adverbs
There are three main rules for forming regular adverbs.

1) An adjective ending in a vowel is changed into an adverb by adding *-ment* to the masculine form.

Adjectif masculin	Adverbe	
poli	poliment	politely
absolu	absolument	absolutely
modéré	modérément	moderately
vrai	vraiment	really

2) An adjective ending in a consonant is changed into an adverb by making the adjective feminine and then adding *-ment*.

Adjectif masculin	Adjectif féminin	Adverbe	
doux	douce	doucement	gently
heureux	heureuse	heureusement	happily
final	finale	finalement	finally
dernier	dernière	dernièrement	lately

3) An adjective ending in *-ent* or *-ant* in the masculine form is changed into an adverb by replacing the ending with *-emment* or *-amment*.

Adjectif masculin	Adverbe	
récent	récemment	recently
fréquent	fréquemment	frequently
courant	couramment	fluently
constant	constamment	constantly

Irregular adverbs

Some adverbs do not follow the previous rules. They are irregular and must be learned off by heart.

Adjectif masculin	Adverbe	
bon	bien	well
gentil	gentiment	gently
mauvais	mal	badly
meilleur	mieux	better
pire	pis	worse
vite	vite	quickly

Adverbs not formed from adjectives

The following adverbs are not formed from an adjective:

ailleurs	elsewhere
bientôt	soon
déjà	already
encore	again
ensuite	then
jamais	never
parfois	sometimes
sinon	otherwise
souvent	often
toujours	always

4.10 La Grammaire – Les Articles

A) L'article défini

The definite article is used before singular and plural nouns and means 'the'. It refers to a specific noun.

Exemple : *C'est la couleur que je préfère.*   It is the colour which I prefer.

In French, there are three forms of the definite article depending on the number (singular and plural) and gender (masculine and feminine) of the noun.

• *Le* is used for masculine singular nouns.

Exemple : le chat, le garçon, le jardin

• *La* is used for feminine singular nouns.

Exemple : la vache, la fille, la maison

• *Les* is used for masculine and feminine plural nouns.

Exemple : les chats, les vaches, les hommes

Note: *When a singular noun begins with a vowel or a silent* h, *use* l'.

Exemple : l'arbre (masculine), l'école (feminine), l'homme (masculine)

B) L'article indéfini

The indefinite article is used before singular and plural nouns and means 'a', 'an' or 'some'. It refers to an unspecified noun.

Exemple : Donne-moi un stylo !   Give me a pen!

In French there are three forms of the indefinite article, depending on the number **(singular and plural)** and gender **(masculine and feminine)** of the noun.

• *Un* is used for masculine singular nouns.

Exemple : un chat, un garçon, un jardin

• *Une* is used for feminine singular nouns.

Exemple : une vache, une fille, une maison

• *Des* is used for masculine and feminine plural nouns.

Exemple : des chats, des vaches, des garçons, des filles

C) L'article partitif

The partitive article is used before singular and plural nouns and means 'some' or 'any'. It is used to specify an unknown quantity (usually an item of food or drink). In English, we often leave out the partitive article, but it should always be used in French.

• *Du* is used for masculine singular nouns.

Exemple : du thé, du café

• *De la* is used for feminine singular nouns.

Exemple : de la salade

• *Des* is used for masculine and feminine plural nouns.

Exemple : des céréales

• *De l'* is used for masculine and feminine singular nouns beginning with a vowel or a silent *h*.

Exemple : de l'eau (masculine), de l'oignon (feminine)

Exemple :   Voulez-vous du thé ?   Would you like some tea?
            Je prends de la confiture, s'il vous plaît.   I'll have some jam, please.
            Ajoutez de l'ail et de l'oignon.   Add some garlic and onion to the mix.

The partitive article is replaced by *de* in the following cases:

• In an expression of quantity:

Exemple : Un kilo de pommes, s'il vous plaît.
          Vous avez combien de sœurs ?
          Il y a beaucoup de personnes dans la salle.
          Mettez un peu d'ail et d'oignon.
          Rajoutez une tasse d'eau.

• After a negative:

Exemple : Je ne prends jamais de beurre sur mes tartines.
          Nous n'avons pas de bière dans ce restaurant.
          Je ne mange jamais d'ail, le goût est trop fort.

• When used with an adjective before a plural noun: Exemple : J'ai vu de bons films la semaine dernière.
                                                                 J'ai mangé de petits gâteaux sucrés.

4.11 La Compréhension Écrite
📖 Lisez

A) Lisez l'article suivant et répondez aux questions :

Elodie *et* Michal
« *Oui, c'est vrai, nous nous aimons ... d'amitié !* »

Elodie et Michal sont amis dans la vie comme à la scène et leur complicité fait merveille. D'ailleurs, leur duo super romantique, « Viens jusqu'à moi », fait un malheur au top ! Puisque été rime avec amour, nous leur avons posé un max de questions indiscrètes ... Et ils l'avouent, ils s'aiment ... d'amitié !

Ultime duo d'amour ...
Un beau duo d'amour que vous vous verriez bien chanter ensemble ?
Elodie : J'avais adoré la reprise en duo de Lara Fabian et Johnny Hallyday, « Requiem pour un fou », même si, à l'origine, ce n'était pas un duo ...
Michal : Pour moi, c'est notre duo qui est le plus beau ! (rires)
Elodie : C'est vrai qu'il y a une telle osmose entre nous, dans cette chanson ...

Ils se déclarent !
Quelle est la plus belle déclaration que vous vous soyez faite ?
Elodie : Michal m'en a fait une pas mal, la dernière fois. On était à une soirée, il m'a dit qu'il m'aimait, et pas parce que je lui avais donné la moitié du magot lors de la finale ! (rires) Et il me dit ce truc super important au milieu des rires, du bruit et de la musique !
Michal : Je crois que la plus belle déclaration qu'on se fait, Elodie et moi, c'est quand on se dit : on s'aime d'amitié !

Plus beau souvenir ?
Quel est votre plus beau souvenir commun ?
Elodie : Je dirais le clip de « Viens jusqu'à moi ». Ça restera toujours un bon souvenir pour nous, parce que c'était une expérience énorme. On a beaucoup ri et on était à fond dedans !
Michal : Pour moi aussi, c'est le clip. C'était génial ! En plus, c'était mon premier clip !

Le pire moment !
Quel est le pire moment que vous ayez vécu ensemble ?
Elodie : C'était dans le château, les derniers jours, quand on n'était plus que tous les deux. Et on nous pressait comme des citrons jusqu'au bout. On était exténués. C'était l'un des meilleurs et l'un des pires moments, en fait.
Michal : Pour moi, c'était la dernière semaine. On a été à l'hôpital pour visiter des enfants malades. C'était très dur ...

Interview délire

Et le moment le plus drôle que vous ayez partagé ?

Michal : Pour moi, c'est tous les jours ! (rires)

Elodie : Moi, c'était l'anniversaire de Michal au château. On a fait une interview délirante. On disait n'importe quoi ! (rires)

Moment émouvant ?

Et le plus émouvant ?

Michal : Lors de la finale, quand on a chanté ensemble « Je te le dis quand même » …

Elodie : Oui. C'était pour moi aussi un des plus forts moments de ma vie !

Bonnie & Clyde ?

Quel est le couple que vous vous verriez bien incarner ensemble au cinéma ?

Elodie : Je me verrais bien dans *Moulin Rouge*. Moi, je serais Nicole Kidman et Michal, Ewan McGregor. L'histoire me touche particulièrement parce que c'est mon film préféré. Et je verrais bien Michal me faire une déclaration en chantant ! (rires)

Michal : Moi, ce serait plutôt *Bonnie & Clyde*. On est un peu foufous tous les deux. Je me verrais bien braquer une banque avec Elodie ! (rires)

Confidences intimes …

Quel est le sujet dont vous parlez le plus ensemble ?

Elodie : On parle de choses dont personne n'est au courant, de nos secrets. Michal est la personne à laquelle je me confie le plus.

Michal : On parle beaucoup d'amour, d'amitié. Mais je ne peux pas rentrer dans les détails. C'est confidentiel !

Too Much
© Mon Journal Adomédias

1. i) How successful was the romantic duet that Elodie and Michal recorded together?

   ii) How does Michal compare his duet with that of Johnny Halliday and Lara Fabian?

2. How did Michal tell Elodie he loved her?

3. Why was the filming of the video for their single so enjoyable?

4. i) What was their worst moment, according to Michal?

   ii) What was special about the funniest day that Elodie spent with Michal?

5. According to Michal, what was the most emotional moment they spent together?

6. Why would Elodie like to have starred in the film *Moulin Rouge*?

7. Name **two** popular topics of conversation between the two young singers.

 Lisez

B) Lisez l'article suivant et répondez aux questions :

CLAUDIA SCHIFFER : LE TOP PLUS QUE PARFAIT

Claudia, c'est le top de tous les superlatifs, la perfection au féminin. Dans les nineties, elle fut la première des supermodels, et elle est toujours considérée aujourd'hui comme l'une des plus belles femmes du monde.

I. Presque trop impressionnante

Dans les années 1990, Claudia accepte de poser pour Jeune & Jolie, et c'est un événement, comme le confirme Isabelle Catélan, directrice de la rédaction : « On était en pleine topmania, les mannequins étaient les nouvelles stars et Claudia Schiffer était vraiment au sommet de toutes. C'était *la* plus adulée, tout le monde se l'arrachait, et la mettre en couverture était la garantie de faire de grosses ventes ». Quand la sublime Allemande arrive au journal, tout le monde est intimidé. « Claudia possédait un charisme *qui* vous tenait à distance, elle dégageait une aura qui vous mettait sur la réserve. Avec sa culture allemande un peu rigide, elle n'était pas très expansive, même un peu distante, elle ne vous permettait pas de rentrer dans son intimité comme Adriana Karembeu ou Laetitia Casta qui savent mettre à l'aise ».

Pro de chez pro

Pas de caprice de star avec Claudia. Ni de place à l'improvisation. Isabelle Catélan le souligne : « Elle était entourée par toute une armada de personnes aux petits soins pour elle, donc, c'était toujours compliqué d'avoir accès à elle. Une fois qu'on la rencontrait, elle ne se défilait pas et jouait le jeu, professionnelle jusqu'au bout des ongles. Mais les rencontres étaient très cadrées, très contrôlées, à l'américaine, on avait droit à un quart d'heure d'interview, tout était très géré. D'ailleurs, ce qui caractérise Claudia, comme tous les tops de l'époque, c'est qu'elle savait maîtriser son image à la perfection, elle connaissait son meilleur profil, savait ce qu'elle voulait faire et ne pas faire ».

II. Loin des scandales

A ses débuts, on compare beaucoup Claudia à une autre blonde pulpeuse, Brigitte Bardot. « C'est vrai qu'elle avait le charisme de BB et, objectivement, de près et même au naturel, Claudia Schiffer était très, très belle. Elle l'est d'ailleurs toujours et elle continue de faire rêver, il n'y a qu'à voir la série magnifique qu'elle a faite pour *Elle*, en posant avec ses enfants. Avec Kate Moss, c'est probablement le top qui décroche les plus gros contrats. Mais contrairement à Kate, elle a toujours été très discrète sur sa vie privée, elle n'a jamais fait scandale, elle a une image propre, très clean. Claudia, c'est la belle-fille idéale, avec une bonne éducation, issue de bonne famille et bien sous tous rapports. Elle incarnait la jeune fille exemplaire, et aujourd'hui, elle est une mère et une épouse modèle ! »

Jeune et Jolie

---

1. Trouvez dans la première section **deux** détails qui indiquent que Claudia Schiffer était l'un des meilleurs mannequins au monde pendant les années 1990 ?

2. Pour chacun des pronoms en italique dans le texte, trouvez le substantif auquel il se réfère : (Section I)

    a) la

    b) qui

3.   i) Trouvez l'expression qui montre que Claudia Schiffer n'était pas très chaleureuse et amicale. (Section I)

    ii) Citez dans le texte une phrase qui indique que Claudia Schiffer était accompagnée par beaucoup de monde. (Section I)

4. Les rencontres avec Claudia Schiffer étaient : (Section II)

    a) courtes

    b) fatigantes

    c) ennuyantes

    d) bien organisées

5.   i) Expliquer pourquoi au début Claudia Schiffer était comparée à Brigitte Bardot. (Section II)

    ii) Trouvez l'expression qui indique que Claudia Schiffer est considérée comme une femme idéale.

6. Trouvez dans la deuxième section

    i) un verbe à l'infinitif

    ii) un participe passé

7. The author considers Claudia Schiffer to be a very professional model. Find **two** examples of this opinion in the text.

4.12 La Compréhension Littéraire
Lisez

A) Lisez l'extrait du roman puis répondez aux questions :

I. — Vous avez des meilleurs amis, vous ?

— Pourquoi tu me demandes ça ?

Comme ça. Enfin ... Je n'en **sais** rien. Je ne vous ai jamais entendu en parler.

Mon beau-père s'appliquait sur ses rondelles de carottes. C'est toujours amusant de regarder un homme qui fait la cuisine pour la première fois de sa vie. Cette façon de suivre la recette à la virgule près comme si Ginette Mathiot était une déesse très susceptible.

— Il y a marqué « couper les carottes en rondelles de taille moyenne », tu crois que ça ira comme ça ?

— C'est parfait !

Je riais. Sans nuque, ma tête dodelinait sur mes épaules.

— Merci ... Où en étais-je déjà ? Ah oui, mes amis ... En fait, j'en ai eu trois ... Patrick, que j'ai connu pendant un voyage à Rome. Une bondieuserie de ma paroisse ... Mon premier voyage sans les parents ... J'avais quinze ans. Je ne comprenais rien de ce que me baragouinait cet Irlandais qui faisait deux fois ma taille mais nous nous sommes acoquinés tout de suite. Il avait été élevé par les gens les plus catholiques du monde, je sortais tout juste de l'étouffoir familial ... Deux jeunes chiens lâchés dans la Ville éternelle ... Quel pèlerinage ! ...

Il en frissonnait encore.

II. Il faisait revenir les oignons et les carottes dans une cocotte avec des morceaux de poitrine fumée, ça sentait très bon.

— Et puis Jean Théron, que tu connais, et mon frère, Paul, que tu n'as jamais vu puisqu'il est mort en 56 ...

— Vous considériez votre frère comme votre meilleur ami ?

— Il était plus que ça encore ... Toi, Chloé, telle que je te connais, tu l'aurais adoré. C'était un garçon fin, drôle, attentif aux uns et aux autres, toujours gai. Il peignait ... Je te montrerai ses aquarelles demain, elles sont dans mon bureau. Il connaissait le chant de tous les oiseaux. Il était taquin sans jamais blesser personne. C'était un garçon charmant. Vraiment charmant. D'ailleurs tout le monde l'adorait ...

Anna Gavalda, *Je l'Aimais, Éditions le DiLettante*

1. Trouvez dans la première section l'expression qui indique que le beau-père n'avait pas l'habitude de faire à manger.

2. La narratrice Chloé et son beau-père parlent au sujet : (Section I)

   a) de la famille

   b) de l'amitié

   c) de la viande

   d) de la musique

3. Quel âge avait le beau-père pendant son premier voyage sans ses parents ? (Section I)

4. i) Quelle est la nationalité de l'ami qu'il a rencontré à Rome ? (Section I)

   ii) Relevez l'expression qui montre que cet ami était beaucoup plus grand que lui. (Section I)

5. Pourquoi Chloé n'a pas connu le frère de son beau-père ? (Section II)

6. Citez **deux** adjectifs que le beau-père utilise pour décrire son frère. (Section II)

7. Chloé's stepfather speaks kindly of his brother. Give **two** examples of how this is shown in the text.

📖 Lisez

B) Lisez l'extrait du roman puis répondez aux questions :

I. Jonathan arriva à Boston au début de la soirée. Quand il alluma son téléphone portable, sa messagerie était déjà saturée. Le taxi le déposa sur le vieux port. Il s'installa à la terrasse du café où il avait partagé tant de souvenirs avec Peter. Il l'appela.

— Tu es sûr de ce que tu fais, ce n'est pas un coup de tête ? lui demanda son meilleur ami. Jonathan serra le téléphone contre son oreille.

— Peter, si seulement tu pouvais comprendre ce qui m'arrive.

— Là, tu m'en demandes trop, comprendre tes sentiments, oui ! Comprendre l'histoire abracadabrante que tu viens de me raconter, non ! Je ne veux même pas l'entendre et tu vas me faire le plaisir de *la* révéler à personne et surtout pas à Anna. Si nous pouvons éviter qu'elle se répande dans toute la ville en disant que tu es dingue et qu'il faut te faire interner ce serait mieux, surtout à trois semaines de la vente.

— Je me moque de cette vente, Peter.

— C'est bien ce que je dis, tu es très atteint ! Je veux que tu fasses des radios, tu as peut-être un anévrisme qui s'est rompu sous ton crâne. Ça pète, ces trucs-là !

— Peter, arrête de déconner ! s'emporta Jonathan.

Il y eut un court silence et Peter s'excusa.

— Je suis désolé.

II. — Pas autant que moi, le mariage est dans deux semaines. Je ne sais même pas comment parler à Anna.

— Mais tu vas le faire quand même ! Il n'est jamais trop tard, ne te marie pas contre ta volonté parce que les cartons d'invitation sont envoyés ! Si tu aimes comme tu me le dis cette femme en Angleterre, alors prends ta vie en main et agis ! Tu as l'impression que tu es dans la merde et pourtant, si tu savais comme je t'envie. Si tu savais comme j'aimerais pouvoir aimer comme ça. Ne gâche pas ce don. J'écourte mon voyage et je rentrerai de New York demain pour être à tes côtés. Retrouve-moi au café à midi.

Jonathan flâna le long des quais. Clara lui manquait à en crever et dans quelques instants il rentrerait chez lui pour dire la vérité à Anna.

Quand il arriva, toute la maison était éteinte. Il appela Anna mais personne ne répondit. Il grimpa jusqu'à son atelier. C'est là qu'il trouva une série de photos étalées sur le bureau d'Anna. Sur l'une d'elles, Clara et lui se regardaient sur un trottoir d'aéroport. Jonathan prit sa tête entre ses mains et s'assit dans le fauteuil d'Anna.

Marc Levy, *La Prochaine Fois, Éditions Robert Laffont*

---

1. i) Trouvez l'expression qui indique que Jonathan a reçu beaucoup d'appels sur son portable. (Section I)

   ii) Selon Peter l'histoire que Jonathan a racontée est :

   a) ennuyante

   b) absurde

   c) triste

   d) charmante

2. Comment sait-on que Jonathan avait déjà visité le café au vieux port ? (Section I)

3. i) Relevez l'expression qui indique que Peter croit que son ami n'a pas suffisamment réfléchi avant de réagir. (Section I)

   ii) Pour le pronom en italique dans la première section la, trouvez le mot auquel il se réfère.

4. Trouvez un mot dans la première section qui veut dire :

   a) « fou »

   b) « enfermer »

5. Trouvez **deux** détails qui indiquent que peut être Jonathan ne veut pas se marier avec Anna. (Section II)

6. Quelle expression indique qu'il n'y avait personne chez lui ? (Section II)

7. What do we learn about Jonathan's relationship with his fiancée, Anna. (**Two** points, 80 words in total.)

4.13 La Production Écrite – Donnez Votre Opinion

Étudiez

An important part of the Higher Level Leaving Certificate exam is the ability to express your opinion on a wide range of topics. The following vocabulary will help you to express an opinion, when speaking or writing. Remember to keep your ideas simple and express them in correct French.

Vocabulaire

A) Les phrases utiles

Il est très important de donner une structure à votre réponse. N'oubliez pas d'ordonner vos idées.

- Il faut introduire le sujet :
  Ce sujet m'intéresse beaucoup parce que …
  Je suis tout à fait d'accord avec cette affirmation.
  Je ne suis pas d'accord avec cette affirmation.
  De nos jours, il est vrai que …
  La société moderne est préoccupée par ce problème …
  C'est un sujet assez brûlant en ce moment.

- Il faut exprimer votre opinion :
  À mon avis
  Selon moi
  Je crois que
  Je pense que
  Je trouve que
  Je crois que la meilleure chose à faire est de …
  C'est toujours une question de ….

- Il faut structurer votre argument :
  D'abord
  Pour commencer
  Deuxièmement
  Ensuite
  De plus – moreover
  Pour finir
  Je crois que d'un côté
  Je suis tout à fait d'accord avec l'idée

- Il est évident que
  D'un autre côté
  En revanche
  Par contre
  Je ne comprends pas bien

Je trouve cette mesure un peu

- Donner des exemples et résoudre le problème (si possible) …
  Par exemple
  Ajoutons à cela – add to that
  Prenons par exemple – let us take the example of
  On devrait – one should
  On pourrait – one could
  Il vaudrait mieux que – it would be better
  Il me semble que la seule solution soit

- Et finalement il faut une conclusion :
  En conclusion, j'avoue que
  Pour résumer
  Pour finir

B) Lisez l'article suivant concernant la jalousie entre amis puis lisez la réponse type qui vous est proposée. Donnez votre propre réponse à la question.

Ma meilleure amie m'exaspère

Elle me copie tout le temps. Je ne supporte plus le comportement de ma best friend. J'en ai assez qu'elle fasse comme moi ! Lorsque je fais du shopping, elle achète exactement les mêmes fringues que moi. Si j'admire un artiste, elle en devient fan à son tour. Quand j'émets un avis, elle est toujours d'accord avec moi et elle s'approprie mes propres paroles dans une autre conversation, comme si les idées venaient d'elle. Malheureusement, je n'arrive pas à lui dire que son attitude m'exaspère.

Q : Une vraie amitié est'un des grands plaisirs de la vie. Cependant elle peut vite tourner en cauchemar si l'un entre vous devient jaloux de l'autre. Qu'en pensez-vous ?

(75 mots environ)

Je ne suis pas d'accord avec cette affirmation. Il est vrai que la jalousie peut exister entre les amis, mais ce n'est pas du tout la fin du monde ! Des vrais amis peuvent toujours surmonter les moments difficiles.

Tout d'abord, il faut dire que l'amitié est basée sur le respect, la confiance et la tolérance. Les vrais amis savent communiquer. Si l'un devient jaloux de l'autre il y aura toujours un moyen de résoudre le problème.

En conclusion, il ne faut pas oublier que tout le monde se sent jaloux de temps en temps. Cependant c'est quelque chose de tout à fait normal. Les bons amis seront toujours capables de celà dépasser.

4.14 Faire le Bilan

 **Écrivez**

A) Exercices de vocabulaire

i) Traduisez les mots suivants en anglais :

a) l'amitié	f) sympa	k) faire la fête	p) dernier cri
b) aimable	g) méfiante	l) être à la mode	q) un boulot
c) compréhensif	h) malhonnête	m) un imperméable	r) un employé
d) gentil	i) une sortie	n) un manteau	s) le SMIC
e) gâté	j) une soirée	o) une tendance	t) à temps partiel

ii) Traduisez les mots suivants en français :

a) boyfriend	f) selfish	k) clothes	p) sunglasses
b) girlfriend	g) jealous	l) jacket	q) pocket money
c) caring	h) museum	m) trousers	r) to be broke
d) funny	i) to go shopping	n) tie	s) salary
e) honest	j) to go clubbing	o) shirt	t) job

iii) Traduisez les verbes suivants en anglais :

a) dîner	f) gagner
b) assister	g) se concentrer
c) rigoler	h) économiser
d) s'habiller	i) gérer
e) travailler	j) dépenser

iv) Mettez le, la, l', ou les devant les noms :

a) ___ théâtre	f) ___ robe
b) ___ restaurant	g) ___ jupe
c) ___ boîte	h) ___ écharpe
d) ___ mode	i) ___ chaussettes
e) ___ fringues	j) ___ compte bancaire

v) Mettez le dialogue en ordre et recopiez-le dans votre cahier :

Exemple : depuis • copine • dix • ma • connais • Paula • meilleure • je • ans
= Je connais ma meilleure copine, Paula, depuis dix ans.

a) ami • mêmes • je • mon • pas • ne • que • Thomas • les • goûts • partage • meilleur =

b) vais • centre • ce • du • ville • faire • au • week-end • shopping • je =

c) copines • je • ma • soir • avec • sortir • bande • vais • en • vendredi • boîte • de =

d) vêtements • être • j'aime • derniers • à • des • mode • cris • bien • et • la • porter =

e) baby-sitting • argent • recevoir • dois • de • je • pour • du • poche • mon • faire =

vi) Donnez le contraire :

Exemple : gentil – méchant

a) ennuyeux

b) sympa

c) malhonnête

d) être riche

e) économiser

vii) Chassez l'intrus :

Exemple : grand/petit/vaste = petit

a) les fringues/les chaussures/les vêtements =
b) qualité/défaut/vertu =
c) tendance/dernier cri/démodé =
d) économiser/dépenser/acheter=
e) gâté/sympa/gentil =

B) Exercices de grammaire

Les articles

i) Mettez le, la, l' ou les devant le nom :

a) ___ copain
b) ___ copine
c) ___ copains
d) ___ famille
e) ___ garçon
f) ___ fille
g) ___ fils
h) ___ tante
i) ___ cousine
j) ___ homme

ii) Mettez un, une, ou des devant le nom :

a) ___ pull
b) ___ chaussures
c) ___ chapeau
d) ___ gants
e) ___ cravate
f) ___ manteaux
g) ___ treillis
h) ___ tunique
i) ___ ceinture
j) ___ lunettes

iii) Mettez l'article défini (le/la/les) ou l'article indéfini (un/une/des) devant le nom :

a) Claire a _____ soucis !
b) J'habite dans _____ maison à Dublin.
c) Nous avons _____ chien.
d) Ma matière préférée est _____ géographie.
e) J'ai _____ yeux verts.
f) Je parle très bien _____ français.
g) Philippe adore _____ natation.
h) Au secours, j'ai _____ grand problème !
i) Il s'est cassé _____ jambe.
j) Elle est née dans _____ hôpital à Paris.

iv) Complétez les phrases avec l'article partitif (du/de la/des) qui convient :

a) Je mange _____ champignons.

b) Elle boit _____ jus d'orange.

c) Il mange _____ céréales.

d) Nous mangeons _____ viande.

e) Vous buvez _____ vin blanc

f) Tu bois _____ limonade.

g) Il mange _____ fruits de mer.

h) Elles boivent _____ thé.

i) Je bois _____ café.

j) Vous mangez _____ crêpes.

v) Écrivez les phrases suivantes à la forme négative :

a) Je prends du sel.

b) Elle mange des croissants.

c) Vous buvez de l'eau.

d) Ils mangent du poisson.

e) Je mange de la confiture.

Les adverbes

i) Changez les adjectifs suivants en adverbes :

a) vrai _____   f) courant _____

b) constant _____   g) final _____

c) doux _____   h) dangereux _____

d) dernier _____   i) récent _____

e) poli _____   j) absolu _____

ii) Traduisez les adverbes suivants en français :

a) well _____   f) better _____

b) quickly _____   g) slowly _____

c) softly _____   h) gently _____

d) often _____   i) badly _____

e) happily _____   j) constantly _____

iii) Complétez les phrases avec l'adverbe qui convient :

a) Le prof m'a donné une bonne note car j'ai _____ fait mes devoirs.
b) Après une longue attente à l'aéroport, nous sommes _____ partis.
c) Ma copine est très malade. Elle va _____ chez le médecin.
d) Nous serons en retard car tu conduis trop _____ .
e) Anna est une gentille fille, elle parle _____ aux adultes.

Plus Avancé

C) Exercices écrits

Le message

i) You are staying with Mme Martin in Mulhouse. Leave a message with the following points:

- While she was out, her sister rang.
- Her sister has invited you and Mme Martin to the cinema tomorrow evening.
- Could Mme Martin please call her back before dinner?

ii) Leave a message for Amélie, who is staying with you for the summer:

- Say that you have gone shopping with friends to buy a present.
- Say that you have organised a birthday party for your friend Marie this evening.
- Ask her if she would like to come, and tell her to meet you outside the Italian restaurant at 8 p.m.

iii) Leave a message for Julien, who is staying with you:

- Say that you have gone to town to meet your friends.
- Invite him to join you for dinner at 8 p.m.
- Tell him to bring your coat, as you forgot to take it with you this morning.

iv) You are staying with your penpal Delphine in Dijon. Leave a message with the following points:

- You have gone to the shopping centre to buy a new dress.
- You will not be home for dinner as you are eating in town with a friend.
- Ask Delphine if she would like to go to the cinema with you at 9.30 p.m.

v) You are working as an au pair for M. and Mme DeMontrond. While they are out, Mme Nolier calls. Leave a message with the following points:

- Mme Nolier rang while they were out at 8 p.m.
- She has invited them to dinner in her house tomorrow evening at 7.30 p.m.
- The children were well behaved this evening and went to bed early.

Donner votre opinion !

i) **C'est toujours les femmes qui font le ménage. Ce n'est pas juste !**
Qu'en pensez-vous ?

(75 mots environ)

ii) **Est-ce que le gouvernement prend les mesures nécessaires pour lutter contre la pollution en Irlande ?**

(75 mots environ)

iii) **Faisons-nous assez pour aider les pauvres dans ce pays ?**

(75 mots environ)

iv) **Le taux de criminalité augmente dans toutes nos grandes villes. L'Irlande est en train de devenir un pays dangereux !**
Qu'en pensez-vous ?

(75 mots environ)

v) **Les relations entre les générations sont souvent difficiles.**
Qu'en pensez-vous ?

(75 mots environ)

4.15 La Préparation à l'Examen – La Compréhension Auditive

📖 Étudiez

The aural examination takes place in June directly after your written exam. It is worth 25% of your overall mark at Ordinary Level and 20% at Higher Level. The aural exam lasts roughly 40 minutes and is played on a CD.

The same text is used for both Ordinary and Higher Level examinations. At Ordinary Level, the questions are easier and tend to include more multiple-choice options. All questions are asked in English and you must answer in English. You will lose marks if you answer in French. Full sentences are not necessary once you include all the relevant information.

The candidate must answer five sections labelled A to E.

Section A	Short interview	Played three times, divided into segments
Section B	Long interview	Played three times, divided into segments
Section C	Long interview	Played three times, divided into segments
Section D	Long interview	Played three times, divided into segments
Section E	News items	Played twice, not divided into segments

The key to success in the aural examination is practice. Put effort into all the listening comprehensions you do in class, whether from this textbook, a dedicated listening comprehension book or past Leaving Certificate papers. The more familiar you are with listening to spoken French, the better are your chances of performing well in this section.

In order to improve your aural comprehension skills, it is a good idea to listen to French radio stations on the internet, such as www.radiofrance.fr.

You could also watch the news on TV5 Monde on digital television or France 24 on the Internet: www.france24.com.

Through regular practice of past Leaving Certificate aural exams, you will become familiar with the layout of the paper and will know what to expect in June.

General tips for answering questions

- When you first receive the paper, read the instructions for each section, highlighting the important information.
- Read the questions as often as possible before the CD begins. Highlight the key questioning words, such as 'when', 'who', 'how many', 'where' and 'why'. Know exactly what information you need to focus your attention on while listening to the CD.
- Most answers will not require full sentences. Only the required information counts and this can often be provided in one or two words. Marks will be taken away for any unnecessary information.
- On the first hearing, listen carefully and answer only the easy questions you are sure of. On the second hearing, answer as many questions as possible during the pause between segments. On the third hearing, complete any unanswered questions and recheck all answers.
- Multiple-choice questions are best answered through a process of elimination. Cross off all answers you know to be incorrect until you are left with one remaining answer.
- If, after the final hearing, you have not completed all the answers, make an intelligent guess. This is better than leaving a blank question on your paper and you may pick up some marks.

4.16 Auto-évaluation

APRÈS AVOIR TERMINÉ L'UNITÉ 4, JE SUIS CAPABLE DE :

L'expression orale

	Bien	Assez bien	Pas du tout
donner des informations sur mes amis			
décrire la personnalité et l'apparence de mes amis			
donner mon opinion sur les autres			
raconter ce que j'aime faire le week-end			
décrire ma façon de m'habiller			

Compréhension écrite

	Bien	Assez bien	Pas du tout
lire et comprendre un courriel			
lire et comprendre un extrait littéraire			

Production écrite

	Bien	Assez bien	Pas du tout
laisser un mot pour quelqu'un			
utiliser des expressions de temps			
Plus avancé : donner mon opinion sur un sujet			

Grammaire

	Bien	Assez bien	Pas du tout
comprendre et employer l'article défini			
comprendre et employer l'article indéfini			
comprendre, former et employer les adverbes			

Ã l'École

5.1 Le Système Scolaire en France

Vocabulaire

Les établissements scolaires
• l'école maternelle (non-obligatoire)
• l'école primaire (obligatoire)
• le collège (obligatoire)
• le lycée (obligatoire)
• l'université (non-obligatoire)

École maternelle
• petite maternelle, 3–4 ans
• moyenne maternelle, 4–5 ans
• grande section de maternelle, 5–6 ans

École primaire
• cours préparatoire (CP), 6–7 ans
• cours élémentaire 1 (CE1), 7–8 ans
• cours élémentaire 2 (CE2), 8–9 ans
• cours moyen 1 (CM1), 9–10 ans
• cours moyen 2 (CM2), 10–11 ans

Collège
• sixième, 11–12 ans
• cinquième, 12–13 ans
• quatrième, 13–14 ans
• troisième, 14–15 ans

Lycée
• seconde, 15–16 ans
• première, 16–17 ans
• terminale, 17–18 ans

Enseignement supérieur – Université
• DEUG (2 ans d'études)
• Licence (3 ans d'études)
• Master (5 ans d'études)

Les examens
• école primaire   pas d'examen
• collège   le brevet des collèges
• lycée   le baccalauréat (le bac)

Les enseignants (teachers)
• école maternelle – maître et maîtresse
• école primaire – instituteur et institutrice
• collège – professeur et professeur
• lycée – professeur et professeur
• enseignement supérieur – maître de conférences et professeur d'université

Écrivez

i) Match the class group to the correct type of school:

Les établissements scolaires	La classe
1. L'école maternelle	a. Sixième
2. Le collège	b. Seconde
3. Le lycée	c. Cours moyen 2
4. L'université	d. Grande section
5. L'école primaire	e. DEUG

✍ Écrivez

ii) Vrai ou faux ? Lisez les phrases suivantes et dites si elles sont vraies ou fausses. Cochez la bonne case.

	Vrai	Faux
1. Un élève en terminale prépare le bac.		
2. Il y a un examen à la fin de l'école primaire.		
3. La licence est obtenue après trois ans d'études supérieures.		
4. Après l'école primaire, on entre au collège.		
5. L'école maternelle n'est pas obligatoire.		

iii) Terminez les phrases suivantes :

1. À la fin du lycée un élève passe _____.

2. Les petits enfants passé trois ans vont à _____.

3. Les élèves âgées de 18 ans sont en _____.

4. Après deux ans d'études à l'université on obtient un _____.

5. Un élève termine le collège à l'âge de _____.

5.2 Les Lycées Français

📖 Lisez

A) Quatre jeunes parlent de leur lycée. Lisez les descriptions et répondez aux questions suivantes.

Lycée Henri IV, Paris

Je m'appelle Karine et je suis élève au Lycée Henri IV dans le 5e arrondissement à Paris. Mon école est située en plein centre de Paris au cœur du fameux Quartier-Latin. C'est une très vieille école qui a été construite en 1534. Elle est située près de plusieurs sites historiques de Paris. Mon lycée est connu dans toute la France pour ses résultats au baccalauréat. Les professeurs sont très travailleurs et compréhensifs. Ils donnent beaucoup de devoirs mais il en faut pour bien réussir ses études. Je viens de passer en terminale cette année et je me sens sous pression. Je fais huit matières. Ma matière préférée est la science. Je suis très forte en chimie et en biologie. J'aimerais aller à l'université l'année prochaine pour faire des études de médecine. Je passe donc beaucoup de temps à étudier car il me faudra de très bons résultats au mois de juin !

Lycée de Jeunes filles des Pontonniers, Strasbourg

Bonjour, je m'appelle Delphine. Mon école se trouve dans la ville de Strasbourg, dans le nord-est de la France. C'est une école de filles. À mon avis, une école de filles est vraiment mieux qu'une école mixte. Je pense que les filles travaillent mieux sans les garçons. On reçoit de meilleures notes surtout dans les matières scientifiques. J'adore mon école et mes camarades de classe sont très sympas. Les garçons ne me manquent pas ! On s'entend bien ensemble et je pense qu'il y a une bonne ambiance entre filles. Le bâtiment est assez moderne et très bien équipé. On a une grande bibliothèque, trois laboratoires de science, une cantine et deux salles d'informatique. Malgré les bonnes installations il existe quelques problèmes. Je trouve que la plupart des profs sont trop stricts, ça ne rigole pas en classe. Il y a aussi une tonne de règles à respecter. Par exemple, on ne peut pas porter de maquillage ou de bijoux, les portables sont interdits et il faut bien se comporter en classe. Comme je suis quelqu'un de bavard et que j'ai du mal à me concentrer en classe, j'ai souvent des heures de colle. C'est vraiment injuste.

Lycée du Parc, Lyon

Salut, c'est Lucas, je suis en seconde au Lycée du Parc à Lyon. C'est une école mixte avec 600 élèves et une cinquantaine de profs. Il y a une très bonne ambiance entre les filles et les garçons et on travaille bien ensemble. Le lycée est situé à Lyon, à côté du Parc de la Tête d'Or, d'où il tire son nom. J'adore le fait que nous soyons juste à côté de l'un des plus beaux parcs d'Europe. Quand il fait beau, je me promène dans le parc après les cours ou je fais une partie de foot avec mes camarades de classe. Je fais huit matières cette année. Mes matières préférées sont l'anglais et l'espagnol. J'adore la littérature anglaise et j'aimerais devenir prof de langues. Mon école a de très bonnes installations, y compris deux salles d'informatique, un centre sportif et une grande bibliothèque. J'aime surtout la nouvelle cantine. On y mange entre midi et 14 heures.

Lycée International de Saint-Germain-en-Laye

Moi, c'est David. Je suis étudiant au Lycée International de Saint-Germain-en-Laye. Le lycée est situé dans le département des Yvelines à l'ouest de Paris. Mon école est réservée aux élèves français et étrangers qui ont une très bonne maîtrise de la langue française et une deuxième langue européenne. Ici on parle plusieurs langues comme l'anglais, le suédois, le polonais ou le portugais. Nous avons des professeurs de toutes nationalités. Cette année je suis en terminale et je prépare l'option internationale du Baccalauréat. Mes camarades de classe sont de toutes les origines. Nous parlons tous plusieurs langues et suivons un enseignement bilingue. J'étudie huit matières. La géographie, l'histoire et la littérature sont enseignées en anglais, ma langue maternelle. Les autres matières sont enseignées en français. J'adore l'aspect international de mon école car il existe un vrai mélange de cultures. Mon lycée est réputé pour son taux de réussite au bac et le haut niveau d'enseignement des langues modernes.

1. Où se trouve le Lycée Henri IV ?
2. Expliquez pourquoi ce lycée est très réputé en France.
3. Que pense Delphine de l'éducation mixte ?
4. Nommez **deux** règles qu'il faut suivre dans ce lycée.
5. Quelle est l'origine du nom Lycée du Parc ?
6. Quel est le rapport entre les garçons et les filles dans ce lycée ?
7. Quelles sont les conditions nécessaires pour s'inscrire au Lycée International de Saint-Germain-en-Laye ?
8. Expliquez pourquoi il faut être bilingue dans ce lycée. (Donnez **deux** détails.)

Écrivez

B) A vous maintenant, faites un mini-profil de votre école. Décrivez votre école dans un paragraphe de 75 mots environ. Parlez du bâtiment, des installations, des élèves et bien sûr des professeurs !

Écoutez •••••••••••••••••••••••••• 5.1

C) Eimear Murphy is an Irish teenager who moved to Paris three years ago. Listen to her account of the French school system and answer the following questions.

1. Growing up, what distinction did Eimear make between the English and French languages?
2. What type of French lycée does Eimear attend?
3. What is the role of the teacher in her school?
4. How are students in the lycée expected to behave towards the teachers?
5. Name **two** differences between the school system in France and Ireland.
6. What is the difference between lunchtimes in Irish and French schools?
7. Is the school year longer in Ireland or France?
8. Does Eimear have a preference for the Irish or French school system?

5.3 L'Emploi du Temps – Les Matières

ABCVocabulaire

A) Les matières

LYCEE CARNOT 2nde		Professeur principal: M. Thomas		l'année 2009/10
	lundi	mardi	mercredi	jeudi	vendredi
8h15	**Anglais** Mme Martin *Salle 2*	**Sciences physiques** M. Demontrond Physique-Chimie *Labo 1*	**E.P.S.** M. Deschamps *Gymnase*	**Histoire– Geographie** Mme Berthollet *Salle 14*	**Histoire– Géographie** Mme Berthollet *Salle 14*
9h15	**Mathématiques** M. Bonnet *Salle 12*	**Techno- Informatique** M. Mayeur *Salle Multimédia*	**Histoire– Géographie** Mme Berthollet *Salle 14*	**Allemand** Mme Ziegler *Salle 7*	**Espagnol** Mme Rodriguez *Salle 3*
10h15	**Histoire– Géographie** Mme Berthollet *Salle 14*	**Philosophie** M. Durand *Salle 9*	**Histoire– Géographie** Mme Berthollet *Salle 14*	**Anglais** Mme Martin *Salle 2*	**Espagnol** Mme Rodriguez *Salle 3*
11h25	**Allemand** Mme Ziegler *Salle 7*	**E.P.S.** M. Deschamps *Gymnase*	**Espagnol** Mme Rodriguez *Salle 3*	**Techno- Informatique** M. Mayeur *Salle Multimédia*	**Philosophie** M. Durand *Salle 9*
12h25	**Philosophie** M. Durand *Salle 9*	**Allemand** Mme Ziegler *Salle 7*	**Philosophie** M. Durand *Salle 9*	**Techno- Informatique** M. Mayeur *Salle Multimédia*	**Français** Mme Fournier *Salle 1*
14h20	**Sciences physiques** M. Demontrond Physique-Chimie *Labo 2*	**Mathématiques** M. Bonnet *Salle 12*	**Français** Mme Fournier *Salle 1*	**Français** Mme Fournier *Salle 1*	**Français** Mme Fournier *Salle 1*
15h25	**Français** Mme Fournier *Salle 1*	**Anglais** Mme Martin *Salle 2*	**Sciences physiques** M. Demontrond Physique-Chimie *Labo 2*	**Espagnol** Mme Rodriguez *Salle 3*	**Histoire– Géographie** *Mme Berthollet Salle 14*
16h20	**Sciences physiques** M. Demontrond Physique-Chimie *Labo 1*	**Anglais** Mme Martin *Salle 2*	**Techno- Informatique** M. Mayeur *Salle Multimédia*	**Mathématiques** M. Bonnet *Salle 12*	**Anglais** Mme Martin *Salle 2*

Vocabulaire

- l'anglais
- l'allemand
- les arts ménagers
- les arts plastiques
- la biologie
- la comptabilité
- la chimie
- le dessin
- l'économie
- l'éducation physique et sportive (EPS)
- l'espagnol

- le français
- la géographie (la géo)
- l'histoire
- l'histoire ancienne
- l'informatique
- la musique
- les maths
- la philosophie (la philo)

Écrivez

Classez les matières selon leur groupe.

- Les langues vivantes
- Les sciences

- La gestion et les mathématiques
- Les arts et les lettres

Lisez

B) Ma matiere préférée
Lisez les descriptions et répondez aux questions suivantes :

Róisín

Je suis passionnée par la nature et les animaux. À l'école ma matière préférée est la biologie, quelle surprise ! C'est une matière très variée et intéressante. J'apprécie énormément ma prof Mme Duffy. Elle est la meilleure prof de biologie au lycée. À mon avis, il est très important qu'on apprenne comment protéger notre planète. Ma prof est très concernée par l'environnement et le développement durable. Elle dit que tout le monde doit être guidé par les principes du respect et de la protection de l'environnement. Donc, je trouve ses leçons intéressantes et informatives. Plus tard, j'aimerais travailler dans le domaine de la conservation ou de l'écologie.

Steven

Je n'aime pas du tout l'école. Il faut avouer que je ne suis pas un très bon élève. Eh oui, c'est vrai que je ne prends pas mes études au sérieux. Au lycée tous les profs disent que je passe tout mon temps à faire des bêtises en classe. Je ne suis pas quelqu'un de méchant mais j'ai vraiment du mal à me concentrer en cours. Au lieu de travailler, je passe beaucoup de temps à bavarder ou à faire le clown. Ma vraie passion dans la vie est le sport. Je suis un grand fana de foot. La seule matière que j'aime à l'école est l'EPS. À mon avis, le sport joue un rôle très important dans la vie de chacun. Notre prof de sport, Monsieur Charles, est aussi mon entraîneur de

foot. J'ai beaucoup de respect pour lui. Il sait que j'ai un don pour le sport et il m'encourage à devenir le meilleur joueur possible. Tous les jours, il me pousse à donner cent pourcent de moi-même. Il me suit de près pendant l'entraînement et en cours d'EPS. Sans ses conseils et son encouragement je serais perdu. Après le bac, j'aimerais devenir footballeur professionnel.

1. Why does Róisín enjoy Mme Duffy's biology class?
2. What career would Róisín like to pursue later in life?
3. Steven is often badly behaved in class. How does he explain this behaviour?
4. Why does Steven greatly respect his PE teacher, Mr Charles?

Écoutez 5.2

C) Les souvenirs d'école
Ecoutez quatre personnes qui parlent de leurs souvenirs, bons et mauvais, du temps passé à l'école.

1. Why did Béatrice particularly enjoy nursery school?
2. Why did Étienne not enjoy the time he spent in Collège Truffaut?
3. What was unusual about PE in Yves's primary school?
4. Why problem did Victoire encounter when she went on to lycée?

Écrivez

D) La production écrite

i) Est-ce que vous avez une matière préférée à l'école ? Écrivez un paragraphe qui explique pourquoi vous aimez cette matière plus que les autres. Quels sont les éléments de la matière qui vous intéresse ? Envisagez-vous de faire un métier lié à cette matière après le bac ?

ii) Écrivez un court paragraphe d'environ 75 mots sur vos souvenirs d'école primaire. Parlez de vos copains, vos matières et vos instituteurs.

5.4 La Rentrée

Cette année Aurélie a décidé de commencer à écrire un blog en ligne pour la rentrée scolaire. Lisez le blog de Aurélie, une élève de terminale.

stylo Électrique
Le blog d'une élève de terminale !

Blog
Archive
Amis
Catégories
Recherchez
[   ] OK
Calendrier

lundi, 3 septembre – Le Jour-J

Ce n'est pas vrai, le Jour-J est arrivé ! Malheureusement, c'est le jour de la rentrée. Les vacances sont bel et bien finies ! Je me suis levée tôt ce matin pour la première fois en deux mois. Aujourd'hui ne s'est pas très bien passé pour moi. Alors, tout a commencé ce matin quand j'ai reçu mon nouvel emploi du temps. Je n'étais pas du tout contente. Je commencerai chaque semaine avec un double cours de chimie le lundi matin.

Quel cauchemar ! En plus j'ai un nouveau prof de géographie, Mme Bernard. Pas de chance, car elle est la prof la plus stricte du lycée. Personne ne l'a jamais vue sourire. Ben oui, cette année s'annonce dure. La seule chose positive, c'était de retrouver les amis. Pendant la pause déjeuner j'ai bien bavardé avec mes copains. Tout le monde a passé de supers vacances …… Quel dommage qu'elles soient finies !

mercredi, 5 septembre – De pire en pire

Troisième jour et les choses ne se sont pas du tout améliorées ! En vérité, elles sont devenues pires. J'ai vraiment du mal à croire que je suis enfin en terminale. Incroyable mais vrai, je me sens déjà sous pression. Tous les profs ne cessent de parler des examens et on est seulement au mois de septembre. Ils nous disent de commencer à rédiger nos plans de révision. Chaque prof nous explique combien les études sont importantes en terminale. Honnêtement, ce n'est vraiment pas la peine de le répéter toutes les deux minutes. Je sais déjà très bien qu'il faut que je travaille dur pour obtenir les notes nécessaires pour étudier l'informatique à la fac. Vive le week-end !

vendredi, 7 septembre – Première colle de l'année

Quel soulagement, la première semaine est terminée ! J'en ai déjà marre de l'école. J'ai reçu un tas de devoirs et les premiers contrôles vont commencer la semaine prochaine. Je trouve que tout le monde est de mauvaise humeur, y compris les profs. Aujourd'hui pendant le cours de géographie je me suis disputé avec Mme Bernard. J'ai oublié d'éteindre mon portable et il a sonné en plein cours. J'ai tout de suite éteint mon portable et je me suis sincèrement excusé auprès d'elle. Elle était vraiment en colère et elle m'a mis une colle. Pas de chance ! Donc j'étais obligée de rester une heure et demie de plus après l'école. Cette prof n'est pas du tout aimable ! Alors ce soir pour me remonter un peu le moral, je vais sortir et faire la fête. J'ai vraiment besoin de m'amuser et d'oublier un peu cette affreuse rentrée.

i) Answer the following questions.

1. Why is Aurélie unhappy with her new timetable?
2. According to Aurélie, what was the only positive point of going back to school?
3. How did things get worse for Aurélie on the third day back at school?
4. Why did Aurélie receive a detention from Mme Bernard?
5. What is Aurélie going to do to cheer herself up after this difficult week back in school?

ii) À vous maintenant ! Essayez de tenir un blog ou un journal intime pendant une semaine. Vous pouvez noter vos sentiments ainsi que vos expériences bonnes ou mauvaises en cours.

5.5 La Journée Scolaire

📖 Lisez

Lisez la description de la journée typique de Brian, un lycéen irlandais.

Le matin

Chaque matin, je me réveille vers sept heures. Je me lève et je me douche. Comme je porte un uniforme scolaire je m'habille très vite, c'est génial. Je descends prendre le petit déjeuner. D'habitude, je prends un fruit, un yaourt, du jus d'orange et un bol de céréales. Il est très important de bien manger le matin. Ensuite, je quitte la maison à huit heures et quart. Ma mère emmène ma sœur et moi à l'école en voiture. Nous avons de la chance d'habiter près du lycée. S'il n'y a pas trop de circulation nous arrivons à huit heures et demie. Les cours commencent à neuf heures.

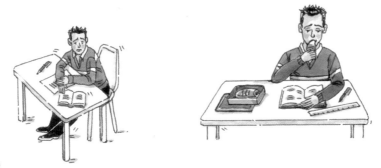

La journée

Les cours durent quarante minutes. Il y a une récréation de vingt minutes à onze heures. C'est l'occasion de sortir prendre un peu l'air ou de bavarder entre amis. La pause déjeuner est à une heure. Nous mangeons dans une petite cantine. Les cours recommencent à deux heures et se terminent à seize heures. Après l'école je fais une demi-heure de sport au gymnase dans le centre sportif de l'école. Je rentre à pied tout seul.

Le soir

Le soir, nous dînons ensemble en famille à dix-huit heures. Après avoir mangé, je monte dans ma chambre et je fais mes devoirs. Je reçois beaucoup de devoirs et en général il me faut deux heures pour tout faire. Une fois fini, je regarde la télé ou je bouquine pendant une heure ou deux. Il est important de se détendre après une journée fatigante. D'habitude, je me couche vers vingt-deux heures.

i) **Answer the following questions.**

1. Why does Brian like wearing a school uniform?
2. How does he get to school in the morning?
3. What does he do during break time?
4. Whom does he walk home with?
5. Name **two** activities he does after his homework.

ii) **À vous maintenant ! Écrivez un court paragraphe sur votre journée typique à l'école.**

5.6 L'Uniforme Scolaire

En France, la plupart des élèves ne porte pas d'uniforme, alors qu'en Irlande quasiment tous les élèves portent un uniforme.

Vocabulaire

Est-ce que vous portez un uniforme ? Aimez-vous le style et la couleur de votre uniforme ? Utilisez le vocabulaire ci-dessous pour décrire le vôtre.

Q : Est-ce que vous portez un uniforme scolaire ?

• Oui, je porte un pantalon noir, une chemise blanche et un pull noir avec la devise de mon école. Ma cravate est violette, noire et blanche.
• Oui, je porte une jupe écossaise bleu marine, un chemisier blanc et un pull bleu marine. Il faut porter des chaussettes bleu marine et des chaussures noires.
• Non, dans mon lycée nous ne portons pas d'uniforme scolaire. Nous pouvons nous habiller comme nous voulons. D'habitude je mets quelque chose de confortable comme un jean et des baskets.
• Non. Malheureusement, je ne porte pas d'uniforme. C'est dommage, car c'est vraiment pratique, surtout le matin.

5.7 Un Échange Scolaire
Lisez

Est-ce que vous avez déjà fait un échange scolaire ?
Lisez les commentaires d'Emmett et Robert, deux élèves irlandais. Répondez aux questions suivantes :

Emmett
Je suis élève dans un lycée privé de garçons à Cork. Nous avons de la chance car notre lycée est jumelé avec le Lycée Voltaire à Strasbourg. Donc nous faisons souvent des échanges avec ce lycée français. Tous les ans, mon professeur de français organise un séjour linguistique pour ses élèves. Son frère aîné est professeur d'anglais dans ce lycée et ils organisent les échanges entre les deux lycées depuis dix ans.

Au mois de février, nous passons deux semaines en France. Les familles des élèves français nous hébergent. Pendant la première semaine nous allons à l'école avec les élèves français. J'avoue que c'est assez dur de suivre les cours entièrement en français mais c'est une expérience très enrichissante. Les familles d'accueil organisent des visites et des activités pour nous pendant la deuxième semaine. Ensuite nous recevons les élèves français au mois de février. Nous suivons le même programme en Irlande.

À mon avis, un échange est un excellent moyen d'améliorer votre niveau de français. Après avoir participé à deux échanges mon professeur a remarqué que j'avais déjà fait énormément de progrès. Cependant un échange est beaucoup plus que simplement une occasion de perfectionner vos compétences linguistiques. C'est aussi l'occasion de découvrir la culture, les traditions et la gastronomie d'un autre pays. J'attends le prochain échange avec impatience !

1. What type of school does Emmett attend?

2. Who orginses the French exchange every year?

3. Mention **two** activities the Irish students participate in while in France.

4. What did Emmett's teacher say regarding his level of French?

5. Why does he think that the exchange is very beneficial?

Robert

Je suis élève en seconde dans un lycée mixte à Castlebar. Malheureusement mon école n'organise pas d'échanges scolaires. Le directeur du lycée pense que les séjours linguistiques coûtent trop cher. Il dit que la plupart des familles n'auront pas les moyens d'envoyer leur enfant en France pendant deux semaines. C'est vraiment dommage car les échanges scolaires sont le meilleur moyen d'apprendre une langue.

Il y a un mois, j'ai expliqué à mes parents l'importance d'un séjour linguistique. Ils sont tout à fait d'accord avec moi que ce serait la meilleure façon de découvrir la culture française tout en améliorant mon niveau de français. Actuellement, ils sont en train d'organiser un échange pour moi. Ma tante Imelda habite à Pau près des Pyrénées. Elle m'a proposé de faire un échange avec le fils de son voisin. Il s'appelle Pierre et il a quinze ans. Pierre est un fanatique de surf comme moi. Donc je pense qu'on s'entendra à merveille. Cet été, je passerai le mois de juillet à Pau chez lui. Ce sera génial car nous irons voir une étape du championnat mondial de surf à Lacanau Plage. Ensuite, Pierre viendra chez moi pour le mois d'août. Nous partirons à Lahinch pendant deux semaines pour faire du surf.

1. Why does Robert's school not take part in school exchanges?

2. Name **two** reasons why Robert and his parents think that it would be a good idea to participate in a school exchange.

3. Who is helping Robert organise an exchange with a French student?

4. Why does he think that he will get on well with Pierre?

5. What activity has Robert planned for Pierre's stay in Ireland?

5.8 Après le Bac
📖 Lisez

A) Les projects pour l'année prochaine
Quand un élève arrive en terminale il faut bien se décider sur l'avenir. Les jeunes doivent prendre une décision importante. Lisez les commentaires de Kathleen, Délia et Oisín concernant leurs projets pour l'année prochaine. Répondez aux questions suivantes :

Kathleen

En ce moment, je suis en pleine période de révision. Mes examens commenceront au mois de juin prochain. Après le bac j'aimerais aller à UCG pour étudier le commerce et le français. Il faut que je travaille très dur pour avoir les points nécessaires pour être acceptée. Plus tard, j'ai l'intention de travailler en France ou dans un pays francophone. Je suis devenue une vraie francophile l'été dernier. J'ai travaillé comme jeune fille au pair pour une famille bretonne à Quiberon dans le Morbihan. La famille était très sympa et je me suis bien amusée pendant mon séjour. Je suis tombée complètement amoureuse de la culture et la langue française. Alors j'ai décidé de m'orienter vers des études qui me permettront de faire une carrière en France. J'espère que tout se passera bien pour moi au mois de juin. Je suis sûre que j'aurai au moins une très bonne note en français !

Delia

Cette année, je suis en terminale et c'est bien le moment de penser à ce que je vais faire après le bac. Je voudrais aller à l'université pour devenir ingénieur. En ce moment, il faut au moins quatre cent soixante-dix points pour faire des études d'ingénieur. Mon meilleur ami Brian aimerait faire les mêmes études que moi. Nous voudrions tous les deux aller à UCD. Ce serait bien sympa d'avoir un ami dans la même fac que moi. Nous pourrions assister aux cours magistraux et étudier ensemble. Si c'est possible nous aimerions partager un appartement dans la résidence universitaire. Je pense que la vie d'ingénieur me plairait beaucoup. Je crois que j'ai les compétences nécessaires pour ce métier car je suis vraiment douée pour les maths et les sciences. Actuellement, il y a très peu de femmes qui exercent ce métier. J'ai vraiment du mal à comprendre, pourquoi les jeunes filles de mon âge ne s'intéressent plus aux études d'ingénieur. Tant pis pour elles car c'est vraiment une profession variée et intéressante.

Oisín

Je ne sais pas encore ce que je vais faire l'année prochaine. Je n'arrive pas à faire un choix entre une licence en lettres ou une licence en droit. Il faut que je prenne une décision bientôt car il faut remplir le formulaire du CAO avant le 1er janvier prochain. À mon avis, il est difficile de savoir ce qu'on veut faire pour le reste de notre vie à dix-huit ans. Mon père est notaire et il aimerait bien que je suive le même chemin professionnel que lui dans la vie. Cependant ma mère n'est pas du tout d'accord avec mon père. Elle sait que je suis très doué pour l'histoire et l'anglais. Elle n'aimerait pas que je passe ma vie enfermé jour et nuit dans un bureau comme mon père. Alors, elle m'a conseillé d'étudier plutôt une matière que j'aime. J'aimerais bien étudier l'histoire ancienne ou la littérature anglaise. Cependant, si je fais une licence de lettres je ne suis pas sûr quel métier je pourrai exercer plus tard dans la vie. Je ne sais vraiment pas si je dois écouter mon père ou ma mère. Quel dilemme !

i) Vrai ou faux ? Lisez les phrases suivantes et dites si elles sont vraies ou fausses. Cochez la bonne case.

	Vrai	Faux
1. Kathleen apprécie énormément la culture française.		
2. Delia croit que beaucoup de femmes s'intéressent aux études d'ingénieur.		
3. Oisín a déjà rempli son formulaire CAO.		
4. Kathleen attend un bon résultat dans son examen de français.		
5. Oisín va suivre le conseil de son père.		

ii) Qui est qui ? Trouvez la personne qui correspond le mieux aux affirmations suivantes :

	Prénom
A déjà travaillé en Bretagne	
Voudrait travailler dans un pays où l'on parle français	
Aimerait faire les mêmes études que son meilleur ami	
Est passionnée par les matières scientifiques	
N'a pas encore décidé ce qu'il veut étudier à l'université	

Vocabulaire

B) Qu'est-ce que tu veux faire dans la vie ?
Utilisez le vocabulaire suivant pour parler de vos projets pour l'année prochaine.

• **L'année prochaine j'espère aller à la fac.**

J'aimerais faire des études :	de commerce
	de médecine
	d'informatique
	de lettres
	de droit

Plus tard, je voudrais devenir :	comptable
	médecin
	informaticien(ienne)
	professeur
	avocat(e)

• **L'année prochaine je voudrais trouver un emploi.**

J'aimerais travailler comme :	fonctionnaire dans un bureau
	assistant(e) dans une banque
	vendeur(se) dans un magasin
	mécanicien dans un garage

• **L'année prochaine j'aimerais prendre une année sabbatique.**

Je voudrais :	faire le tour du monde
	me reposer un peu avant d'entamer mes études supérieures
	travailler comme bénévole dans le tiers monde
	travailler auprès des personnes âgées/des SDF

Tout Va Bien !

Écoutez 5.3

C) Que faire l'année prochaine ?

Listen to four final year students talk about their plans for after the Leaving Certificate or Baccalauréat. Answer the following questions.

Rémy

1. Why does Rémy not want to go to university?
2. Explain why it is important to be paid during your training.
3. Name **two** advantages of working in the hotel and catering industry.

Hélène

1. Why is Hélène looking forward to next year?
2. How does she feel her teachers treat her in school?
3. What career does she hope to pursue in the future?

Cathy

1. According to Cathy, what difficulty does a student hoping to study medecine face?
2. What set of exams has Cathy recently sat?
3. Explain why Cathy would like to take a year off before starting her third-level education.

Jenny

1. What is Jenny planning to do immediately after the Leaving Certificate exams?
2. Mention **two** points she makes about her chosen profession.
3. What promise has Jenny's mother made to her?

160

5.9 Dix Questions à l'Oral

Parlez · Écoutez ——— 5.4

A) Thème : Au lycée

Utiliser le vocabulaire p. 148 et p. 152 pour répondre aux questions suivantes. Notez vos réponses dans votre carnet d'oral.

Les questions

1. Parlez-moi un peu de votre école.
2. Est-ce que votre école est bien équipée ?
3. Combien d'élèves y a-t-il dans votre lycée ?
4. Comment sont les rapports entre profs et élèves dans votre école ?
5. Comment sont les profs ? Sont-ils stricts ou sympas ?
6. Vous aimez porter un uniforme ?
7. Combien de matières faites-vous ?
8. Quelle est votre matière préférée ? Pourquoi ?
9. Est-ce qu'il y a une matière que vous n'aimez pas ? Pourquoi ?
10. Quel est le règlement dans votre école ? Est-il respecté ?

Écoutez ···················· 5.5

B) Pour vous aider

Q : Parlez-moi un peu de votre école.
Mon lycée s'appelle Saint Joseph. C'est une école mixte. Il y a environ 700 élèves et une cinquantaine de profs. C'est une grande école qui est assez moderne. Nous avons de très bonnes installations ; pour les sportifs il y a un terrain de sport et des courts de tennis. Nous avons une bibliothèque, une cantine et une nouvelle salle d'informatique. J'aime bien mon lycée car il y a une très bonne ambiance et les profs sont sympas.

Q : Vous aimez porter un uniforme ?
Oui, j'adore mon uniforme. Je porte un pull vert avec la devise de mon école, une jupe écossaise, un chemisier blanc et des chaussures noires. A mon avis, c'est une excellente idée de porter un uniforme. C'est très pratique et rapide de mettre la même chose chaque matin ! A mon avis les élèves se comportent mieux en uniforme.

Q : Comment sont les profs ? Sont-ils stricts ou sympas ?
J'aime bien la plupart des profs dans mon école. Je les trouve sympas et intelligents. Bien sûr il y a quelques profs que je n'apprécie pas. Par exemple je n'aime pas du tout mon prof d'anglais. Il est trop strict et n'arrête pas de me critiquer !

Q : Quelle est votre matière préférée ? Pourquoi ?
Ma matière préférée est la chimie. Je suis assez forte en chimie et mes notes sont toujours bonnes. C'est une matière très intéressante et pratique. J'adore faire des expériences. J'ai de la chance d'avoir une bonne prof. Elle s'appelle Mme Smith et elle est drôle et très compréhensive.

Q : Quel est le règlement dans votre école ? Est-il respecté ?
Le règlement est assez strict dans mon école. Par exemple il est interdit de parler pendant les cours, porter du maquillage ou d'utiliser un portable. En général les règles sont respectées car il y a la colle tous les jours après les cours. Tout le monde déteste la colle, c'est très énervant !

5.10 La Production Écrite - La Lettre Formelle I

In the Leaving Certificate exam, one of the written questions takes the form of a formal letter. You may be asked to write a job application letter.

The formal letter is written in formal French. As you do not know the person you are writing to, always use the *vous* form when addressing the recipient. Answers should be at least 75 words long. It is advisable to include expressions and idioms that you have learned specifically for each of the three types of formal letter. Marks are awarded for layout, so you must carefully learn the formal letter layout.

A) La mise en page

Utilisez toujours la même mise en page :

- Il faut votre nom et adresse à gauche.
- Sautez une ligne et écrivez la date (plus ville) ex Paris, le 3 mars 2009.
- Sautez une ligne et écrivez le nom et l'adresse de la société à droite.
- Sautez une ligne et commencez avec Monsieur, Madame (Monsieur le Directeur, etc.).
- Il faut toujours terminer avec une formule de politesse.

Brendan Murphy
26 Seaview Avenue
Clontarf
Dublin 3
Irlande

Dublin, le 26 janvier 2010

Mme Cassel
Monoprix
3 Rue de Sauite Catherine
33008 Bordeaux
France

Madame,

Veuillez agréer, Madame, l'expression de mes sentiments distingués.
Brendan Murphy

Écrivez

Write a letter of application to M. Dubois, Chez Julie, 10 rue Saint Michel, 75005 Paris, France. In your letter:

- Say that you are writing to apply for the position of waiter/waitress in his restaurant.
- Say why you would like to work in France.
- Mention any relevant experience you have.
- Say that you are enclosing a copy of your CV.

Your name is Claire/Ciarán Murphy and your address is 3 Woodview Park, Dublin 3, Ireland.

Claire Murphy
3 Woodview Park
Dublin 3
Irlande

Dublin, le 10 mai 2009

M. Dubois
Chez Julie
10 Rue Saint Michel
75005 Paris
France

Monsieur,

À la suite de votre annonce parue dans l'Irish Times du 5 mai dernier, je souhaite poser ma candidature pour le poste de serveuse dans votre restaurant à Paris.

Actuellement, je suis en terminale et je passerai mon bac au mois de juin. Je voudrais travailler en France pour pouvoir perfectionner mon français. J'ai un bon niveau, j'apprends cette langue depuis l'âge de onze ans.

J'ai déjà de l'expérience dans la restauration car mes parents sont propriétaires d'un restaurant à Dublin. Je serai disponible du 5 juillet au 5 septembre.

Veuillez trouver ci-joint mon CV ainsi qu'une lettre de recommandation.

N'hésitez pas à me contacter pour avoir plus de renseignements.

En attendant une réponse de votre part, veuillez agréer, Monsieur, l'expression de mes sentiments distingués.

Claire Murphy

 ## Écrivez

B) À vous maintenant !

Write a letter of application to Mme Magne, Hôtel Sofitel, 10 rue Victor Hugo, 69001 Lyon, France. In your letter:

- Say that you are writing to apply for the position of waiter/waitress in her hotel.
- Mention your level of spoken and written French.
- Say that you have experience of working as a waiter.
- Ask about the salary and working hours.

Your name is Anne/Andrew O'Gara and your address is 3 Ras an Glás, Rahoon, Co. Galway, Ireland.

5.11 La Grammaire – Le Futur Proche
📖Apprenez

A) Use
Le futur proche is a tense used to express actions that are going to happen in the near future. This tense allows you to talk about what you are going to do this weekend, for example, **I'm going to …** in English.

B) Formation
To form the *futur proche* :
1) Take the present tense of the verb *aller* (to go):

je vais	I am going
tu vas	you are going
il/elle/on va	he/she/one is going
nous allons	we are going
vous allez	you are going
ils/elles vont	they are going

2) Followed by the infinitive of the main verb:

jouer	to play
faire	to do/make
être	to be
acheter	to have

Exemple :

Il va jouer au football ce soir. — He is going to play football tonight.
Je vais faire mes devoirs. — I am going to do my homework.
Nous allons être fatigués ! — We are going to be tired !
Ils vont acheter une maison. — They are going to buy a house.

📖Apprenez

5.12 La Grammaire – Le Futur Simple

A) Use
Le futur simple is an easy future tense to use and corresponds to the idea of *I will …* in English.

B) Formation There are both regular and irregular verbs in the *futur simple*.

Regular verbs
To form the *futur simple*, take the infinitive of the verb and add the future endings:

-ai, -as, -a, -ons, -ez, -ont

Donner	To give	Finir	To finish
je donnerai	I will give	je finirai	I will finish
tu donneras	you will give	tu finiras	you will finish
il/elle/on donnera	he/she/one will give	il/elle/on finira	he/she/one will finish
nous donnerons	we will give	nous finirons	we will finish
vous donnerez	you will give	vous finirez	you will finish
ils/elles donneront	they will give	ils/elles finiront	they will finish

Vendre*	To sell
je vendrai	I will sell
tu vendras	you will sell
il/elle/on vendra	he/she/one will sell
nous vendrons	we will sell
vous vendrez	you will sell
ils/elles vendront	they will sell

Note: For verbs ending in *-re (vendre, descendre)*, drop the *e* before adding the future endings.

B) Irregular verbs

To form the *futur simple,* take the irregular future stem of the verb and add the future endings:

-ai, -as, -a, -ons, -ez, -ont

Être	To be
je serai	I will be
tu seras	you will be
il/elle/on sera	he/she/one will be
nous serons	we will be
vous serez	you will be
ils/elles seront	they will be

Irregular *futur simple* verbs should be learned off by heart.

Infinitive	Future stem	Futur simple
aller	ir	j'irai
avoir	aur	j'aurai
courir	courr	je courrai
devoir	devr	je devrai
envoyer	enverr	j'enverrai
être	ser	je serai
faire	fer	je ferai
pouvoir	pourr	je pourrai
recevoir	recevr	je recevrai
savoir	saur	je saurai
tenir	tiendr	je tiendrai
venir	viendr	je viendrai
voir	verr	je verrai
vouloir	voudr	je voudrai

5.13 La Compréhension Écrite

📖 Lisez

A) Lisez l'article suivant et répondez aux questions en anglais.

DEUX MOIS POUR ÊTRE UNE AUTRE À LA RENTRÉE

I. Ok, on est plutôt cool, jolie, bien dans nos ballerines... Mais, il y a des jours ou on se dit : « Peut mieux faire. » et on a raison ! Parce que, oui, on peut devenir encore plus belle, audacieuse, rayonnante, confiante, sûre de soi... On a toutes les vacances pour s'entraîner. Et c'est même pas du boulot !

JE DEVIENS UN VRAI CANON

1 JE VAIS CHEZ UN COIFFEUR VISAGISTE. Une nouvelle coupe de cheveux peut vraiment vous métamorphoser. Faites le tour des copines pour trouver « le » vrai bon coiffeur.

2 JE SOIGNE MA PEAU TOUS LES JOURS... Et je ne triture plus mes boutons !

3 JE CHOISIS LES VÊTEMENTS QUI ME VONT, plutôt que de suivre la mode à tout prix.

4 JE FAIS UN SPA À LA MAISON. Une demi-heure par semaine pour un gommage, un masque, une manucure, des pieds crémés...

5 J'ESSAYE LES TALONS. Débutez modeste : 3 centimètres maxi.

6 JE GARDE MON GLOSS SUR MOI. Choisissez-le d'une couleur neutre : rose pâle, beige ou framboise.

7 JE DIS OUI AU MASCARA MÉGAVOLUME. Pour le poser, partez de la base des cils et zigzaguez en montant.

8 J'OPTIMISE MES DÉFAUTS. Petite ? Jouez les poupées avec un blush joues roses et des vêtements 60's. Des formes ? Faites la pin-up avec un décolleté dédramatisé par un jean.

9 J'ÉCOUTE LES CONSEILS SHOPPING DES COPS. Ça peut vous sauver lors de vos shopping !

10 JE ME REGARDE AVEC INDULGENCE DANS LA GLACE. Belle bouche ? Grands yeux ? Jolies fesses ? Cou de danseuse ? Taille de guêpe ?...

II. JE SUIS À L'AISE AVEC LES AUTRES

11 JE ME LANCE DES DÉFIS. Pour lutter centre votre timidité, décidez de dire chaque jour un mot gentil a un copain de copain de copain, a une vendeuse...

12 JE RIGOLE DE MOI-MÊME. Ne pas se prendre au sérieux est la meilleure manière de s'attirer la sympathie des autres.

13 JE ME METS À LA PLACE DES AUTRES. Vous n'êtes pas la seule à avoir des problèmes : de parents, de Jules, de copines, de poids, etc. Observez !

14 JE DIS NON À CETTE FILLE QUI ABUSE DE MA GENTILLESSE. Elle ne se met pas à vous haïr ? Mieux, elle vous respecte et arrête de vous demander la lune.

15 JE VARIE LES MOYENS DE COMMUNICATION. Un SMS à votre meilleure amie pour lui avouer un truc que vous n'osez pas lui dire en face ou un chat pour aborder un garçon, c'est plus facile !

16 J'ABORDE DES SUJETS PERSONNELS. Si vous ne vous confiez pas aux autres, ils ne se confieront pas à vous. Une vraie amitié = une amitié partagée.

17 JE M'INTÉRESSE À LA VIE DES COPINES. Quelques questions pertinentes et on vous considère comme une fille géniale.

18 J'ORGANISE DES ÉVÉNEMENTS. Si vous lancez des idées : « Et si on allait voir tel film, si on se faisait un petit pique-nique ? »... Vous devenez la meneuse incontournable.

19 J'ACCEPTE DE ROUGIR. Plutôt que de vous sentir encore plus mal à l'aise, moquez-vous de votre timidité ! Hyper touchant.

III. JE GRANDIS PLUS VITE

20 JE ME TIENS AU COURANT. Lisez les news sur Internet. Vous comprendrez mieux ce qui se trame dans le monde. Et vous pourrez briefer Jules et les copines.

21 JE ME CULTIVE. Informez-vous chaque jour sur un sujet différent : littérature, ciné, musique, art, etc. Vous clouerez le bec de ceux qui parlent pour ne rien dire.

22 JE ME DÉBROUILLE. Vous, une fille responsable ? Prouvez-le : faites du baby-sitting, rendez service, renseignez-vous sur vos études, rentrez à l'heure, ne claquez pas vos sous...

23 JE DÉDRAMATISE. Le premier rendez-vous avec Jules vous angoisse ? L'entretien chez Nif Nif pour votre job du samedi vous fait flipper ? Respirez un grand coup ! Rien de grave.

24 J'AIDE LES AUTRES. Donner un coup de main à une copine pour ses maths, soutenir un ami qui n'a pas le moral = une tendance chic fille qui vous enrichira.

25 J'ACCEPTE LES CRITIQUES. Quand on vous fait un reproche, plutôt que de vous braquer, écoutez. Et méditez. Ça fait grandir.

Jeune et Jolie

1. In order to make yourself more attractive, what advice is given about (Section I):

   a) hairstyle

   b) clothes

2. What colour lip gloss should you choose? (Section I)

3. What is the best way to overcome shyness? (Section II)

4. Name **two** possible suggestions you could make when organising events.

5. Why should you take an interest in your friends' lives? (Section II)

6. What will happen if you don't confide in others? (Section II)

7. To become more cultured, what topics should you take an interest in? (Section III)

8. Name **one** way in which you could help a friend. (Section III)

📖 Lisez

B) Lisez l'article suivant et répondez aux questions.

Toute Toute
1ère Fois

Ma première classe : Catherine, 24 ans, prof de français

I. « On m'avait dit de ne pas sourire pour asseoir mon autorité. Quand on est prof, la première impression est déterminante. Ça ne veut pas dire qu'après, c'est gagné pour l'année, mais si on manifeste la moindre faiblesse, la pente est difficile à remonter. J'avais tellement peur de ne pas être à la hauteur que j'avais appris mon cours par cœur. Quand je suis arrivée au lycée, le concierge m'a arrêtée et m'a demandé un mot de mes parents : il croyait que j'étais une élève en retard. Pourtant, j'avais tout fait pour me vieillir : une jupe droite. Je m'étais attaché les cheveux. La sonnerie a retenti. J'avais un sacré mal de ventre. J'ai pris ma respiration, et j'y suis allée.

II. Les élèves s'amusaient, c'était la pagaille, ils m'ont bousculée : personne n'avait réalisé que la prof était là. Quand je suis montée sur l'estrade, ils ont compris : ils se sont tous mis debout devant leur bureau. Je ne savais pas que c'était la tradition dans ce lycée : ils attendaient que je leur dise de s'asseoir. C'était à la fois amusant et effrayant de les voir tous comme ça. Mais le silence était pesant. J'ai balayé la salle du regard et j'ai oublié tout ce que j'avais appris par cœur : je me suis lancée et j'ai joué mon rôle de prof spontanément. J'ai fait l'appel en butant sur des noms. Ça m'a permis de repérer deux fortes têtes qui ricanaient. Ils me cherchaient, c'était clair. Je les ai regardés fixement et je leur ai dit que je n'oublierais pas leurs noms. Comme ils ne savaient pas sur quel pied danser, ils se sont calmés. Ensuite, j'ai suivi mon instinct et j'ai même fait quelques blagues. Tout s'est très bien déroulé. C'était un vrai plaisir : j'étais sûre que je n'aurais pas de problème. En réalité, j'ai dû resserrer les vis dès le cours suivant.»

Glamour

1. Trouvez dans la première section l'expression qui montre qu'il est important de faire une bonne impression quand on est prof. (Section I)

2. i) Quand Catherine est arrivée au lycée le concierge pensait qu'elle était (Section I)

   a) une mère

   b) une prof

   c) une élève

   d) une institutrice

   ii) Expliquez pourquoi Catherine avait peur. (Section I)

3. i) Relever l'expression qui montre que Catherine était très nerveuse avant son premier cours. (Section I)

   ii) Décrivez les vêtements que Catherine a portés lors de son premier jour comme professeur. (Section I)

4. Quand Catherine est entrée dans la classe pour la première fois les élèves étaient : (Section II)

   a) silencieux

   b) absents

   c) en désordre

   d) fatigués

5. Trouvez un verbe à l'imparfait dans la deuxième section.

6. Relevez l'expression qui indique que tout s'est bien passé pendant sa première classe. (Section II)

7. Catherine's first day as a teacher didn't go very well. Give **two** examples of how this is shown in the extract.

 **Lisez**

C) Lisez l'article suivant et répondez aux questions.

PETIT MANUEL POUR GAUCHERS

I. Plongés dans un monde fait par et pour les droitiers, les gauchers doivent faire face à plein de petits tracas. Comment pencher son cahier pour écrire sans tordre son poignet ? Mesurer un trait en partant de la droite ?... Revue de détails.

A l'école, un enfant gaucher est rapidement confronté à des tracas que ne rencontrent pas ses camarades droitiers. Essayez donc de mesurer une longueur avec une règle en partant de la droite : vous serez obligé de faire une soustraction... C'est l'une des difficultés auxquelles se trouvent confrontés les gauchers. « La première façon d'aider son enfant est de détecter sa dextérité manuelle le plus tôt possible. Cela permet d'avertir l'enseignant dès le départ », souligne le Dr Michel Galobardès.

Le repérage de sa main habile peut même être fait très tôt puisque, dès l'échographie, il est souvent possible de déceler la préférence de l'enfant. Quel pouce suce-t-il alors ? Si c'est le gauche, il a de fortes chances d'être gaucher. Les médecins les plus entraînés peuvent même le voir selon les structures cérébrales. Car, contrairement aux idées reçues des siècles passés, on n'est pas gaucher par esprit de contradiction. On « naît gaucher comme on naît brun ou blond», souligne notre spécialiste.

II. Des gestes à ne pas copier sur les droitiers
L'école n'est plus le lieu où on attache les bras gauches derrière le dos pour forcer à écrire de sa « belle main ». La liberté est entrée dans les classes et on laisse faire les gauchers. Tout le monde s'en réjouit. « Mais est-ce suffisant ? », s'interroge le Dr Galobardès. Ces enfants vivent en effet dans un monde de droitiers, auquel ils doivent s'adapter seuls. Ne serait-il pas mieux de les aider à s'ajuster à ces contraintes ? « Si on laisse les gauchers seuls face à l'apprentissage de l'écriture, ils vont tordre leur poignet afin d'avoir la main au-dessus de la ligne. Autant leur apprendre à bien placer leur cahier. Leur main se positionnera correctement, ce qui leur épargnera la fatigue physique liée aux torsions », avance le spécialiste, à la pointe de la recherche pédagogique dans ce domaine. À nous, parents, d'être attentifs lors des devoirs et de l'aider à bien se placer sur sa chaise, face à ses cahiers penchés vers la droite. Autant l'accompagner dans ses efforts que le bloquer avec des remarques négatives.

L'idéal : lui acheter des fournitures spécialement adaptées : ciseaux, stylo plume, règle... Pas si futile que certains droitiers le pensent. Même de la main droite, impossible de tailler un crayon dans le sens contraire des aiguilles d'une montre ! Or ce sens est celui qui est logique pour les gauchers.

Top Santé

1. i) A l'école les gauchers doivent faire face à beaucoup de petits soucis. Trouvez en un exemple. (Section I)

   ii) Selon l'auteur pourquoi est-il important de savoir si votre enfant est gaucher le plus tôt possible ? (Section I)

2. Trouvez la phrase qui indique qu'auparavant les gauchers étaient vus comme des personnes contrariées. (Section I)

3. Un enfant gaucher qui ne reçoit pas de l'aide va : (Section II)

   a) se sentir abandonné

   b) perdre l'espoir

   c) se faire mal au bras

   d) détester écrire

4. Trouvez la phrase qui décrit l'ancienne solution au « problème » des enfants gauchers pratiquée à l'école. (Section II)

5. Trouvez dans la deuxième section une expression qui veut dire « adapter aux restrictions ». (Section II)

6. Trouvez dans la deuxième section :

   i) un exemple d'un verbe au conditionnel

   ii) un exemple d'un verbe au futur simple

7. Comment les parents d'un gaucher peuvent-ils aider leur enfant lors de ses devoirs ? Relevez **deux** détails.

8. The author believes that parents can help their left-handed children learn to cope in a world dominated by right-handers. Support this statement, giving **two** examples from the text.

5.14 La Compréhension Littéraire

Lisez

A) Lisait l'extrait de roman puis répondez aux questions.

I. Il n'avait pas encore dix ans, l'enfant qui entrait, le 15 mai 1779, dans le parloir de l'École Royale Militaire de Brienne, puisqu'il était né le 15 août 1796 à Ajaccio, de Charles Marie Bonaparte et de Letizia Ramolino.
   Il se tenait les mains dans le dos, très droit, le visage maigre au menton en galoche, figé, le corps malingre, serré dans un vêtement bleu foncé, les cheveux châtains coupés très court, le regard gris. Il semblait insensible, indifférent presque, à la grande salle froide dans laquelle il se trouvait, attendant que le principal de l'école, le père Lelue, qui appartenait à l'ordre des Minimes, dont l'école dépendait, le reçoive. L'enfant savait pourtant qu'il resterait dans cette école plusieurs années sans pouvoir la quitter même un seul jour, et qu'il serait ainsi seul dans ce pays dont il venait seulement d'apprendre les rudiments de la langue. Il était arrivé le 1er janvier 1779 à Autun avec son père Charles, bel homme, grand, aux allures de seigneur, tenue soignée, recherchée même, aux traits du visage réguliers.

La Corse, les ruelles d'Ajaccio, l'odeur de la mer, le parfum des pins, des lentisques, des arbousiers et des myrtes, tout ce monde qui avait été celui de l'enfant était relégué loin comme un secret intime. Et il avait fallu serrer les dents, se mordre les joues quand le père était reparti, laissant ses deux fils au collège d'Autun, Joseph, l'aîné, né le 7 janvier 1768, et Napoleone – l'un destiné à l'Eglise, et l'autre aux Armes.

II. À Autun, en trois mois, du 1ᵉʳ janvier au 21 avril, il avait fallu apprendre le français, la langue étrangère, celle que les soldats du vainqueur clamaient dans les rues d'Ajaccio. Le père la parlait, mais pas la mère. Et tout ce qu'on avait enseigné aux fils Bonaparte, c'était l'italien.

Apprendre, apprendre : l'enfant de neuf ans avait fermé les poings, enfoui la tristesse, la nostalgie, la peur même, le sentiment d'abandon, dans ce pays de pluie, de froid, de neige et d'ardoises où la terre sentait l'humus et la boue, et jamais le parfum des plantes grasses.

Cette langue nouvelle, il a voulu la maîtriser, puisque c'était la langue de ceux qui avaient vaincu les siens, occupé l'île.

Il se tend. Il récite. Il répète jusqu'à ce que les mots se plient. Cette langue, il la lui faut, pour combattre un jour ces Français orgueilleux qui se moquent de son nom et qu'il ne veut même pas côtoyer.

Il se promène seul dans la cour du collège d'Autun, pensif et sombre. Son frère Joseph est au contraire affable, doux et timide. Mais Napoleone irrite par ce comportement où se mêlent fierté d'enfant humilié et amertume de vaincu. Alors on le taquine, on le provoque. D'abord il se tait, puis, quand on lui dit que les Corses sont des lâches parce qu'ils se sont laissé asservir, il gesticule et lance, rageur :« Si les Français avaient été quatre contre un, ils n'auraient jamais eu la Corse. Mais ils étaient dix contre un. »

Max Gallo, *Napoléon Le Chant du Départ*, Éditions Robert Laffont

1. i) Trouvez la phrase qui indique que l'enfant (Napoleone) n'aurait pas de vacances dans sa nouvelle école. (Section I)

   ii) Comment sait-on que l'enfant ne parlait pas très bien le français ? (Section I)

2. Avant de rencontrer le directeur de l'école militaire, l'enfant était (Section I) :

   a) nerveux

   b) stressé

   c) gêné

   d) imperturbable

3. Relevez la phrase qui indique que l'enfant avait du mal à s'intégrer dans son nouveau pays. (Section II)

4. Trouvez **deux** détails qui montrent que l'enfant n'apprécie pas les autres élèves français. (Section II)

5. i) Selon l'auteur quel est le contraste entre Napoleone et son frère Joseph (Section II) :

   Naploléon

   Joseph

   ii) Trouvez dans la deuxième section

   a) un verbe qui veut dire « se moquer »

   b) un verbe pronominal

6. In this passage, the new pupil, Napoleon Bonaparte, has to deal with many challenges at his new school. He does so with great grit, courage and determination. Support this statement, giving **two** examples from the text.

5.15 Faire le Bilan

Écrivez

A) Exercices de vocabulaire

i) Traduisez les mots suivants en anglais :

a) le lycée
b) le collège
c) la maternelle
d) enseignant
e) institutrice

f) maître
g) professeur
h) une licence
i) la chimie
j) l'espagnol

k) le dessin
l) l'EPS
m) une jupe écossaise
n) la devise
o) un pantalon

p) le bac
q) le brévet
r) les études
s) un métier
t) etre doué

ii) Traduisez les mots suivants en français :

a) student
b) primary school
c) university
d) 6th year
e) 1st year

f) subject
g) timetable
h) history
i) French
j) music

k) science
l) maths
m) accounting
n) school uniform
o) school rules

p) exams
q) law
r) medicine
s) IT
t) career

iii) Traduisez les verbes suivants en anglais :

a) apprendre
b) comprendre
c) s'habiller
d) porter
e) jumeler

f) devenir
g) révision
h) étudier
i) exercer
j) décider

iv) Mettez le, la, l' ou les devant les noms :

a) ___ rentrée
b) ___ lycéen
c) ___ géographie
d) ___ gestion
e) ___ cours

f) ___ récréation
g) ___ cantine
h) ___ échange
i) ___ cravate
j) ___ règlement

v) Mettez le dialogue en ordre et recopiez-le dans votre cahier :

Exemple : emploi • prochaine • trouver • un • l'année • voudrais • je
= Je voudrais trouver un emploi l'année prochaine.

a) un • travailler • dans • l'année • vendeuse • j'aimerais • magasin • comme • prochaine =

b) bac • mois • cette • passer • je • juin • et • au • de • je • terminale • vais • en • mon • suis • année =

c) faire • que • prochaine • vais • sais • je • ce • je • l'année • ne • encore • pas • malheureusement =

d) étudier • au • pour • à • l'université • mois • médecine • prochain • voudrais • de • la • aller • je • septembre =

e) est • au • matière • intéressant • l'histoire • c'est • lycée • ma • car • préférée =

B) Exercices de grammaire

Le futur simple

i) Conjuguez les verbes réguliers suivants au futur simple :

a) Je _____ (*nager*) demain à la piscine.
b) Nous _____ (*dormir*) tous à l'hôtel demain soir.
c) Elles _____ (*attendre*) devant la pharmacie.
d) Tu _____ (*choisir*) la meilleure étudiante.
e) Marie _____ (*assister*) au concert la semaine prochaine.

ii) Mettez les verbes irréguliers suivants au futur simple :

a) Il (*aller*) _____.
b) Tu (*avoir*) _____.
c) Je (*devoir*) _____.
d) Nous (*être*) _____.
e) Ils (*faire*) _____.
f) Vous (*pouvoir*) _____.
g) Elles (*recevoir*) _____.
h) Je (*savoir*) _____.
i) Tu (*venir*) _____.
j) Nous (*vouloir*) _____.

iii) Conjuguez les verbes suivants au futur simple:

a) Ils (*pouvoir*)_____ aller en Irlande l'année prochaine.
b) Nous (*passer*)_____ deux semaines dans un terrain de camping.
c) Vous (*aller*)_____ au cinéma ensemble samedi soir.
d) Je (*vouloir*) _____ voir les élèves après le cours.
e) Les filles (*voir*) _____ la Tour Eiffel pendant le voyage.
f) Ils (*venir*) _____ nous voir à Noël !
g) Nous (*vendre*) _____ notre maison dans deux semaines.
h) Je (*avoir*) _____ assez de temps pour le faire la semaine prochaine.
i) Il (*devoir*) _____ faire un plus grand effort en maths.
j) Nous (*manger*) _____ ensemble au restaurant demain soir.

iv) Traduisez les phrases suivantes en français :

a) She will go to work tomorrow.
b) He will be cold tonight.
c) The girls will spend a month in France.
d) They will see the baby tomorrow.
e) I will finish my homework tomorrow night.

f) You will all sing in the concert next month!
g) We will receive a letter tomorrow.
h) You will give her the book later.
i) They will play football next year.
j) I will go on holidays next summer.

Le futur proche

i) Conjuguez les verbes suivants au futur proche :

a) Les filles _____ (*faire*) leurs devoirs ce soir.
b) Ils _____ (*prendre*) le métro à Paris cet après-midi.
c) Paul _____ (*ranger*) sa chambre aujourd'hui.
d) Vous _____ (*voir*) l'Arc de Triomphe dans quelques minutes !
e) Isabelle et Jean _____ (*aller*) à l'école après le petit déjeuner.
f) Nous _____ (*finir*) le chapitre aujourd'hui.
g) Elle_____ (*être*) triste après le film.
h) Vous_____ (*avoir*) chaud.
i) Il _____ (*prendre*) sa douche dans une heure.
j) Je _____ (*faire*) de mon mieux !

ii) Traduisez les phrases suivantes en français :

a) I am going to go home.
b) She is going to sing a song.
c) We are going to be happy.
d) You are going to eat the apple.
e) The girls are going to wait for their mother.
f) Paul is going to finish his book.
g) The boys are going to play rugby.
h) The teacher is going to talk.
i) We are going to go on holidays.
j) He is going to drink some water.

C) Exercices écrits

La lettre formelle

i) Write a formal letter to the Syndicat d'Initiative at 17 rue Saint Jacques, 75005 Paris. In the letter:

- Say that you will be spending the month of July in Paris.
- Say that you intend to stay in a hostel, and ask for brochures.
- Say that you will be travelling by metro and want to buy a student ticket for the month.

Your name is Liam/Laura O'Neill, and your address is 3 The Parklands, Gorey, Co.Wexford.

ii) **Write a formal letter to Mme Bertrand, Hôtel St. Jacques, 3 Avenue du Temple, 69005 Lyon. In the letter:**

- Say that you would like to work as a waiter in her hotel and have experience.
- Say that you have a good level of spoken French.
- Say that you are enclosing your C.V.

You are Mark/Marie O'Brien, 8 The Pines, Birr, Co. Offaly.

iii) **Write a formal letter to M. et Mme Bouvier, 35 rue des Blancs, 75015 Paris. In the letter:**

- Say that you are learning French and your school principal has given you their address.
- Say that you would like to work as an au pair for them next year.
- Say that you get on well with children and baby-sit every weekend for your cousins.

You are Sam/Sarah Brennan, Park View, Knock, Co. Mayo.

iv) **Write a formal letter to Monsieur le Gérant, Hôtel Royal, 161 rue de Tolbiac, 75013 Paris. In the letter:**

- Say that you would like to work as a barman in his hotel next summer.
- Say that you have experience of bar work and have a good level of spoken French.
- Say that you will be available for July and August and are sending your C.V.

You are Patrick/Paula Murphy, 3 The View, Parkside, Mayfield, Co. Cork.

Écrivez les lettres ci-dessous :

i) **Your name is Carl/Catherine Tormey. You are taking part in a French exchange. Write a letter to your exchange partner David/Delphine in which you:**

- Say that your French teacher gave you his/her details.
- Say that you are looking forward to his/her visit to Ireland.
- Tell him/her that you will collect him/her from the airport.
- Mention what type of food you eat at home and ask what type of food he/she likes.
- Tell him/her what activities you have planned for the stay.

(about 75 words)

ii) **Your name is John/Jenny Doyle. You spent the month of July in Paris, staying with your French penpal Monique's family. Write an email to her parents In which you:**

- Thank them for the wonderful holiday you spent with them.
- Say that your level of French has greatly improved.
- Mention that you have returned to school and are getting good grades in French.
- Say that they are welcome to stay with your parents next summer.
- Say that you are sending them some photos of the holiday with this email.

(about 75 words)

5.16 La Préparation à l'Examen – La Lettre Formelle I

 Étudiez

La demande d'emploi

The formal letter appears as an option on both the Ordinary and Higher Level Leaving Certificate papers. The type of letter varies from year to year. In general, candidates are asked to write one of the following letters:
- *Une demande d'emploi* – a letter of application for a job.
- *Une lettre de réservation* – a reservation letter booking accommodation.
- *Une lettre de réclamation* – a letter of complaint.

Il faut apprendre la mise en page par cœur !

John Smith
3 Springfield
Dublin 6
Irlande

                                       Dublin, le 12 juillet 2009

                                       M. Leclerc
                                       Crédit Lyonnais,
                                       3 Rue de Seine,
                                       75006 Paris
                                       France

Monsieur, Madame,

Veuillez agréer, Monsieur, Madame, l'expression de mes sentiments distingués.
                          John Smith

La communication
N'oubliez pas que l'idée d'une lettre est de communiquer. Donc il faut :
- Expliquer la raison pour laquelle vous écrivez la lettre
- Demander des informations.
- Terminer la lettre.

La langue
- Utilise toujours « vous » – i.e. vous/votre/vos.
- Essayez de varier le vocabulaire et les temps présent/passé composé/imparfait/futur.
- Il faut absolument utiliser le conditionnel. Le conditionnel dénote la politesse.

Les phrases utiles

The following phrases will prove useful when writing a job application letter.

L'introduction

À la suite de votre annonce parue dans l'*Irish Times* du 28 avril, je souhaite poser ma candidature pour le poste de _____.	In response to your advert in The Irish Times of the 28th of April, I would like to apply for the position of _____.
Je me présente. Je m'appelle _____. J'ai _____ ans. Je suis irlandais/irlandaise et j'habite à _____.	Let me introduce myself. My name is _____. I am _____ years of age. I am Irish and I live in _____
Actuellement, je suis en terminale et je passerai mon bac au mois de juin.	Currently I am in Sixth Year and will sit my Leaving Certificate in June.

Vous même et votre expérience professionnelle

L'été dernier j'ai travaillé comme serveur á Paris/en Irlande, pendant trois mois.	Last summer I worked as a waiter in Paris/Ireland for three months.
Depuis six mois je travaille comme vendeuse chaque/samedi/week-end dans un magasin au centre ville.	For the past six months, I have been working as a sales assistant every Saturday/weekend in a city centre shop.
J'ai déjà fait un stage en informatique.	I have completed work experience in the area of IT.
Je suis dynamique/responsable/travailleur.	I am dynamic, responsible and hardworking.
J'ai un bon niveau en français.	I have a good level of French.
Je parle couramment le français et je l'écris bien aussi.	I speak fluent French and my level of written French is also good.
J'aimerais travailler en France/à Paris parce que je voudrais améliorer mon niveau de français/passer du temps en France.	I would like to work in Paris because I want to improve my level of French/spend some time in France.
Je serai disponible du 26 juin au 26 août.	I will be available from July 26th to August 26th.

Les questions à poser

J'aimerais avoir plus de renseignements sur le poste _____.	I would like more information regarding the position of _____.
Pourriez-vous me communiquer les horaires de travail ?	Could you please tell me what the working hours are?
Le montant du salaire ?	What is the salary?
Serait-il possible de trouver facilement un logement dans les environs ?	Would it be possible to find accommodation locally?

La conclusion

Veuillez trouver ci-joint mon CV ainsi qu'une lettre de recommandation.	Please find enclosed my CV and a reference.
Merci par avance de prendre en considération ma candidature.	Thanking you in advance for taking the time to consider my candidacy.
N'hésitez pas à me contacter pour avoir plus de renseignements.	Do not hesitate to contact me should you require further information.
Veuillez agréer, Monsieur, Madame, l'expression de mes sentiments distingués.	Yours sincerely.

5.17 Auto-évaluation

APRÈS AVOIR TERMINÉ L'UNITÉ 5, JE SUIS CAPABLE DE :

L'expression orale

	Bien	Assez bien	Pas du tout
donner des informations sur mon lycée			
parler de ma matière préférée			
expliquer les règlements			
décrire mon uniforme scolaire			
parler de mes projets d'avenir			

Compréhension écrite

	Bien	Assez bien	Pas du tout
lire et comprendre un emploi du temps			

Production écrite

	Bien	Assez bien	Pas du tout
écrire une lettre formelle			
postuler pour un travail			

Grammaire

	Bien	Assez bien	Pas du tout
comprendre, former et employer le futur simple			
comprendre, former et employer le futur proche			
comprendre la différence entre le futur simple et le futur proche			

6
UNITÉ

Mon Temps Libre

Objectifs linguistiques et communicatifs :

- ❧ Describe interests and hobbies
- ❧ Discuss weekend activities
- ❧ Talk about sport and sportspeople
- ❧ Discuss different types of music

Vocabulaire :

- ❧ Les loisirs
- ❧ Le sport
- ❧ La musique

Dossier oral :

- ❧ Mes passe-temps préférés

Production écrite :

- ❧ La lettre formelle II

Grammaire :

- ❧ Les prépositions
- ❧ Les verbes suivis de prépositions

Préparation à l'examen :

- ❧ La lettre formelle II

6.1 Les Loisirs
📖 Lisez

A) Trois jeunes parlent de leur loisirs préférés. Lisez les descriptions et répondez aux questions suivantes :

Boris

Je suis quelqu'un d'actif et mes moments de loisirs sont toujours bien remplis. La plus grande passion dans ma vie est la musique. La musique est un excellent moyen de se détendre. Après avoir passé une journée fatigante, rien ne vaut jouer quelques chansons à la guitare. J'ai de la chance d'être un bon musicien. Je joue du piano et de la guitare. A l'âge de six ans, ma mère m'a envoyé au cours de piano. Un an après, j'ai commencé à jouer de la guitare. J'aimerais bien prendre des cours de chant un jour. J'aime bien tous les genres musicaux mais ma musique préférée est le jazz. Le jazzman américain Miles Davis est mon héros. Depuis six mois je joue dans un groupe de jazz. Nous sommes quatre dans le groupe et nous nous entendons très bien ensemble. Tous les quatre nous sommes de vrais fanatiques de jazz. J'adore passer du temps avec les autres membres du groupe car ils sont vraiment rigolos. Dans un mois nous jouerons notre premier concert dans un petit club de jazz au centre de Paris. Donc en ce moment nous sommes en pleine période de répétition.

Sabine

Je suis de nature très paresseuse. Je déteste faire du sport ou aller faire du shopping avec mes copines. Pour dire la vérité, il y a une seule chose au monde qui m'intéresse ; c'est le cinéma. Depuis mon enfance je suis fascinée par le monde du cinéma. Mes parents ont toujours adoré regarder les vieux films à la télé mais ils n'allaient pas au cinéma. Je me souviens toujours de mon premier film. C'était *La Grande Vadrouille* avec Louis de Funes. Je l'ai regardé à la télé avec mon père. Heureusement pour moi, mes grands-parents adorent le cinéma. Ma propre passion pour le cinéma à commencé a l'âge de sept ans quand mon grand-père m'a emmenée voir *Aladdin*. C'était une expérience inoubliable, et depuis je suis devenue une grande cinéphile. Je vais au cinéma au moins une fois par semaine. Je crois que j'ai vu au moins mille films. Les gros films américains d'Hollywood sont en général excellents. J'aime surtout les films d'action et les dessins animés de Disney ou Pixar, comme *Ratatouille*. C'est vraiment incroyable de voir tous les effets spéciaux créés sur ordinateur par les animateurs aujourd'hui. Cependant, je suis aussi très fière du cinéma français. Nous avons de très bons acteurs et réalisateurs comme Daniel Auteuil, Audrey Tautou et Mathieu Kassovitz. De temps en temps, je regarde des films sur format DVD. J'aime regarder de vieux films chez moi mais ce n'est pas pareil qu'aller au cinéma. Je préfère toujours voir des films sur un grand écran entourée par mes amis. Dans une salle de cinéma il y a toujours une bonne ambiance. Un dimanche après-midi passé au cinéma est le bonheur absolu !

Marc

Comme je suis en terminale cette année je n'ai pas beaucoup de temps à consacrer aux loisirs. J'aime bien le sport et la musique. Je fais de la planche à voile et je joue du violon. Cependant, mon passe-temps préféré est sans doute la lecture. Dès que j'ai un moment de libre je commence à bouquiner. Mon père dit que j'ai toujours le nez plongé dans un livre ! J'aime bien lire juste avant d'aller me coucher. D'habitude, je passe une heure à lire chaque soir. Quand je suis en vacances je suis capable de passer une journée entière à lire. Cela énerve mon frère, il ne comprend pas comment je peux rester enfermé avec un roman. J'essaie de lui expliquer le bonheur qu'on peut trouver dans une bonne histoire. J'aime toutes sortes de livre. Je lis des polars, des bandes dessinées et des romans historiques. Mon genre préféré est la héroïque fantasy. J'apprécie énormément les livres de l'écrivain britannique J.R.R. Tolkien. J'ai déjà lu *Le Seigneur des Anneaux* trois fois. Pas mal pour un livre qui compte plus de mille pages. L'histoire de ce livre est fascinante. J'aime bien m'évader dans l'univers de la Terre du Milieu. J'adore ce monde qui est peuplé de créatures fantastiques comme des mages, des elfes, des orques et des hobbits. Mon personnage préféré est Frodon. Il est à la fois courageux et drôle.

i) Répondez aux questions suivantes en français :

Boris

1. Quel est le passe-temps préféré de Boris ? Pourquoi ?

2. Boris a commencé à jouer de la guitare à quel âge ?

3. Trouvez **deux** détails qui montrent qu'il existe un bon rapport entre les membres du groupe ?

Sabine

1. Quelle est la passion de Sabine ?

2. Avec quel membre de sa famille a-t-elle vu son premier film en salle ?

3. Citez l'expression qui montre que Sabine aime le cinéma de son pays.

Marc

1. Relevez la phrase qui indique que Marc n'a pas beaucoup de temps libre.

2. Comment sait on que le frère de Marc ne partage pas son amour pour la lecture ?

3. Pourquoi Marc s'intéresse-t-il au livre le Seigneur des Anneaux ?

ii) Vrai ou faux ? Lisez les phrases suivantes et dites si elles sont vraies ou fausses. Cochez la bonne case.

	Vrai	Faux
Boris a déjà pris des cours de chant.		
Sabine pense que les effets spéciaux sont impressionnants.		
Selon Marc *Le Seigneur des Anneaux* est un roman court.		
Sabine aime regarder seulement des dessins animés.		
En vacances Marc n'a pas le temps de lire un roman.		

iii) Qui est qui ? Trouvez la personne qui correspond le mieux aux affirmations suivantes :

	Prénom
Adore les personnages fantastiques.	
N'est pas très actif.	
Passera un examen cette année.	
Mène une vie bien active.	
Partage sa passion avec sa famille.	

Vocabulaire

B) Les passe-temps

Avec l'aide de votre dictionnaire traduisez les mots suivants en anglais :

le bricolage
le cinéma
le dessin
l'informatique
le jardinage
la lecture
la peinture

la photographie
bavarder avec mes amis sur
mon portable
écouter de la musique sur mon
iPod/lecteur mp3
envoyer des courriels/emails
ouer aux jeux électroniques

jouer de la musique
pratiquer un sport
regarder la télévision
naviguer/surfer sur Internet
parler/tchatcher en ligne

Les phrases utiles

Utilisez le vocabulaire suivant pour parler de vos passe-temps préférés :

Mes passe-temps m'aident à ...	My hobbies help me to ...
me réposer.	rest.
me détendre.	unwind.
me relaxer.	relax.
me défouler.	let off steam.
m'amuser.	enjoy myself.

Tout le monde dit que ...	Everyone says that ...
je suis un(e) fana de sport.	I'm a sports nut.
je suis un rat de bibliothèque.	I'm a bookworm.
je suis un(e) cinéphile.	I'm a cinema lover.
je suis un(e) fou/folle de musique.	I'm mad about music.
je suis un moulin à parole.	I'm a chatterbox.

Quand j'ai du temps libre, j'adore ...	When I have free time I love to ...
naviguer/surfer sur Internet.	surf the Internet.
parler/tchatcher dans un forum en ligne.	chat in an online forum.
tenir un blog.	keep a blog.
télécharger de la musique sur mon PC.	download music on my PC.
regarder un DVD.	watch a DVD.
jouer sur la PlayStation.	play the PlayStation.
aller au cinéma/au théâtre.	go to the cinema/the theatre.
écouter de la musique.	listen to music.

Pour me détendre je regarde souvent la télé. J'aime bien ...	To unwind, I often watch TV. I like ...
les comédies dramatiques.	comedy dramas.
les films d'aventure/d'épouvante.	action/horror films.
les émissions de téléréalité.	reality TV programmes.
les infos.	the news.
les jeux télévisés.	TV game shows.
les feuilletons.	soaps.
les dessins animés.	cartoons.
les documentaires.	documentaries.

J'adore bouquiner. D'habitude je lis ...	I love reading. In general, I read ...
des romans.	novels.
des romans de science-fiction/ héroïque fantasy.	science fiction/fantasy novels.
des romans historiques/noirs.	historical novels/thrillers.
des revues de mode.	fashion magazines.
des revues sportives.	sports magazines.
le journal.	the newspaper.
la presse « people ».	celebrity magazines.
des bandes dessinées.	comics.

✒ Écrivez

i) Match the following words to the corresponding pastime:

Les mots	Les passe-temps
1. un blog	a. la télévision
2. un feuilleton	b. la musique
3. un dessin animé	c. l'informatique
4. une bande dessinée	d. la lecture
5. un lecteur mp3	e. le cinéma

ii) Terminez les phrases suivantes :

1. Quelqu'un qui aime le cinéma s'appelle un _____.
2. Anna télécharge de la musique et elle l'écoute sur son _____.
3. J'aime lire les articles sur les célébrités dans la _____.
4. Claude est passionné par la lecture il est un _____.
5. Mon père m'a offert un appareil photo numérique car il sait que j'aime la
   _____.

Écoutez   6.1

C) Listen to four friends talk about their favourite pastimes. Fill in the blanks and answer the questions below:

Bernard

Le cinéma est ma grande _____ dans la vie. Depuis l'âge de dix ans je m'intéresse énormément aux films. Le cinéma est un bon _____ pour moi de me reposer un peu. La vie moderne est tellement stressante que de temps en temps, ça fait du bien d'y échapper en _____ un bon film. J'ai de la chance d'avoir un cinéma grand écran juste à côté de _____. D'habitude je vais au cinéma _____ tous les week-ends. J'aime toutes sortes de films mais mon genre préféré est la _____ - _____. Sans doute mon film préféré est *La Guerre des Etoiles*. L'univers créé par George Lucas dans ce film est _____. Il a inventé tellement de personnages mythiques, fantastiques et inoubliables comme Dark Vador et Han Solo. Quand j'ai _____ ce film en salle pour la première fois j'ai été complètement transporté dans un autre _____.

1. Why does Bernard enjoy going to the cinema so much?
2. What is located next to his home?
3. Mention **two** points he makes about his favourite film, *Star Wars*.

Nathalie

Comme Bernard je _____ beaucoup au cinéma. C'est pratique car nous allons beaucoup au cinéma _____ Il adore les films de science-fiction mais personnellement je préfère les films romantiques. Quand je n'ai pas le temps d'aller au cinéma je _____ chez moi et je _____ des DVD. Mes parents m'ont offert un _____ DVD pour mon anniversaire l'année dernière. J'adore le format DVD car il me permet de regarder des films en haute définition.
L'image _____ l'écran est très claire. Un autre avantage des DVD est que je peux _____ des vieux classiques que j'ai toujours voulu voir. Grâce à ce format je peux découvrir des centaines de bons vieux films et des films cultes. Le _____ dernier j'ai _____ *Citizen Kane* et *Monty Python : Sacré Graal*. En général j'achète mes DVD en ligne parce qu'ils me coûtent _____ chers qu'en magasins.

1. When and where does Nathalie watch DVDs?
2. Name **two** advantages of the DVD film format.
3. Why does she buy her DVDs on the Internet?

Sophie

Sans aucun doute, mon passe-temps préféré est la lecture. J'adore passer des _____ entières à lire. Rien ne vaut _____ un bon roman. Je lis un peu de tout : des romans historiques, des romans d'espionnage, des autobiographies, et des romans _____. Ma mère m'a dit que j'ai commencé à lire très tôt. En entrant à l'école maternelle je savais _____ lire ! Petite fille j'étais complètement obsédée par les bandes dessinées. Ma BD préférée _____ Astérix et Obélix. L'histoire parle d'Astérix, un courageux guerrier qui se sert d'une potion _____ pour défendre son petit village gaulois _____ l'armée romaine de Jules César. J'avais au moins une vingtaine de titres et je les ai tous lus plusieurs _____.
Mon personnage préféré était Idéfix, le petit _____ blanc d'Obélix. Il était vraiment drôle et _____. Actuellement je préfère des romans noirs mais de temps en temps je relis mes bandes dessinées d'enfance.

1. Name **two** types of book Sophie enjoys reading.
2. How do we know that she was an early reader?
3. Who is her favourite comic book character and why?

Patrick

Tout comme mon _____ Sophie, je suis un vrai rat de bibliothèque. J'ai toujours le _____ plongé dans un livre. Je me suis inscrit à là bibliothèque municipale à l'âge de douze ans. À _____ de ce moment-là j'ai découvert le fabuleux monde du _____ français. J'emprunte environ deux livres par semaine. Mon roman préféré est Les Trois Mousquetaires d'Alexandre Dumas. Ce roman de cape et d'épée raconte _____ d'un jeune homme pauvre qui s'appelle D'Artagnan. Il monte à Paris pour faire carrière dans les mousquetaires du _____ de France Louis XIII. Avec ses amis Athos, Porthos et Aramis, il essaie de protéger le Roi contre le vilain Cardinal de Richelieu. J'adore ce roman historique car il est plein d'action et de combats magnifiques. _____ tout le monde sait que je suis passionné par la _____ on m'offre souvent des livres comme _____ d'anniversaire ou de Noël. Maintenant je commence à avoir une _____ collection de livres.

1. How did Patrick discover the world of French novels?
2. Mention **two** details he gives about the novel The Three Musketeers.
3. How has he built up an impressive collection of books?

✍ Écrivez

D) La production écrite

i) Est-ce que vous avez un passe-temps préféré ? Expliquez pourquoi vous aimez ce passe-temps. Vous le pratiquez depuis combien de temps ?

ii) Écrivez un court paragraphe, d'environ 75 mots, sur le cinéma ou la lecture. Expliquez pourquoi vous aimez lire/aller au cinéma. Quel est le dernier livre que vous avez lu/le dernier film que vous avez vu ? Quel genre de livres/films vous intéresse le plus ?

⊙ Écoutez 6.2

E) In France, comic books are popular with all age groups. Listen to the results of a French survey on the average age of comic book readers and answer the following questions.

© Content Mine International/Alamy

© Titeuf by ZEP, Glénat Editions

© Hergé/Moulinsart 2008

1. When was the survey published?
2. What was the main finding of the survey?
3. How are comic books seen in France and Belgium?
4. How many French adults regularly read comic books?
5. How does the attitude to comics differ in English-speaking countries?

6.2 Se Détendre le Week-end

ⒶⒷⒸ Vocabulaire

A) Qu'est ce-que vous faites pour vous amuser le week-end ?

Je sors avec mes amis en boîte.

Je fais du baby-sitting pour mes voisins.

Je fais des randonnées en montagne.

Je joue à la console.

Je fais la grasse matinée.

Écoutez ··· 6.3

B) Listen to the five teenagers talk about their pastimes and answer the following questions:

Théo

1. Why can Théo spend a lot of time reading at the weekend?

2. What does he do every Saturday morning?

3. Mention **two** types of book he enjoys.

4. What is his favourite genre?

5. Why does he like the Harry Potter series? (Give **two** points.)

Virginie

1. Why does Virginie particularly enjoy weekends?

2. Name **two** daily stresses she comes up against during the week.

3. How many DVDs does she own?

4. What does she organise every Friday night? (Give **two** details.)

5. Why does she prefer DVDs to the cinema?

Noah

1. Why doesn't Noah get to watch TV during the week?

2. For how long does he watch TV on Saturday and Sunday nights?

3. What type of programmes does he like to watch?

4. When are American programmes like *The OC* shown?

5. Name **two** things he enjoys about American programmes.

Manu

1. How does Manu describe himself?

2. Why does he dislike team sports?

3. What is his parents' attitude to sport?

4. What is his favourite weekend hobby?

5. Why does he get up early on Sunday mornings?

Anna

1. What does Anna do on Saturday afternoons?

2. Where can she be found most weekends?

3. What **two** items does she particularly like?

4. What does she try to copy?

5. What style advice has her mother given her?

Parlez

C) À vous maintenant, qu'est-ce que vous faites pour vous amuser le week-end ? À deux décrivez ce que vous aimez faire pendant votre temps libre. Parlez de vos passe-temps et loisirs :

1. Quels sont les passe-temps que vous faites le week-end pour vous amuser ?

2. Qu'est-ce que vous aimez faire le week-end ?

3. Qu'est-ce que vous faites le week-end pour vous détendre ?

4. Qu'est-ce que vous faites le vendredi soir/ samedi matin ?

5. D'habitude, comment passez-vous le dimanche après-midi ?

✏️ Écrivez

D) La production écrite

i) Est-ce que vous profitez du week-end pour vous amuser ? Ecrivez un paragraphe qui explique comment vous aimez passer votre temps libre chaque week-end. Qu'est ce que vous avez comme distractions ?

ii) Écrivez un court paragraphe, d'environ 75 mots, sur ce que vous aimez faire pour vous amuser le samedi.

6.3 Le Sport

🔤 Vocabulaire

A) Quels sports pratiquez-vous ?

Avec l'aide de votre dictionnaire traduisez les mots suivants en anglais :

- l'aviron
- l'athlétisme
- le basket
- lle camogie
- le cyclisme
- l'escalade
- l'escrime
- l'équitation
- le football (le foot)
- le football gaélique

- le judo
- le handball
- le hurling
- le hockey
- le hockey sur glace
- la marche
- la natation
- la planche à voile
- la plongée
- le patinage

- le ping-pong
- la pétanque
- le rugby
- le ski
- le ski nautique
- le surf
- le tennis
- la voile
- le volley
- le yoga

- pratiquer un sport
- s'entraîner
- l'équipe
- le vainqueur/le champion
- gagner
- perdre
- faire un match nul

- jouer à* + un sport d'équipe
- j'aime jouer au rugby
- j'aime jouer à la pétanque
- j'aime jouer aux échecs

- faire de* + un sport individuel
- j'aime faire du judo
- j'aime faire de la gymnastique
- j'aime faire des randonnées

* *See the grammar section on page 201 for more information on prepositions with the definite article.*

Les phrases utiles

Utilisez le vocabulaire suivant pour parler de vos sports préférés.

- Les sports d'équipe
  Je préfère les sports d'équipe car j'aime l'esprit d'équipe.
  Je suis membre d'une équipe de rugby à l'école.
  Je suis capitaine de l'équipe de rugby.
  Je joue dans à l'arrière/à l'avant/en milieu de terrain.
  Je m'entraîne trois fois par semaine.
  L'entraîneur de notre équipe de rugby est aussi notre prof de gaélique.

- Les sports individuels
  Je préfère les sports individuels car ils sont très reposants.
  Chaque hiver je pars à la montagne faire du ski.
  En été je pars à la plage faire du surf.
  J'aime bien faire de la marche dans la campagne.
  Pour rester en forme je fais une demi-heure de jogging chaque matin.
  Le yoga est un bon moyen de se détendre.

Écrivez

i) Classez les sports selon leur groupe :

Les sports d'équipes
Les sports individuels
Les sports d'hiver
Les sports nautiques

ii) Match the following sporting equipment to the correct sport:

Les équipements	Les sports
1. un bateau	a. l'équitation
2. une épée	b. le cyclisme
3. une raquette	c. la voile
4. un cheval	d. l'escrime
5. un vélo	e. le tennis

📖 Lisez

B) Le sport et les jeunes

Regarder ou faire du sport est un excellent moyen pour les jeunes de s'amuser et de se reposer. Aujourd'hui, le sport fait partie de notre quotidien. Il est impossible d'allumer un poste de télévision sans tomber sur une émission sportive.

Lisez les commentaires de quatre jeunes sur le sport et répondez aux questions suivantes :

Youssef

Le sport est très important pour moi, il fait vraiment partie de ma vie. Je joue au football depuis l'âge de cinq ans. Au début, je jouais dans mon jardin avec mon père. Quand j'avais sept ans il a remarqué que j'étais vraiment doué pour le foot. Il m'a inscrit dans le club de foot du quartier. Le foot est la chose la plus importante dans ma vie. L'entraînement fait partie de ma vie quotidienne. Je suis tous les conseils de mes entraîneurs. Ils m'ont appris l'importance de rester en forme. Donc je mange équilibré et je me couche de bonne heure. Maintenant, j'ai 16 ans et l'année prochaine je jouerai comme apprenti pour un club professionnel dans le nord de la France. Ce sera difficile de quitter ma famille et mon quartier mais il le faut. Mon rêve est de devenir footballeur professionnel. J'aimerais un jour porter le maillot bleu pour mon équipe nationale. Je joue en milieu de terrain comme mon héros Zinedine Zidane.

Nadia

Il faut avouer que je ne suis pas une grande sportive. Je suis de nature paresseuse et je n'aime pas du tout jouer aux sports. Je sais quand même qu'il est très important de pratiquer au moins un sport pour rester en forme. J'essaie de faire une demi-heure de jogging deux fois par semaine avant d'aller à l'école. Si je n'arrive pas à me lever tôt pour le faire (ce qui m'arrive de temps en temps) je le fais après les cours. C'est vraiment difficile pour moi mais c'est nécessaire. Cependant, j'ai toujours adoré regarder le sport à la télévision. Depuis toute petite, je suis une grande fana de tennis. J'adore regarder les tournois du grand Chelem comme Roland Garros ou Wimbledon. Je peux passer des heures devant la télé à regarder un bon match. Aujourd'hui, les joueurs du tennis sont des athlètes exceptionnels. Dans le monde de tennis actuel il faut être très rapide et puissant sur la cour. Même les femmes passent beaucoup de temps à faire de la musculation pour être à la hauteur. Elles savent qu'il faut vraiment être au top pour gagner !

Treasa

Je n'aime pas du tout le sport. Je trouve ça ennuyant et sans intérêt. Depuis un très jeune âge j'ai toujours détesté faire du sport. Même à l'école je n'aime pas du tout les cours d'EPS. Malheureusement, je vis dans une maison peuplée de fanas de sport. Tout le monde chez moi adore le sport et c'est un vrai cauchemar pour moi. Ce sont de vrais sportifs. Tout d'abord ma mère est prof de gym donc elle fait du sport tous les jours au travail ! Elle donne des cours de yoga, de step et d'aérobic. Mon père et mon petit frère jouent au golf trois fois par semaine. Mon frère et mes parents sont aussi des grands supporters de Manchester United. Ils sont tout le temps en train de regarder les matchs de foot à la télé. Quelle horreur ! Je ne supporte pas l'idée de rester quatre-vingt dix minutes devant la télé à regarder des hommes qui courent après un petit ballon. C'est ridicule. A mon avis, il y a beaucoup de choses plus importantes à faire dans la vie !

Ronan

Depuis toujours je m'intéresse beaucoup au sport. Mon sport préféré est le rugby. Je fais partie de l'équipe Senior A de mon lycée. Nous jouons dans le championnat de Leinster. Le rugby est devenu un jeu très physique et exigeant. Il faut vraiment être en bonne condition physique si on veut être rugbyman. Nous nous entraînons quatre fois par semaine. Chaque séance dure environ une heure et demie. Notre entraîneur est un ancien joueur de rugby et il nous aide à perfectionner notre jeu. Nous avons beaucoup de respect pour lui. Dans mon équipe je joue à l'arrière. Mon maillot porte le numéro 10 et je suis l'ouvreur du jeu. Chaque fois que nous marquons un essai je dois essayer de le convertir en mettant le ballon entre les deux poteaux. Je sais que j'ai une position importante dans l'équipe et je fais de mon mieux être le meilleur joueur possible. Je consacre tout mon temps libre au rugby mais à mon avis ça le vaut bien ! J'espère que cette année nous serons champions de Leinster.

i) Vrai ou faux ? Lisez les phrases suivantes et dites si elles sont vraies ou fausses. Cochez la bonne case.

	Vrai	Faux
Nadia pense que les joueuses de tennis sont trop musclées.		
Ronan ne s'entend pas bien avec son entraîneur.		
Treasa partage les mêmes goûts sportifs que sa famille.		
Nadia ne se lève jamais tôt pour faire du jogging le matin.		
Ronan croit qu'il passe trop de temps à jouer au rugby.		

ii) Qui est qui ? Trouvez la personne qui correspond le mieux aux affirmations suivantes :

	Prénom
Est entourée par une famille sportive.	
S'entraîne tous les jours.	
Joue pour son l'équipe de son école.	
Aimerait remporter un titre.	
A tendance à être fainéante.	

Parlez

C) À deux, répondez à l'oral aux questions suivantes :

1. Est-ce vous faites du sport ?

2. Quel est votre sport préféré ? Pourquoi ?

3. Expliquez-moi pourquoi vous faites du sport ?

4. Est-ce que vous pratiquez un sport régulierèment ?

5. Aimez-vous regarder le sport à la télévision ?

Écrivez

D) La production écrite

i) Êtes-vous sportif/sportive ? Ecrivez un paragraphe sur vos activités sportives ? Parlez de vos intérêts généraux et les sports que vous pratiquez à l'école.

ii) Écrivez un court paragraphe d'environ 75 mots sur votre sport préféré. Est-ce que vous faites partie d'une équipe ? Est-ce que vous vous entraînez régulièrement ?

6.4 Les Sportifs de Haut Niveau
📖 Lisez

A) Lisez les commentaires sur le sport et répondez aux questions suivantes :

Thierry Henry

Le footballeur, Thierry Henry (surnommé *Titi*) est né le 17 aout 1977 aux Ulis, dans la banlieue de Paris. Il est d'origine antillaise. Le jeune Titi jouait pour le club de sa ville natale avant de rejoindre le centre de formation de l'AS Monaco. En 1994, à l'âge de 17 ans il joue pour ce club son premier match en première division du championnat français contre Nice. Trois ans plus tard il est sélectionné pour la première fois en équipe de France. Avec son équipe nationale il remporte la Coupe de monde de football de 1998 et le Championnat d'Europe des nations de 2000. Désormais il est devenu un grand héros sportif pour des milliers de français. Pendant sa carrière il a signé avec trois des plus grands clubs européens ; Juventus en Italie, Arsenal en Angleterre et Barcelona en Espagne, où il joue en ce moment.

1. Le jeune Thierry a joué son premier match professionnel avec quelle équipe ?
2. Quels sont les deux tournois que Thierry a gagnés avec son équipe nationale ?
3. Quel est le nom de son club européen actuel ?

Amélie Mauresmo

La joueuse de tennis, Amélie Simone Mauresmo est née le 5 juillet 1979 à Saint-Germain-en-Laye, en France. Amélie joue au tennis depuis l'âge de 4 ans. Son premier grand match fut à l'âge de 19 ans dans la finale de l'Open d'Australie (qu'elle a perdu). En 2000 elle est entrée dans le top 10 mondial du WTA Tour. Au mois de septembre 2004, elle est devenue la première joueuse française à atteindre la première place de ce classement. La même année elle est aussi médaillée d'argent lors des Jeux Olympiques de 2004 à Athènes. Elle a remporté son premier tournoi du grand Chelem en janvier 2006 contre Justine Henin-Hardenne en finale de l'Open d'Australie. Le plus grand moment de sa carrière sportive fut sa victoire à Wimbledon le 8 juillet 2006.

1. Où est-ce qu'Amélie a perdu sa première finale d'un tournoi du grand Chelem ?
2. Expliquez pourquoi l'année 2004 a été une très bonne année pour Amélie ?
3. Quelle a été la victoire la plus importante de sa vie ?

Fernando Alonso

Le pilote de Formule 1, Fernando Alonso Díaz est né le 29 juillet 1981 à Oviedo en Espagne. Le jeune Fernando a fait ses premiers pas comme pilote dans le monde du karting. Il a commencé sa carrière en Formule 1 avec Minardi en 2001 au Grand Prix d'Australie. Ensuite il est embauché comme pilote dans l'écurie Renault. Il est devenu la révélation de la saison 2003. Deux ans plus tard, il a décroché son premier titre mondial au Brésil. A 24 ans il est devenu le plus jeune champion du monde de l'histoire de la Formule 1. Toujours chez Renault en 2006, Alonso a gagné son deuxième titre mondial. Désormais, il détient le record du plus jeune double champion du monde.

1. Dans quel sport automobile a Fernando Alonso fait ses débuts ?

2. Alonso a gagné ses titres mondiaux avec quelle écurie de Formule 1 ?

3. Quel est le record qu'il détient à l'heure actuelle ?

Écoutez 6.4

B) Les informations sportives – les résultats

Écoutez les résultats de trois événements sportifs et répondez aux questions suivantes :

Football : La Ligue 1

1. Which **two** teams played the opening match of the twentieth day of the French League?

2. What was the result of the Olympique de Marseille versus Paris Saint-Germain game?

3. Which injury did the Marseille keeper sustain during the match?

4. Who is currently on top of the French League?

5. How many points does Bordeaux, the third place team, have?

Cyclisme : Le Tour de France

1. What nationality and age was the winner of the Tour de France?

2. Where did the race finish on Sunday?

3. In which city did the race start?

4. What will the 2007 Tour de France be remembered for?

5. Why were certain cyclists and teams expelled from the race?

Rugby : Le Tournoi des Six Nations

1. What was the score in the Ireland versus England rugby match?

2. Explain why this was a historic game.

3. What was particularly moving about the singing of the Irish national anthem?

4. Who scored the final Irish try?

5. How did one Irish fan describe the match?

6.5 La Musique

Vocabulaire

A) Est-ce que vous vous intéressez à la musique ? Utilisez le vocabulaire suivant pour parler de vos goûts musicaux :

• Quel genre de musique préférez-vous ?
Je préfère :

le blues	la pop
le hip-hop	le rap
le jazz	le RnB
la musique classique	le rock
la musique traditionnelle	la techno

Exemple : *J'adore la musique classique. C'est très relaxant.*
La techno est ma passion dans la vie. J'adore sortir en boîte.

• Est-ce que vous jouez d'un instrument de musique ?
Oui, je joue :

du piano
du violon
de la guitare
de la batterie (drums)
de la clarinette
de la flûte

Exemple : *Je prends des cours de piano depuis l'âge de cinq ans.*
Je joue de la clarinette depuis trois ans.
Je joue de la guitare dans un groupe de rock.
Tout le monde dit que je suis un bon guitariste.

• Est-ce que vous avez déjà assisté a un concert ?
Oui j'ai assisté :

au concert de Manu Chao à Paris.
au concert du groupe U2 à Croke Park l'été dernier.
à un concert de musique traditionnelle à Dingle.

L'été dernier je suis allé(e) à Glastonbury avec ma meilleure copine, où nous avons assisté à plusieurs concerts.

Lisez

B) Petit guide de la musique française

Les jeunes français adorent la musique. Ils apprécient tous les styles divers de la musique francophone. Lisez ce petit guide de la musique française et répondez aux questions suivantes :

Musique : La chanson française
Période : Les années 1950, 1960 et 1970
Style : C'est un vieux style de musique populaire. Les paroles des chansons sont souvent écrites comme un poème.
Vedettes : Jacques Brel, George Brassens et Edith Piaf

Musique : Le disco
Période : Les années 1970
Style : La musique disco est le résultat d'un mélange de funk soul et pop. Cette musique était très populaire dans les boîtes de nuits françaises.
Vedettes : Claude François et Dalida

Musique : Le rock français
Période : Début des années 1980
Style : C'est une forme de rock produite en France et dans les pays francophones européens. Cette musique reste très populaire parmi les jeunes français aujourd'hui.
Vedettes : Téléphone, Noir Désir, Louise Attaque et Luka

Musique : Le hip-hop
Période : Début des années 1990
Style : La musique hip-hop est basée sur deux aspects : le beatmaking et le chant rap. Le beatmaking se fait par informatique à l'aide de programmes spécialisés.
Vedettes : Diam's, Saïan Super Crew, Stomy Bugsy

Musique : Le rap
Période : Fin des années 1980
Style : La version française du rap a sa propre personnalité qui le distingue du rap américain. Les textes parlent de thèmes divers comme la politique, la pauvreté, l'injustice sociale et le racisme qui existent en France.
Vedettes : NTM, IAM, Mc Solaar, Psy4 de la Rime

Musique : La techno
Période : Fin des années 1990
Style : La techno est un mélange de percussions, de sons synthétiques et d'effets réalisés en studio sur une rythmique régulière. Le DJ prend une place très importante dans la musique techno. Les grands DJ français vendent des milliers de disques dans le monde entier chaque année.
Vedettes : David Guetta, Bob Sinclar, Laurent Garnier

Musique : La pop (version téléréalité)
Période : Début des années 2000
Style : La musique pop interprétée par de jeunes chanteurs, issus de la téléréalité. Les gagnants de l'émission *Star Academy* sont devenus les idoles des jeunes.
Vedettes : Jenifer, Nolwenn Leroy, Grégory Lemarchal et Chimène Badi

---

Lisez le guide et terminez les phrases suivantes :

1. Jacques Brel est un chanteur de _____.

2. Le _____ Laurent Garnier joue de la techno dans les boîtes.

3. La musique disco a débuté _____.

4. Le rap français parle souvent de _____.

5. Les groupes de rock français viennent des _____.

6. Le _____ est fait avec l'aide d'un ordinateur.

7. Les nouveaux chanteurs de musique pop sont tirés du monde de _____.

8. La _____ est souvent produite dans un studio.

9. Les textes de la chanson française ressemblent _____.

10. Le rap français est _____ au rap américain.

Écoutez 6.5

C) L'entretien avec Jean-Baptiste Maunier, Les Choristes

The French film *Les Choristes* tells the story of an unemployed composer who brings music and joy into the lives of schoolboys in a strict boarding school in France during the 1950s.

Listen to the young actor and singer Jean-Baptiste Maunier discuss what it was like to play the lead role of Pierre Morhange in the film. Answer the following questions:

1. Why was Jean-Baptiste so nervous before filming began?

2. How did he get on with the other actors?

3. What did he learn from the famous actor Gérard Jugnot?

4. How old was he when he auditioned for a role in the film?

5. When did Jean-Baptiste find out he had been chosen for the role of Morhange?

6. Name two reasons for the success of the film, according to Jean-Baptiste.

7. In what main category did the film win an Oscar?

8. Who sang the film's title song, *Vois sur ton chemin*, during the 2005 Oscar ceremony?

9. Does music still play an important part in Jean-Baptiste's life?

6.6 Dix Questions à l'Oral

Parlez Écoutez - 6.6

A) Thème : Mes passe-temps préférés

Utilisez le vocabulaire pages 182, 188 et 194 pour répondre aux questions suivantes. Notez vos réponses dans votre carnet d'oral.

Les questions

1. Quel est votre passe-temps préféré ?
2. Qu'est-ce que vous faites quand vous avez du temps libre ?
3. Parlez moi du dernier livre que vous avez lu.
4. Est-ce que vous faites du sport ?
5. Quel est votre sport préféré ?
6. Est-ce que vous aimez regarder le sport à la télé ?
7. Est-ce que vous vous intéressez à la musique ?
8. Quel genre de musique aimez-vous ?
9. Est-ce que vous jouez d'un instrument de musique ?
10. Qu'est-ce que vous faites le week-end pour vous amuser ?

Écoutez 6.7

B) Pour vous aider

Q : Quel est votre passe-temps préféré ?
Heureusement, je suis quelqu'un de très actif et j'ai beaucoup de passe-temps. C'est difficile à dire mais je pense que mon passe-temps préféré est le cinéma. Je suis un vrai cinéphile et je vais au cinéma au moins deux fois par mois. Je m'intéresse beaucoup aux films d'action.

Q : Parlez-moi du dernier livre que vous avez lu.
Le dernier livre que j'ai lu s'appelle *Cujo*. C'est une nouvelle de Stephen King, une histoire d'horreur, bien sûr. Il s'agit d'un petit garçon et de son chien. L'action se déroule dans un petit village du Maine, aux États-Unis. J'ai trouvé ce livre fascinant mais j'ai vraiment eu peur par moment.

Q : Est-ce que vous faites du sport ?
Je suis quelqu'un de très sportif et j'adore presque tous les sports. Le rugby est mon sport préféré. Je suis membre de l'équipe de rugby de l'école. Je m'entraîne trois fois par semaine. Mon entraîneur est aussi mon prof de gaélique. Il nous fait travailler très dur !

Q : Quel genre de musique aimez-vous ?
J'adore presque tous les genres de musique surtout la musique rock. Je passe des heures à écouter mes CD ou a télécharger de la musique sur mon ordinateur. Mon groupe préféré est U2. Leurs chansons sont vraiment excellentes. Je suis déjà allé les voir deux fois en concert.

Q : Qu'est ce que vous faites le week-end pour vous amuser ?
En général j'aime sortir au centre-ville le vendredi soir avec mes amis. On adore aller en boîte car on aime bien danser. On a de la chance car Dublin est une ville très jeune et il y a d'excellents endroits pour sortir. Sinon on regarde les matchs de rugby ensemble le samedi après-midi. On est tous fanas de sport.

6.7 La Production Écrite – La Lettre Formelle II

In the Leaving Certificate exam, one of the written questions takes the form of a formal letter. You may be asked to write a letter of reservation to a hotel or a campsite.

This question is always written in formal French. As you do not know the person you are writing to, always use the *vous* form when addressing the recipient. Answers should be at least 75 words long. It is advisable to include expressions and idioms that you have learned specifically for each of the three types of formal letter. Marks are awarded for layout, so you must carefully learn the formal letter layout.

A) Layout

Utilisez toujours la même mise en page :

- Il faut vos nom et adresse à gauche.
- Sautez une ligne et écrivez la date (plus ville) ex Paris, le 3 mars 2006.
- Sautez une ligne et écrivez le nom et l'adresse de la société à droite.
- Sautez une ligne et commencez avec Monsieur, Madame (Monsieur le Directeur, etc.).
- Il faut toujours terminer avec une formule de politesse.

Write a formal letter of reservation to Monsieur Le Gérant, Hôtel Sofitel, 20, quai Gailleton, 69002 LYON, France. In your letter:

- Say that you will spend two weeks in France this summer with friends.
- Say that you would like to book two double rooms with showers for five nights.
- Ask if there is a swimming pool in the hotel.

Your name is Patrick/Patricia Murphy and your address is 26 The Mews, Midleton, Co. Cork, Ireland.

Patrick Murphy
26 The Mews,
Midleton,
Co. Cork,
Irlande

Cork, le 9 mai 2009

Monsieur Le Gérant,
Hôtel Sofitel,
20, quai Gailleton
69002 LYON,
France

Monsieur,

Je vous écris de la part de mes parents. Nous avons l'intention de passer deux semaines en France au mois de juin. Nous avons trouvé votre hôtel sur Internet. Je voudrais réserver une chambre double avec douche pour mes parents. Une chambre simple pour moi-même avec salle de bains. Nous espérons arriver chez vous le 2 juillet et rester jusqu'au 7 juin.

Pourriez-vous m'envoyer une liste de choses à faire et à voir dans la ville de Lyon ? Est-ce qu'il y a une piscine dans votre hôtel ? Le petit déjeuner est-il compris ?

Je vous serais très reconnaissant de bien vouloir me confirmer cette réservation.

En attendant votre réponse, veuillez agréer, Monsieur, l'expression de mes sentiments distingués.

Patrick Murphy

Écrivez

B) À vous maintenant !

i) Write a formal letter of reservation to Madame Moreau, Hôtel du Nord, 44 Rue Mouettes, 74010 Annecy, France. In your letter:

- Say that you are spending Christmas in France with your family and would like to book two double rooms from the 20th to the 28th of December.
- Say that you would like to stay full board and ask for a confirmation of the booking.
- Ask if there is a Christmas market in the town.

Your name is Kevin/Kathleen Tipper and your address is 3 Castle Street, Fairview, Dublin 3.

ii) Write a formal letter of reservation to Madame Rousseau, Camping Les Chouans, 12 esplanade de la Mer, 85162 Saint-Jean-De-Monts, France. In your letter:

- Say that you and five friends intend to spend a month in France in August.
- Say that you would like to book a caravan for the month and ask for a confirmation of the price.
- Inquire about the sporting facilities in the campsite and ask for a list of local tourist attractions.

Your name is Ian/Imelda Lowe and your address is 5 Main Street, Gorey, Co. Wexford.

iii) Write a formal letter of reservation to Monsieur Le Gérant, Hôtel de la Paix, 12 Rue du Temple, 33000 Bordeaux, France. In your letter:

- Say that your family intends to spend a fortnight in France in June.
- Say that you would like to book a single room and a double room with bathrooms for five nights.
- Ask if breakfast is included in the price.

Your name is Seán/Seána Duffy and your address is 7 Bayview, Newport, Co. Mayo.

6.8 La Grammaire – Les Prépositions
📖 Apprenez

A) Use

A preposition is a word that tells you about the position of something or someone.

The following list of common prepositions should be learned carefully.

à	to/in/at	entre	between
après	after	environ	about (roughly)
avant	before	malgré	despite
avec	with	par	by
chez	at the house of	parmi	among
contre	against	pendant	during
dans	in	pour	for
de	of/from	sans	without
depuis	since	sauf	except
derrière	behind	sous	under
devant	in front of	sur	on
en	in	vers	towards

B) Prepositions with the definite article

When combined with the definite article, the prepositions **à** and **de** change depending on the number and the gender of the noun.

À + the definite article

à + *le* = **au** is used before a masculine singular noun.

Exemple : Je vais au parc.   I go to the park.

à + *la* = **à la** is used before a feminine singular noun.

Exemple : Je vais à la banque.   I go to the bank.

à + *les* = **aux** is used before all plural nouns.

Exemple : Je vais aux magasins.   I go to the shops.

à + *l'* = **à l'** is used before a singular noun beginning with a vowel or a silent –*h*.

Exemple : Je vais à l'église.   I go to the church.

De + the definite article

de + *le* = **du** is used before a masculine singular noun.

Exemple : Le livre du garçon   the boy's book

de + *la* = **de la** is used before a feminine singular noun.

Exemple : Elle vient de la France.   She comes from France.

de + *les* = **des** is used before all plural nouns.

Exemple : La mère des filles   the girls' mother

de + *l'* = **de l'** is used before a singular noun beginning with a vowel or a silent -*h*.

Exemple : Je bois de l'église.   I drink some water..

6.9 La Compréhension Écrite
 Lisez

A) Lisez l'article suivant et répondez aux questions en anglais :

Jenifer :

Cet été, je retourne en Corse !

I. Cet été, Jeni, Max et le petit Aaron passent leurs premières vacances en famille sous le soleil corse. Un repos bien nécessaire avant une rentrée chargée et la préparation de sa prochaine tournée. Toujours aussi délicieuse, Jeni nous a fait tout plein de confidences sur l'été, entre monoï et sable fin.

Au soleil !
Pour toi l'été, ça te rappelle ton triomphe avec « Au Soleil » ?
Peu de vacances cette année-là et beaucoup de travail ! J'attendais impatiemment que l'appartement que j'avais loué soit terminé. La vie à l'hôtel, c'était sympa un temps, mais j'avais hâte de me poser !

Vacances corses
Quelles vacances t'ont laissé le souvenir le plus magique ?
Pour moi, les vacances riment avec la Corse. J'y ai vécu des vacances inoubliables, année après année avec mes potes au village. Nous nous sommes vus grandir et c'est bon de pouvoir les revoir. Avec eux, j'ai des souvenirs de feux de camps, de chants de guitare sur la plage. Le rêve ...

Coups de soleil !
As-tu déjà pris des coups de soleil impressionnants ?
J'ai horreur de ça. Je fais tout pour les éviter. Je me protége un maximum en hydratant ma peau régulièrement.

II. **Dans son élément**
Entres-tu facilement dans l'eau froide ?
Euh, pour moi, un juste milieu est indispensable. J'aime que l'eau de mer ne soit ni de la soupe, ni gelée ! De toute façon, dans l'eau, je suis dans mon élément.

Peur en avion ?
As-tu déjà eu peur en avion ?
Je me souviens d'un atterrissage à New York, il y a quelques mois ... Je me demande encore si le pilote n'a pas eu un malaise ... En tout cas, moi, j'ai eu une peur bleue. Sans en faire une phobie, je ne passerasi pas ma vie dans les avions, et quand j'ai le choix, je prends plus volontiers le train.

Mondial 98
Te souviens-tu d'événements sportifs particuliers liés à l'été ?
Comme pour beaucoup sans doute, la Coupe du monde 1998 a été un moment fort. L'équipe de France nous a fait vivre des moments inoubliables. Je me souviens des mouvements de foule et de la joie qui se répandait dans les rues ... Les gens étaient heureux, c'était cool.

En Afrique !

Quel endroit de la planète aimerais-tu montrer à Aaron ?

L'Afrique, sans doute, et le Gabon en particulier. J'y ai pas mal de souvenirs et une partie de ma famille a choisi d'y vivre.

III. Langues étrangères

Quand tu pars à l'étranger, tu t'en sors avec les langues ?

C'est en anglais que je me débrouille le mieux. Quant à l'espagnol … je le chante mieux que je ne le parle … Mais une fois sur place, ça revient vite.

Scooter des mers

En vacances, tu préfères le farniente ou le plan excursion ?

Pour moi, les deux sont indispensables. Lire sur la plage et prendre le soleil, c'est un régal, mais j'ai rapidement besoin de bouger. Une petite excursion en scooter des mers, c'est carrément génial.

Viva la paella !

Quel est ton meilleur souvenir de bouffe en vacances ?

J'ai des souvenirs inoubliables de grandes tables en famille autour d'une paella. Je raffole de la paella !

Cartes postales

Envoies-tu des cartes postales en vacances ?

J'aime en recevoir, alors je me force un peu à en écrire. Je crois que les choisir m'amuse plus que les écrire !

Retour aux sources

Tes projets de vacances pour toi et ta petite famille, cet été ?

Le retour aux sources : la Corse. De grandes vacances avant d'attaquer les répétitions de la tournée à la rentrée.

© Mon Journal Adomédias

1. What type of holiday is Jenifer going on for the first time this summer? (Section I)

2. Mention one reason why she enjoyed the holidays she spent in Corsica. (Section I)

3. How does she take care of her skin in the sun? (Section I)

4. What type of transport does she prefer to use? (Section II)

5. What does she remember about France winning the World Cup during the summer of 1998? (Section II)

6. To which part of the world would she like to bring her son Aaron? (Section II)

7. Name the two languages, other than French, that she speaks. (Section III)

8. Mention one activity she enjoys while on the beach. (Section III)

9. Explain why the dish paella brings back happy memories for her. (Section III)

 Lisez

B) Lisez l'article suivant et répondez aux questions en français :

Moi et mes lectures d'été

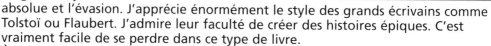

Quel sont les livres que vous emportez en vacances ? Gros romans, revues de mode ou bandes dessinées ? Trois femmes nous parlent de leurs livres d'été préférés.

I. **Marie, 42 ans, professeur**
   Qu'est-ce que vous aimez lire en été ?
   D'habitude je lis des romans historiques ou les classiques comme Ulysse de James Joyce. J'aime lire de gros livres en été car pendant l'année scolaire je n'ai pas assez de temps pour le faire. Quand on travaille à plein temps et s'occupe de six enfants c'est n'est pas facile de trouver du temps pour bouquiner.
   Que recherchez-vous dans un livre ?
   En général, je cherche la détente

absolue et l'évasion. J'apprécie énormément le style des grands écrivains comme Tolstoï ou Flaubert. J'admire leur faculté de créer des histoires épiques. C'est vraiment facile de se perdre dans ce type de livre.
   À quel moment de la journée lisez-vous ? Toujours le matin, j'adore lire sous la couette.
   Quel livre avez-vous choisi cet été ? Victor Hugo. *Les Misérables* et *Notre-Dame de Paris*. Si j'ai le temps, j'aimerais lire un ou deux titres d'Émile Zola aussi.

II. **Paula, 38 ans, institutrice**
   Qu'est-ce que vous aimez lire en été ? Chaque année, je pars en famille à Quiberon en Bretagne chez ma sœur. Mes enfants s'entendent bien avec leurs cousins et passent tout leur temps avec eux. Donc, je me retrouve avec un peu de temps pour moi. Alors, je me consacre à 100% à la lecture. En général, je lis des polars.
   Que recherchez-vous dans un livre ? De l'intrigue ou du mystère.
   À quel moment de la journée lisez-vous ? D'habitude je lis le soir, juste avant d'aller me coucher. J'aime lire sur la terrasse ou dans la cuisine avec une grande tasse de chocolat chaud.
   Quel livre avez-vous choisi cet été ? Je viens d'acheter le nouveau Patricia Cornwell qui s'appelle *Registre des morts*. C'est une histoire pleine de suspense et d'émotion. Comme d'habitude nous retrouvons dans ce roman le personnage de Kay Scarpetta, médecin légiste.

III. **Maria, 27 ans, chanteuse**
   Qu'est-ce que vous aimez lire en été ? Je lis un peu de tout, de la presse féminine, des livres de cuisine et des romans historiques. J'essaie de lire le livre qui a gagné le dernier prix Goncourt. Pendant les vacances je suis capable de passer des journées entières à lire. C'est vraiment du non-stop !
   Que recherchez-vous dans un livre ? De la diversion. Quand je bouquine j'aime oublier tous mes petits soucis !
   À quel moment de la journée lisez-vous ? J'adore passer tout mon après-midi à lire sur la plage ou dans le jardin.
   Quel livre avez-vous choisi cet été ? Comme je pars en Australie cet été je lirai *Véritable histoire du gang Kelly*, de Peter Carey. Ce livre parle de Ned Kelly un célèbre hors-la-loi qui est devenu une icône populaire en Australie. Sinon, je lirai *Alabama Song* de Gilles Leroy. Ce livre a obtenu le prix Goncourt de cette année.

1. Trouvez dans la première section l'expression qui montre que Marie est souvent trop occupée pour lire. (Section I)

2. Selon l'article Marie aime trouver dans un livre : (Section I)

   a) des personnages intéressants
   b) un moyen de se détendre
   c) une bonne histoire
   d) un moyen de s'amuser

3. i) Où est-ce que Paula part en vacances d'été ? (Section II)

   ii) Relevez l'expression qui explique pourquoi Paula a plus de temps pour lire en été. (Section II)

4. Quels sont les deux endroits où Paula aime lire ? (Section II)

5. Trouvez dans la deuxième section un adjectif singulier au masculin.

6. D'après la troisième section : Maria

   a) est déjà partie en Australie
   b) partira en Australie
   c) n'aime pas l'Australie
   d) est de retour de l'Australie

7. Trouvez une phrase qui indique que Marie lit beaucoup pendant les vacances.

8. According to the text, why is summer a good time to read? Answer this question in English, giving **two** points and referring to the text.

Lisez

C) Lisez l'article suivant et répondez aux questions :

Que les amateurs de football aillent jouer à leur jeu stupide

Alan Duff, écrivain néo-zélandais

I. **SERGE BLANCO** est un véritable dieu du rugby en Nouvelle-Zélande. L'année passée, j'ai eu le plaisir de dîner à Paris avec lui et d'autres anciens joueurs. Serge est un héros délicieux, drôle et modeste. « Serge, vous êtes le meilleur arrière de tous les temps », lui ai-je déclaré. Nous autres Kiwis, nous n'hésitons pas à nous traîner par terre en présence d'un grand joueur de rugby. Il se contenta de hausser les épaules en me remerciant.

Mon ami français Christian Robert, un éditeur résidant à Tahiti, m'invita un jour au lancement d'un ouvrage célébrant un siècle d'affrontement rugbystique entre la France et la Nouvelle-Zélande. J'y rencontrai de grands noms du ballon ovale tels que Philippe Sella, Jean-Pierre Rives ou Serge Blanco. L'ancien deuxième-ligne droit australien John Bales, autre membre éminent de ma *dream-team* imaginaire, fit une brève apparition, et sept autres anciens capitaines des All Blacks étaient présents. Tous étaient liés par le plus grand des sports, le rugby.

Il est agréable de voir ici à la télévision l'accueil qui est réservé aux All Blacks. Merci, la France, nous t'aimons aussi.

Le journaliste du *Monde* avec qui je suis en contact m'apprend qu'il y a un match de football entre la France et l'Italie. Football ? Ai-je correctement orthographié ce mot, vu qu'il y a des années qu'il n'est pas venu sous ma plume ? Football ?

II. Ici, le football est un non-événement. Ce sport n'est pas assez viril pour nous. Nous ne supportons pas le spectacle de ces joueurs qui se roulent sur la pelouse en piaillant comme de gros bébés. Nous détestons ces numéros hollywoodiens ou un type se tord de « douleur » après avoir roulé plusieurs fois au sol sous prétexte qu'il a été bousculé, ou soi-disant bousculé. La moitié des joueurs ont l'air de névrosés, et quelques-uns se comportent comme des mioches gâtés et surpayés.

Voir tous ces mâles se précipiter dans les bras les uns des autres en s'embrassant nous paraît tout à fait indigne. Hurler, gesticuler et discuter avec un arbitre est quelque chose qui ne se fait pas dans le rugby. Quant au match nul, à quoi cela rime-t-il ? Cela dit, je reconnais que c'est un jeu très exigeant et que les grands footballeurs sont tout aussi impressionnants que les meilleurs joueurs de rugby.

Pour les vrais hommes
Mais je n'écris pas cette chronique pour les amateurs de football. Qu'ils aillent jouer à leur jeu stupide. J'écris pour les amoureux du plus magnifique des sports. Pour les vrais hommes – et les vraies femmes, bien entendu. Bien entendu.

Samedi dernier, nous avons eu ici un superbe match provincial, avec pour enjeu le célèbre trophée Ranfurly, entre Canterbury et Waikato. Chaque équipe comprenait plusieurs All Blacks qui n'avaient pas le niveau pour participer à la Coupe du Monde. Canterbury a donné une prestation spectaculaire tandis que Waikato, ce soir-là, aurait pu battre sans problème l'Angleterre ou le Pays de Galles.

Ce match nous a montré que si ces garçons ne sont pas assez bons pour la Coupe, alors aucun pays ne sera assez bon pour battre nos puissants Blacks. Et si nous devions perdre, alors que ce soit contre la France. Bien que, comme je ne cesserai de vous le rappeler, la défaite ne soit pas une option pour nous.

(Traduit de l'anglais par Gilles Berton)
Le Monde

1. Trouvez **deux** expressions qui montrent que Serge Blanco est considéré comme un sportif de haut niveau en Nouvelle-Zélande. (Section I)
2. i) Relevez l'expression qui indique que l'auteur aura l'occasion de rencontrer quelques grands joueurs de rugby.
   ii) Quelle est l'attitude de l'auteur envers le rugby ? (Section I)
3. Trouvez **deux** détails qui montrent que le football n'est pas très bien apprécié en Nouvelle-Zélande. (Section II)

4. i) L'auteur de cet article pense que les meilleurs footballeurs sont : (Section II)

   a) pas très bien payés

   b) aussi bons que les joueurs de rugby

   c) toujours fâchés

   d) assez nerveux

   ii) Comment sait-on que l'équipe de rugby de la Nouvelle-Zélande n'aime pas perdre.

   (Section II)

5. Trouvez dans la deuxième section :

   a) un verbe qui veut dire « battre »

   b) un adverbe

6. In this article, the author clearly prefers the sport of rugby to that of football. Support this statement, giving **two** examples from the text.

6.10 La Compréhension Littéraire
📖 Lisez

Lisez l'extrait de roman puis répondez aux questions :

I. La télévision, mon père l'avait achetée justement en février ou mars 1958. Un poste de marque Grandin en bois verni, équipé d'un rotacteur permettant de caler l'image sur l'unique chaîne qui desservait alors parci monieusement le territoire. À l'école, ce nouvel équipement nous avait rendus, mon frère et moi, extrêmement populaires. Surtout le jeudi après-midi lorsque nous invitions nos camarades pour voir les derniers épisodes de Rusty, Rintintin et les aventures de Zorro. Mais c'est dans le courant de l'été que nous connûmes notre apogée lors de la fulgurante campagne de l'équipe de France de football à la Coupe du Monde qui se déroulait en Suède. L'après-midi, à l'heure de la retransmission des rencontres, le salon de l'appartement prenait des allures de tribune populaire. Entassés dans tous les coins, nous suivions les arrêts de Remetter, les dribbles de Kopa et de Piantoni, les débordements de Vincent ou les tirs de Fontaine.

II. Les détails du match Brésil–France (5–2), à Stockholm, en demi-finale, vivent encore aujourd'hui dans mon esprit avec une inquiétante précision. L'acidité des sodas gazeux au citron, la douce et écœurante saveur du cake aux cerises, le grain rustique de l'image en noir et blanc, parfois ses décrochages qui suspendaient les battements de nos cœurs, les persiennes que nous fermions pour nous préserver de la violence des contre-jours du soleil en fin d'après-midi, la touffeur de la pénombre qui ajoutait à la dramaturgie, la voix dominante de mon frère lançant des vagues d'encouragements, l'avalanche des buts et, peu à peu, les cris qui baissent d'intensité, le bonheur qui rétrécit puis le salon qui, comme à regret, se vide de ses occupants, pour ne garder, dans un coin, que mon frère et moi, figurants fourbus, déçus, anéantis. Quelques jours plus tard, en finale, le Brésil étrillerait la Suède (5–2), et la France battrait l'Allemagne pour la troisième place (6–3). Je n'ai conservé aucun souvenir du déroulement de ces deux dernières rencontres. Sans doute parce qu'à l'inverse de cet unique après-midi de grâce, où je soutins mon frère qui soutenait la France, il ne s'agissait plus par la suite que de football. Après tout ce temps, malgré l'immensité de l'oubli de nos vies, subsiste encore en moi, aujourd'hui, cet îlot préservé et intact, ce petit territoire d'innocence fraternelle, radieuse et partagée.

Jean-Paul Dubois, *Une Vie Française*
©*Éditions de l'Olivier, 2004, coll.* Points, *2005)*

1. i) Relevez dans le premier paragraphe l'expression qui montre que l'auteur et son frère se sont faits beaucoup de nouveaux amis grâce à la télévision. (Section I)

   ii) D'après l'auteur quel événement sportif à beaucoup contribué à la popularité de son frère et lui ?

2. Pendant les retransmissions des matchs le salon était : (Section I)

   a) vide

   b) calme

   c) silencieux

   d) plein à craquer

3. i) Trouvez la phrase qui indique que l'auteur se rappelle de tous les détails de la demi-finale entre la France et le Brésil.

   ii) Relevez **deux** adjectifs qui décrivent l'attitude des frères à la fin de la demi-finale. (Section II)

4. Trouvez dans la deuxième section :

   a) un verbe à l'infinitif

   b) un verbe au passé simple

5. i) Relevez l'expression qui indique que le Brésil a gagné la Coupe du Monde contre la Suède.

   ii) L'auteur se souvient toujours : (Section II)

   a) de la finale

   b) du temps passé avec son frère

   c) de la télévision

   d) du match pour la troisième place

6. During this extract, we learn that the arrival of a television set changed the lives of two young brothers. Support this statement, giving **two** examples from the text.

6.11 La Grammaire – Les Verbes Suivis de Prépositions

**Apprenez**

In French, many verbs are followed by the preposition *à* or *de*.

This can occur before and after an infinitive and before a noun.

After an infinitive	
penser à	*to think about*
qublier de	*to forget*

Exemple : Je pense *à* acheter une maison.　　I think about buying a house.
　　　　　J'ai oublié *de* fermer la porte.　　I forgot to lock the door.

Before a noun	
demander à	*to ask someone*
avoir besoin de	*to need*

Exemple : J'ai demandé *aux* filles.　　I asked the girls.
　　　　　J'ai besoin *de* mes lunettes.　　I need my glasses.

Verbs + à

The following list of verbs are usually followed by the preposition *à* before a noun:

À before a noun	
demander à	*to ask someone*
jouer à	*to play a sport*
rappeler à	*to remind someone*
répondre à	*to answer to*
penser à	*to think about*
s'intéresser à	*to be interested in*
se mettre à	*to begin to*
téléphoner à	*to telephone someone*

Exemple : Je joue *au* tennis.　　I play tennis.
　　　　　Je m'intéresse *au* rugby.　　I'm interested in rugby.

The following verbs always take the preposition *à* before an infinitive:

À before an infinitive	
aider à	*to help to*
apprendre à	*to learn to*
commencer à	*to begin to*
continuer à	*to continue to*
inviter à	*to invite someone to*
obliger à	*to oblige to*
penser à	*to think about*
réussir à	*to succeed in*
s'habituer à	*to get used to*

Exemple :   Louise a commencé à pleurer.   Louise began to cry.
            Il apprend à lire.   He is learning to read.

Verbs + de

The following list of verbs and expressions are usually followed by the preposition *de* before a noun:

De before a noun	
avoir besoin de	*to need to*
avoir envie de	*to want to*
avoir honte de	*to be ashamed of*
avoir peur de	*to be frightened of*
jouer de	*to play an instrument*
se souvenir de	*to remember*
s'occuper de	*to look after*
partir de	*to leave from*

Exemple :   Elle a peur des araignées.   She is frightened of spiders.
            Je joue du piano.   I play piano.

The following list of verbs always take the preposition *de* before an infinitive:

De before an infinitive	
arrêter de	*to stop*
décider de	*to decide to*
essayer de	*to try to*
éviter de	*to avoid*
oublier de	*to forget to*
refuser de	*to refuse to*
s'inquiéter de	*to worry about*
venir de	*to come from*

Exemple :   Elle essaie de chanter.   She is trying to sing.
            Mon frère a décidé de partir.   My brother decided to leave.

6.12 Faire le Bilan

 Écrivez

A) Exercices de vocabulaire

i) Traduisez les mots suivants en anglais :

a) le bricolage
b) le dessin
c) un jeu électronique
d) un fana de
e) un moulin à paroles

f) un cinéphile
g) en ligne
h) les infos
i) une émission
j) les feuilletons

k) un journal
l) une grasse matinée
m) une console
n) la marche
o) l'escalade

p) l'escrime
q) l'aviron
r) un maillot
s) assister à un concert
t) la batterie

ii) Traduisez les mots suivants en français :

a) reading
b) painting
c) photography
d) send an email
e) to keep a blog

f) reality TV
g) cartoons
h) horror film
i) novel
j) comic

k) swimming
l) windsurfing
m) ice-skating
n) sailing
o) chess

p) winner
q) semi-final
r) pop music
s) classical music
t) song

iii) Traduisez les verbes suivants en anglais :

a) se reposer
b) se détendre
c) se relaxer
d) se défouler
e) s'amuser

f) réussir à
g) télécharger
h) s'entraîner
i) gagner
j) perdre

iv) Mettez le, la, l', ou les devant les noms :

a) ___ football
b) ___ rugby
c) ___ échecs
d) ___ équitation
e) ___ natation

f) ___ match
g) ___ jazz
h) ___ techno
i) ___ concert
j) ___ groupe de rock

v) Mettez le dialogue en ordre et recopiez-le dans votre cahier :

Exemple : ans • l'âge • joue • de • je • depuis • au • football • six = Je joue au football depuis l'âge de six ans.

a) jouer • du • paresseuse • n'aime • suis • tout • pas • et • au • je • je • rugby =
b) nous • trois • d'habitude • nous • semaine • par • entraînons • fois =
c) passion • musique • ma • la • dans • plus • est • vie • grande =
d) doute • sans • préféré • la • passe-temps • lecture • est • mon =
e) DVD • regarder • films • mon • j'aime • les • sur • lecteur =

vi) Trouvez les questions possible :

Exemple : Réponse – J'aime sortir en boîte le vendredi soir avec mes copines.
Question – Qu'est ce que vous faites le week-end pour vous amuser ?

a) Ma plus grande passion dans la vie est la musique.
b) Je suis un vrai cinéphile et chaque week-end je vais au cinéma.
c) Non, je n'aime pas du tout la lecture. Je ne bouquine jamais.
d) Je préfère rester à la maison et regarder un DVD avec mes copains.
e) D'habitude je fais la grasse matinée.
f) Oui, je suis un grand sportif. Je joue au basket trois fois par semaine.
g) Je fais de la natation et je joue au rugby.
h) Je fais du sport pour rester en forme.
i) Oui, je prends des cours de piano depuis l'âge de six ans.
j) J'aime tous les genres de musique surtout le hip-hop et la techno.

B) Exercices de grammaire

Les prépositions

i) Traduisez les prépositions suivantes en français :

a) to/in/at	i) since	q) among
b) after	j) behind	r) during
c) before	k) in front of	s) for
d) with	l) in	t) without
e) at the house of	m) between	u) except
f) against	n) about (roughly)	v) under
g) in	o) despite	w) on
h) of/from	p) by	x) towards

ii) Complétez la phrase avec la préposition qui convient :

a) Les filles habitent _____ Irlande.
b) J'ai laissé mes clés _____ la table.
c) Il a vécu au Portugal _____ deux ans.
d) Paul est arrivé en classe _____ son cahier.
e) La pharmacie est à droite juste _____ le tabac.
f) Je reste _____ Paris en ce moment.
g) Il va au cinéma _____ ses amis.
h) Tu rentres _____ toi ce soir ?
i) Ne mets pas ta main _____ la boîte !
j) J'ai frappé ma tête _____ le mur.

iii) Remplissez les blancs avec les prépositions suivantes :
à • au • à la • a l' • aux • de • de l' • de la • de l' • des

a) Les médecins _____ hôpital sont gentils.
b) J'habite _____ Lisbonne.
c) Je joue _____ guitare.
d) Elle mange un pain _____ chocolat.
e) Elles vont _____ piscine.
f) Tu parles _____ enfants.
g) La femme va _____ église.
h) Elle fait _____ athlétisme.
i) La chambre _____ Paul est très propre.
j) La mère _____ enfants s'appelle Alice.

Les verbes suivis par des prépositions

i) Complétez la phrase avec la préposition qui convient :

a) Les filles commencent _____ être triste.
b) J'essaie _____ chanter la chanson.
c) Elle téléphonera _____ ses parents.
d) Tu te souviens _____ ton enfance à New York ?
e) Anna vient _____ de Nouvelle-Zélande.
f) Nous avons réussi _____ gagner le pari.
g) Il a peur _____ fantômes.
h) Le bébé se met _____ pleurer.
i) Nous avons oublié _____ fermer la porte.
j) Il faut arrêter _____ fumer !

ii) Traduisez les phrases suivantes en français :

a) He thinks about the children.
b) She is interested in music.
c) You decide to go home.
d) I ask my father.
e) We look after the kids.
f) They refuse to do their homework.
g) He is ashamed of his cat.
h) We forgot to read the newspaper.
i) The small girl continues to cry.
j) The baby is learning to walk.

C) Exercices écrits – La lettre formelle

Lettre de réservation

i) Write a formal letter to M. Bertrand, Camping Les Biches, 85270 St Hilaire-de-Riez, France. In the letter:

- Say that you would like to book a place at the campsite for a fortnight.
- Say that you would like to rent a tent for four people.
- Ask about facilities in the campsite and request a tourist brochure for the region.

You are Adam/Anna Thomas, 21 Meadow Park, Boyle, Co. Sligo.

ii) Write a formal letter to the Syndicat d'Initiative at 11, place de Gaulle, 06600 Antibes, France. In the letter:

- Say that you are going to spend a month in Juan-Les-Pins in August and that you would like some information on the town.
- Say that you would like to book a gîte near the town.
- Say that you intend to visit the local area and ask if it is possible to rent a bike.

Your name is Carl/Christine Curry, 3 Manor Grange, Malahide, Co. Dublin.

iii) Write a formal letter to Madame Lenoir, Camping Kervilor, 3 rue du Loup, 29660 Carantec, France. In the letter:

- Say that your family intends to spend a month in Brittany in August.
- Say that you would like to book a place with a mobile home for two weeks.
- Ask if there is a restaurant and grocery shop in the campsite.

You are Leo/Laura Halpin, St Judes, Cahir, Co. Tipperary.

iv) **Write a formal letter to Monsieur le Gérant, Hôtel Bellevue, 2 place Sainte-Eugénie, 64200 Biarritz, France. In the letter:**

- Say that your family intends to go to France for a fortnight this summer.
- Say that you would like to book one double room and two single rooms.
- Ask if there is a swimming pool and car park in the hotel.

You are Thomas/Tara Sharkey, 76 Woodlawn, Dungarvan, Co. Waterford.

v) **Write a formal letter to Monsieur le Gérant, Hôtel Alsace, 4, rue Francs Bourgeois 67000 Strasbourg, France. In the letter:**

- Say that you are going to France with some friends in early June.
- Say that you would like to book two double rooms with showers for one week.
- Ask about facilities in the local area and request this information as soon as possible.

You are Eamon/Eileen Swift, 77 Drumlynn Manor, Castleblayney, Co. Monaghan.

Lettre de réservation – Plus avancé

i) **You are organising a trip to France for your rugby team in October and want to book accommodation for the team in the Hôtel Maison Rouge in Brive. Write a fax or email to the hotel in which you:**

- Say that there will be 40 people in the group and you will be staying from the 6th to the 9th of October.
- Say you would like to book 20 double rooms with en suite bathrooms.
- Say that the group will stay full board and will eat dinner at 7 p.m. every evening.
- Inquire if the hotel could provide an area for the group to store their sports equipment.
- Ask the hotel to confirm the booking and to send you a map of the town.

ii) **You are helping to arrange a school trip to France and want to book accommodation for the group in the Hôtel Saint Georges in Bordeaux. Write a fax or email to the hotel in which you:**

- Say there will be 30 people in the group, 26 students and four teachers.
- Say you would like to book thirteen double rooms and four single rooms for the week of the 7th of June.
- Ask if it is possible to reserve a local restaurant for the Saturday night of your stay.
- Inquire about the leisure activities in the local area.
- Ask the hotel to send you confirmation of the booking by email.

Etudiez

La lettre de réservation

The formal letter appears as an option on both the Ordinary Level and Higher Level Leaving Certificate papers. The type of letter varies from year to year. In general, candidates are asked to write one of the following letters:

- *Une demande d'emploi* : a letter of application for a job.
- *Une lettre de réservation* : a reservation letter booking accommodation.
- *Une lettre de réclamation* : a letter of complaint.

When attempting this question, you must deal with all of the points in turn. Make a list of the vocabulary and tenses you will need to answer each point. In this section you are required to learn off material which relates to the specific letter type.

Never write a letter without planning it first. Read through the notes you have made on each point and organise these into a first draft. Reread the draft several times, paying special attention to verbs, spellings and grammar. Once you are happy that you have eliminated all errors, you may write the final answer.

Ordinary level

On the Ordinary Level paper, the formal letter appears as one of two options in Section II Part C. You must spend no longer than 20 minutes completing this question.

The informal letter is worth 30 marks and is marked on the basis of communication and language, with each carrying equal weight (12 marks each). Marks are also awarded for using the correct letter layout and closing formula (6 marks).

Marking scheme

Formal letter = 30 marks
Top of page (address and date): 3 marks (France is not necessary in the address)
Closing formula: 3 marks

Communication

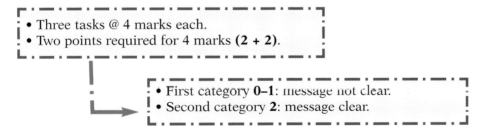

- Three tasks @ 4 marks each.
- Two points required for 4 marks **(2 + 2)**.

- First category **0–1**: message not clear.
- Second category **2**: message clear.

N.B. The correct tense is required for full marks in communication.

Language

- First category **0–4**.
- Second category **5–8**.
- 3rd category **9–12**.

Higher level

On the Higher Level paper, the formal letter may appear as one of two options in Question 2 of the written section. You must write a minimum of 75 words and spend no longer than 20 minutes completing this question.

The informal letter is worth 30 marks and is marked on the basis of communication and language, with each carrying equal weight (12 marks each). Marks are also awarded for using the correct letter layout and closing formula (6 marks).

Communication

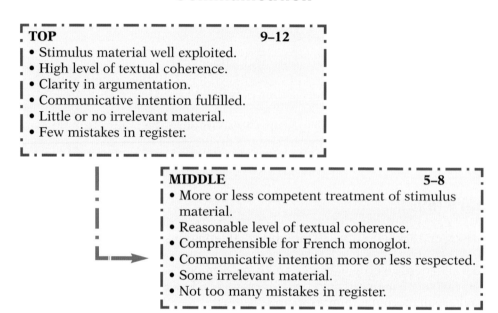

TOP 9–12
- Stimulus material well exploited.
- High level of textual coherence.
- Clarity in argumentation.
- Communicative intention fulfilled.
- Little or no irrelevant material.
- Few mistakes in register.

MIDDLE 5–8
- More or less competent treatment of stimulus material.
- Reasonable level of textual coherence.
- Comprehensible for French monoglot.
- Communicative intention more or less respected.
- Some irrelevant material.
- Not too many mistakes in register.

Language

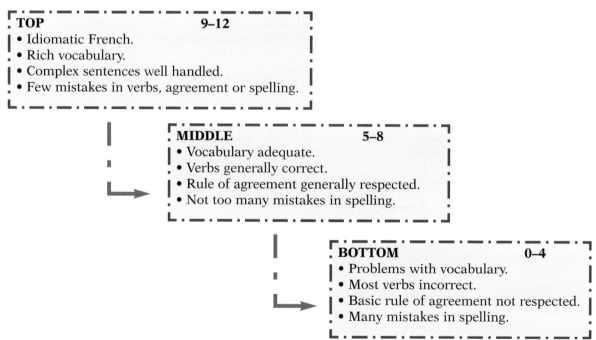

TOP 9–12
- Idiomatic French.
- Rich vocabulary.
- Complex sentences well handled.
- Few mistakes in verbs, agreement or spelling.

MIDDLE 5–8
- Vocabulary adequate.
- Verbs generally correct.
- Rule of agreement generally respected.
- Not too many mistakes in spelling.

BOTTOM 0–4
- Problems with vocabulary.
- Most verbs incorrect.
- Basic rule of agreement not respected.
- Many mistakes in spelling.

Il faut apprendre la mise en par page coeur !

John Smith
3 Springfield
Dublin 6
Irlande

Dublin, le 12 juillet 2009

M. Leclerc
Crédit Lyonnais,
3 Rue de Seine,
75006 Paris
France

Monsieur, Madame,
Veuillez agréer, Monsieur, Madame, l'expression de mes sentiments distingués.

John Smith

La communication

N'oubliez pas que l'idée d'une lettre est de communiquer.
Donc il faut :
• Expliquer la raison pour laquelle vous écrivez la lettre.
• Demander des information.
• Terminer la lettre.

La langue

• Utilisez toujours vous, i.e. vous/votre/vos.
• Essayez de varier le vocabulaire et les temps présent/passé composé/imparfait/futur.
• Il faut absolument utiliser le conditionnel. Le conditionnel dénote la politesse.

Les phrases utiles

The following phrases will prove useful when writing a letter booking accommodation:

L'introduction

Je vous écris de la part de ma famille.	*I am writing to you on behalf of my family.*
J'ai trouvé le nom de votre hôtel sur Internet.	*I found the name of your hotel on the Internet.*
J'ai l'intention de passer une semaine en France avec des amis cet été.	*I intend spending a week in France with friends this summer.*
J'aimerais passer trois nuits/une semaine dans votre hôtel/auberge de jeunesse.	*I would like to spend three nights/a week in your hotel/youth hostel.*

La réservation

Je voudrais faire une réservation dans votre hôtel.	*I would like to make a reservation in your hotel.*
Je voudrais reserver un emplacement/un gîte pour une famille/pour quatre personnes.	*I would like to book a space (campsite)/a holiday house for a family/for four people.*
Je voudrais réserver une chambre simple.	*I would like to reserve a single room.*
une chambre double	*a double room*
avec douche	*with shower*
avec salle de bains	*with bathroom*
Je voudrais réserver deux chambres pour trois nuits, du ... au ... mai.	*I would like to reserve two rooms for three nights, from the ... to the ... May.*
J'aimerais rester en pension complète/demi pension.	*I would like to stay full board/half board.*

Les renseignements supplémentaires

Pourriez-vous répondre aux questions suivantes ?	*Could you please answer the following questions?*
Le petit déjeuner est-il compris ?	*Is breakfast included?*
Est-ce qu'il y a une piscine/un parking ?	*Do you have a swimming pool/a car park?*
Pourriez-vous m'indiquer vos tarifs ?	*Could you please tell me your prices?*
Serait-il possible de louer des vélos sur place ?	*Would it be possible to hire bikes on site?*
Serait-il possible de trouver facilement un restaurant dans les environs ?	*Would it be possible to easily find a restaurant in the locality?*

La conclusion

N'hésitez pas à me contacter pour avoir plus de renseignements.	*Do not hesitate to contact me should you require further information.*
En attendant une réponse de votre part ...	*While waiting for your reply...*
Veuillez agréer, Monsieur, Madame, l'expression de mes sentiments distingués ...	*Yours sincerely*

6.14 Auto-évaluation

APRÈS AVOIR TERMINÉ L'UNITÉ 6, JE SUIS CAPABLE DE :

L'expression orale

	Bien	Assez bien	Pas du tout
informations sur mes passe-temps			
décrire mes moments de loisir			
raconter ce que je fais le week-end			
parler d'un sport individuel ou collectif			
exprimer mes goûts musicaux			

Compréhension écrite

	Bien	Assez bien	Pas du tout
lire et comprendre les biographies			
lire et comprendre un extrait de journal			

Production écrite

	Bien	Assez bien	Pas du tout
écrire une lettre de réservation			

Grammaire

	Bien	Assez bien	Pas du tout
comprendre, former et employer les prépositions			
employer les prépositions avec l'article défini			
employer les prépositions avec l'article indéfini			

Vive les Vacances

Objectifs linguistiques et communicatifs :

- ↬ Discuss holidays and travel plans
- ↬ Describe methods of transport
- ↬ Understand weather forecasts
- ↬ Discuss how pollution affects our environment

Vocabulaire :

- ↬ Les vacances
- ↬ Les voyages
- ↬ Le transport
- ↬ La météo
- ↬ La pollution

Dossier oral :

- ↬ Mes projets de vacances

Production écrite :

- ↬ La carte postale

Grammaire :

- ↬ Le conditionnel
- ↬ Les constructions avec *si*

Préparation à l'examen :

- ↬ La carte postale

7.1 Les Vacances
📖 Lisez

A) Tout le monde aime les vacances !

Trois jeunes nous parlent de leurs vacances. Lisez les commentaires et répondez aux questions suivantes.

Julie : Dès que les examens seront finis, je partirai en vacances avec ma meilleure copine. Après avoir travaillé si dur toute l'année, j'ai vraiment envie de me reposer un peu. Nous irons à Saint Tropez sur la Côte d'Azur. C'est une petite ville très chic avec de belles plages, des yachts et des boutiques de luxe. Saint Tropez attire beaucoup de vedettes. Elles passent des soirées dans les bars et les boîtes très branchées où le champagne coule à flots. Nous passerons une quinzaine de jours dans un petit appartement situé près de la plage. L'appartement appartient à une amie de ma mère. Comme nous adorons tous les deux les sports nautiques nous ferons de la planche à voile et du ski nautique.

Maya : J'ai un emploi du temps assez chargé pour les grandes vacances cette année. Tout d'abord, j'ai trouvé un petit boulot pour le mois de juillet. Je travaillerai comme serveuse dans un pub au centre ville. Je ferai des économies pour pouvoir partir en vacances pendant le mois d'août. J'ai l'intention de faire un tour d'Europe en train avec ma bande de copains. L'idée est de visiter une dizaine de pays européens en commençant par l'Allemagne. On restera dans des auberges de jeunesse ou des hôtels pas chers. Ma copine Claire et moi adorons l'histoire et on a envie de visiter au moins un musée dans chaque pays. J'attends les vacances avec beaucoup d'impatience !

Alain : Cet été je pars en vacances en Irlande. Mon oncle habite à Cork et il m'a invité à passer trois semaines chez lui au mois de juillet. Son fils Paul a le même âge que moi. Il est déjà venu me voir plusieurs fois à Paris et nous nous entendons très bien ensemble. Ce sera ma première visite en Irlande. Mon oncle aimerait louer des vélos pour une semaine pour pouvoir faire des randonnées. Il paraît que le paysage est très joli dans le comté de Cork. Nous visiterons le Château de Blarney et la ville de Kinsale. Comme mon cousin est un grand fana de sports gaéliques, nous irons voir un match de hurling et un match de football gaélique. Ce serait vraiment chouette !

i) Answer the questions below in English:

Julie

1. Why is Julie looking forward to going on holidays so much?

2. How does she describe the town of Saint Tropez? (Give **two** details.)

3. How did the girls organise their accommodation?

4. Name **two** sports the girls will participate in while on holidays.

Maya
1. How does Maya describe her summer schedule?
2. What will she be doing during the month of July?
3. How many European countries will she be visiting?
4. Where do they intend to stay?

Alain
1. How does Alain get on with his Irish cousin?
2. Why will they rent bicycles?
3. What has he been told about the Irish countryside?
4. What sporting activity has been organised during his visit?

ii) **Vrai ou faux ? Lisez les phrases suivantes et dites si elles sont vraies ou fausses. Cochez la bonne case :**

	Vrai	Faux
Julie a déjà fini ses études.		
Maya aimerait visiter au moins dix musées.		
Alain est plus âgé que son cousin.		
Maya n'a pas besoin de gagner de l'argent pour ses vacances.		
Paul n'a pas encore visité la France.		

# Vocabulaire

B) Les vacances

Avec l'aide de votre dictionnaire traduisez les mots suivants en anglais :

Partir en vacances
• prendre des vacances
• être en vacances
• les grandes vacances
• les vacances d'hiver
• les vacances de Pâques/Noël
• voyager
• séjourner
• faire un séjour

Les destinations
• partir à l'étranger
• au bord de la mer
• à la campagne
• à la montagne
• une station de ski
• une station balnéaire
• une colonie de vacances

Le logement
• loger dans un hôtel
• rester dans un camping
• rester dans une auberge de jeunesse
• louer un gîte
• une résidence secondaire

Voyager
- prendre le train/la voiture/l'avion
- le vol
- le trajet
- louer une voiture/un vélo
- réserver les billets
- les horaires

Les activités
- visiter des musées
- voir des monuments
- découvrir la ville
- assister aux spectacles
- se promener au centre ville
- se balader en forêt
- jouer au golf
- faire du cheval
- faire des sports nautiques

Les loisirs

Les phrases utiles : Utilisez le vocabulaire suivant pour parler de vos passe-temps préférés.

Quand je suis en vacances j'aime bien …	When I'm on holidays, I like to …
passer des journées entières à lire.	spend a whole day reading.
me faire bronzer sur la plage.	sunbathe at the beach.
partir en excursion.	go on day trips.
me détendre.	unwind.
m'amuser.	enjoy myself.

D'habitude, pendant les grandes vacances je …	Usually during the holidays, I …
pars à l'étranger.	go abroad.
me détends à la maison.	relax at home.
travaille pendant un mois.	work for a month.
reste chez mes grands-parents.	stay with my grandparents.
passe un mois dans le Gaeltacht.	spend a month in the Gaeltacht.

---

i) Terminez les phrases suivantes :

1. Tout le monde part au ski pendant les _____.
2. Les _____ durent trois mois en Irlande.
3. On va aux sports d'hiver dans une _____.
4. Elle met toujours de la crème solaire quand elle _____.
5. Pour savoir à quelle heure le train arrive il faut lire les _____.

📖 Lisez

C) Une aventure irlandaise
Cédric nous décrit ses vacances passées en Irlande l'été dernier :

Au mois d'août dernier, je suis parti en vacances en Irlande avec mon meilleur copain, Marc. Nous avons commencé notre visite à Dublin, la capitale de l'Irlande. Dublin est aussi la première ville culturelle d'Irlande. Tous les musées nationaux se trouvent à Dublin. Pendant notre séjour nous sommes allés à l'Abbey, le théâtre national d'Irlande pour voir une pièce de théâtre. Nous avons vu *En Attendant Godot* de Samuel Beckett. Nous sommes allés à Trinity College où nous avons vu le fameux manuscrit Le Livre de Kells. Ce manuscrit date du huitième siècle. Il a été illustré avec des motifs ornementaux et c'était réalisé par des moines de l'époque celtique.

Après une semaine à Dublin nous sommes partis découvrir la campagne irlandaise. Nous avons passé une semaine dans le comté du Kerry. Une copine nous avait recommandé une petite auberge de jeunesse à Killarney. Notre séjour dans le sud de l'Irlande a été génial. Les gens du coin étaient ouverts et chaleureux. J'ai adoré les soirées que nous avons passées au pub à bavarder avec les vieux « Kerrymen ». Notre itinéraire était bien chargé. Comme c'était un endroit idéal pour faire des randonnées, nous avons loué des vélos. Le paysage dans cette région est vraiment magnifique. La verdure est partout. Un après-midi nous avons fait un pique-nique près du « Gap of Dunloe ». Après, nous avons fait un tour du Lac de Killarney dans un petit bateau. J'ai pris beaucoup de belles photos. C'était très relaxant d'être au milieu de la campagne irlandaise et de respirer l'air pur.

Avant de partir en vacances mon père m'a dit qu'il pleuvait beaucoup en Irlande, même en été. Heureusement, il avait tort car il a fait très beau pendant notre séjour. Pendant deux semaines nous n'avons pas eu une seule goutte de pluie. Marc a même attrapé un coup de soleil à Killarney. Je me souviendrai toujours de mon aventure irlandaise !

---

1. Où est-ce que Cédric a commencé ses vacances en Irlande ?

2. Cédric dit que Dublin est la capitale culturelle d'Irlande. Expliquez pourquoi.

3. Expliquez la raison pour laquelle Cédric et Marc sont allés à l'Abbey.

4. Qui a écrit Le Livre de Kells ?

5. Trouvez **deux** activités que Cédric et Marc ont faites dans le comté du Kerry.

6. Comment ont-ils trouvé un logement dans le Kerry ?

7. Quelle est la remarque que le père de Cédric a faite sur le temps en Irlande ?

8. Quel temps a-t-il fait pendant le séjour ?

Écrivez

D) La production écrite

i) Est-ce que vous êtes déjà partis en vacances à l'étranger ? Écrivez un bref récit de vos vacances dans un pays étranger.

ii) Écrivez un court paragraphe, d'environ 75 mots, sur les meilleures vacances que vous avez passées.

◉ Écoutez .... 7.1 ◉

E) Les vacances de rêves

Listen to Olivier, Elsa, Omar and Valentin talk about their dream holidays:

Olivier

1. Where does Olivier usually go on holidays?
2. What does he say about the campsites there?
3. Name **two** countries he dreams of visiting.
4. Why would he like to visit these countries?

Elsa

1. Why are holidays a stressful time for Elsa?
2. What would her ideal holiday consist of?
3. In what location would she like to stay?
4. Explain why this type of holiday would be good for her.

Valentin

1. What type of music does Valentin like?
2. Why is he not allowed to go to nightclubs?
3. Why does he dream of going on holiday to Ibiza?
4. Mention **two** points he makes about the nightlife on the island.

Omar

1. Mention **two** points Omar makes about the Italian language.
2. What type of holiday would he like to go on?
3. Name **two** things he could ask for while on holiday.
4. What type of local cuisine would he like to eat?

◉ Écoutez .... 7.2 ◉

F) Des vacances qui tournent au cauchemar

Listen to Hervé, Jean-Louis and Carole talk about recent holiday disasters. Fill in the correct holiday details for each speaker into the grid below:

	Destination	Problème
Hervé		
Jean-Louis		
Carole		

7.2 Voyager en France
Lisez

A) La France est un grand pays avec de bonnes infrastructures. On peut emprunter un grand nombre de transports pour traverser le pays et découvrir ses belles régions. Étudiez la carte de la France ci-dessous afin de vous familiariser avec les différentes régions et les plus grandes villes de France.

Répondez aux questions suivantes :

1. Trouvez **trois** régions qui commencent par la lettre L.

2. Quelle région a comme ville principale Lyon ?

3. Trouvez la région située sur la Côte Atlantique qui a une frontière commune avec l'Espagne.

4. Les Alpes se trouvent dans quelles régions françaises ?

5. Quelle région française est aussi une île ?

6. Marseille est la ville principale de quelle région ?

7. La Bretagne est divisée en combien de départements ?

8. Trouvez **trois** régions qui commencent par la lettre A.

9. La capitale de la France se trouve dans quelle région ?

10. Quelles sont les deux régions qui ont une frontière commune avec l'Italie ?

Écoutez 7.3

B) Trois jeunes nous parlent de leurs voyages en France

Écoutez les récits et répondez aux questions suivantes :

Élodie

1. Elle est de quelle nationalité ?

2. Avec qui est-elle partie en vacances ?

3. Où est-ce qu'elle a séjourné pendant sa visite ?

4. La ville de Quiberon est située dans quel département français ?

5. Mentionnez **deux** choses qu'elle dit sur les restaurants à Quiberon.

Laure

1. Elle prend ses vacances pendant quelle période de l'année ?

2. Comment se déplace-t-elle pour se rendre à Nice ?

3. Combien de temps dure le voyage Paris–Nice ?

4. Qu'est-ce qu'elle fait quand il fait beau en vacances ?

5. Décrivez la ville de Nice. Donnez **deux** détails.

Lucas

1. Quelle est sa passion dans la vie ?

2. Où est-ce qu'il habite ?

3. Quel temps faisait-il à Tignes ?

4. Est-ce qu'il a été doué pour le snowboard ? Expliquez pourquoi.

5. Expliquez pourquoi Tignes est connu pour son après ski.

Parlez

C) À vous maintenant, parlez de vos vacances. À deux, décrivez ce que vous aimez faire quand vous êtes en vacances :

1. D'habitude, où est-ce que vous passez vos vacances ?

2. Est-ce que vous êtes déjà parti(e)s à l'étranger ?

3. Quelles sont les activités que vous aimez faire en vacances ?

4. Comment vous amusez-vous le soir quand vous êtes en vacances ?

5. Vous préférez quel genre de vacances ?

✍ Écrivez

D) La production écrite

Journal intime – Les vacances

i) You have just had an argument with your parents about going away to France during the summer holidays. Note the following in your diary:

- You want to go away to Paris with your friends, but your parents won't allow you to.
- You always work hard at school and help with the housework.
- You think that they are too strict and you are very angry.

ii) You have just returned home from a school trip to Dijon. Note the following in your diary:

- You visited an interesting museum during your stay.
- It was cold in Dijon and you bought a new coat.
- You did not get to speak much French.

💿 Écoutez 　　　　7.4

E) Les colonies de vacances en France

Mme Christine Lambert, gérante de l'association, explique aux parents le grand choix de vacances offert aux enfants et adolescents. Répondez aux questions suivantes en anglais :

1. During what time of the year are the holiday camps run?
2. Children and adolescents of what ages can participate in them?
3. Name the theme of the latest holiday camp.
4. What is the name and theme of the most popular holiday camp?
5. Describe the sport of wakeboarding.
6. Why are parents interested in the environmental camps?
7. Name **two** of the classes given in the Ecology Centre in Tignes.
8. In the camp at Tignes, what activity takes place in the afternoon?

7.3 Les Moyens de Transport

🄰🄱🄲 Vocabulaire

A) Quel moyen de transport empruntez-vous ?

Les moyens de transport : Reliez les mots français à gauche avec leur traduction en anglais à droite.

Colonne A	Colonne B
1. l'avion (m)	a. articulated lorry
2. le bateau	b. ferry
3. le bus	c. lorry
4. le camion	d. car
5. la camionnette	e. taxi
6. le car	f. train
7. le ferry	g. coach
8. la moto	h. boat
9. le métro	i. bus
10. le poids-lourd	j. bicycle
11. le taxi	k. tram
12. le train	l. aeroplane
13. le tramway	m. underground train
14. la voiture	n. van
15. le vélo	o. motorbike

Le transport en général

l'aéroport	airport
la gare	(SNCF) train station
la gare routière	bus station
la gare maritime	port
la station de métro	underground station
circuler	to drive around
conduire	to drive
rouler	to drive
se déplacer	to get around
voler	to fly
voyager	to travel

Les phrases utiles : Utilisez le vocabulaire suivant pour parler de vos voyages.

Comment aimez-vous voyager ?
J'aime prendre : l'avion
le bateau
le bus
le métro
le train
la voiture

Comment allez-vous à l'école le matin ?
Je vais à l'école : en avion
en bus
en métro
en train
en voiture
à pied
à vélo
à moto

✒ Écrivez

i) Classez les transports selon leurs groupes :

- Le transport aérien
- Les transports en commun
- Le transport routier
- Le transport ferroviaire
- Le transport maritime

ii) Match the various stations on the left-hand side to the corresponding means of transport on the right-hand side:

Les stations	Les moyens de transport
1. la gare routière	a. voyager en métro
2. la gare	b. voyager en avion
3. la gare maritime	c. voyager en bus
4. la station de métro	d. voyager en bateau
5. l'aéroport	e. voyager en train

 Lisez

B) Quel est votre moyen de transport préféré pour partir en vacances ?

Pour passer un agréable voyage il est important de choisir le moyen de transport qui vous convient le mieux. Lisez les commentaires de Monique, Bruno et Thomas et répondez aux questions suivantes :

Monique

Mon moyen de transport préféré est sans doute le train. En France nous avons une très bonne compagnie ferroviaire qui s'appelle le Société Nationale des Chemins de Fers Français (SNCF). Le service est très efficace. Voyager en train, surtout en TGV, est à la fois rapide et relaxant. Aujourd'hui les trains sont modernes et très confortables. Pendant le voyage j'écoute de la musique sur mon iPod ou je regarde des DVD sur mon ordinateur portable. J'aime aussi bavarder avec la personne en face. La seule chose que je n'aime pas en train est quand il y a trop de portables qui sonnent. Cela peut devenir vraiment énervant, surtout pendant les longs voyages.

Bruno

Quand je pars en vacances j'aime voyager en voiture. J'adore rouler sur de bonnes autoroutes françaises. Je trouve que c'est très relaxant de conduire à travers la France. C'est un bon moyen de découvrir le pays. Il y a tellement de régions à voir, toutes avec leurs jolis paysages. Voyager en voiture est un moyen de transport très pratique car on peut choisir notre propre itinéraire. On est toujours libre de faire une pause pour prendre un café ou visiter un marché dans un petit village. Sinon, on a aussi l'occasion de s'arrêter et faire un pique-nique dans un joli coin.

Thomas

A mon avis la meilleure façon de voyager est à vélo. Partir en vacances avec votre vélo est un vrai plaisir et une occasion de découvrir la vraie France. Pendant chaque voyage je rencontre des gens intéressants et sympathiques. Comme par exemple les fermiers, les gendarmes et les ouvriers. Les gens sont toujours prêts à me parler ou m'indiquer le bon chemin. Il ne faut pas oublier que le vélo est aussi un moyen de transport écologique. En général, les cyclistes prennent le temps de profiter de la beauté de la nature qui les entoure. Faire du vélo est reposant et un excellent moyen de rester en forme. Il ne faut pas être un grand sportif pour voyager à vélo car chaque personne peut voyager à son propre rythme. Le plus important est de vous amuser tout en respirant l'air pur.

i) Vrai ou faux ? Lisez les phrases suivantes et dites si elles sont vraies ou fausses. Cochez la bonne case :

	Vrai	Faux
Bruno trouve qu'il a plus de liberté quand il voyage en voiture.		
Monique regarde des films pendant le voyage.		
Thomas pense qu'il faut être très sportif pour faire du vélo.		
Monique pense que les trains sont vieux jeu.		
Thomas dit que les gens parlent rarement aux cyclistes.		

ii) Qui est qui ? Trouvez la personne qui correspond le mieux aux affirmations suivantes :

	Nom
adore parler aux gens du coin	
n'aime pas quand les autres voyageurs laissent leur portable allumé	
essaie de garder la ligne en vacances	
préfère prendre son temps lors d'un voyage	
aime voyager avec la SNCF	

Écrivez

C) La production écrite

Écrivez un court paragraphe d'environ 75 mots sur votre moyen de transport préféré. Expliquez pourquoi vous aimez ce moyen plus que les autres.

7.4 La Météo

A) Quel temps fait-il ?

When talking about the weather, we can use any of the following constructions:

Il fait + adjectif (Il a fait/il faisait/il va faire/il fera)

Exemples :   Il fait beau.
              Il fait chaud.
              Il fait mauvais.
              Il fait froid.

Il y a + nom (Il y a eu/il y avait/il y aura)

Exemples :   Il y a du soleil.   Il y a des averses (showers).
              Il y a du vent.   Il y a du verglas (black ice).
              Il y a du brouillard.   Il y a du tonnerre et des éclairs (thunder and lightning).
              Il y a des éclaircies (sunny spells).   Il n'y a pas de nuages.

Il + verbe

Exemples :   Il pleut.
              Il neige.
              Il gèle.

Il fait + température

Exemples :   Il fait 21°C.
              Il fait −3°C.

As weather forecasts are often given in the future tense, you must be able to recognise the verbs *avoir*, *faire*, *neiger* and *pleuvoir* in this tense.

Exemples :   Il y aura du vent sur la côte Atlantique.
              Il fera beau sur la région parisienne demain.
              Il neigera dans les Alpes demain matin.
              Il pleuvra sur tout le pays dans l'après midi.

The weather forecasts will also use geographical terms. These should be learned carefully.

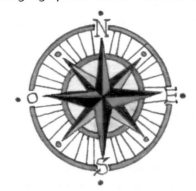

nord/est/sud/ouest	north/east/south/west
sur la moitié nord du pays	in the northern half of the county
sur les côtes	on the coast
dans les montagnes (les Alpes, les Pyrénées)	in the mountains (the Alps, the Pyrenees)
sur la région parisienne/bordelaise	in the Paris/Bordeaux region
le littoral méditerranéen	Mediterranean coast
la Manche	English Channel
la Côte d'Azur	French Riviera

Les phrases utiles

les prévisions météo	weather forecast
Le temps s'améliore.	The weather is improving.
Le temps se dégrade.	The weather is getting worse.
Le ciel est couvert.	The sky is overcast.
Le vent souffle à 70 km/heure.	The wind is blowing at 70 km per hour.
Un orage a éclaté.	A storm has broken out.
une tempête	storm
les inondations	flooding
la canicule	heatwave

 **Écoutez** 7.5

B) Les prévisions météo
Listen to the French weather forecast and answer the following questions :

The south-west
1. What temperatures are expected in Bordeaux at daybreak?
2. Where is rain expected?
3. What will the weather be like in the afternoon?

The French Riviera
1. How will the weather improve in the afternoon?
2. What temperatures are expected in the afternoon?
3. Name **two** towns that may experience sunny spells in the afternoon.

The north
1. What weather is expected in the north of the country?
2. Name **two** towns that will experience fog in the morning.
3. What is the minimum temperature expected in Strasbourg?

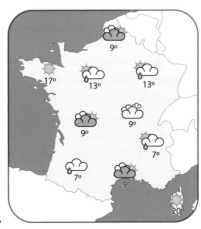

Lisez

C) Vacances d'hiver ou vacances au soleil ?

Lisez les commentaires de Karine et Nicole et répondez aux questions suivantes :

Karine

Personnellement, j'adore les vacances passées au soleil. Mon passe-temps préféré en vacances est de me faire bronzer sur la plage ou à côté de la piscine. Je suis comme un lézard car je suis capable de passer des journées entières au soleil. À mon avis, il est important de passer un peu de temps au soleil. Le soleil est bon pour la santé car il remonte le moral et aide le corps à fabriquer de la vitamine D. Cependant il faut quand même faire attention au soleil. Comme j'ai la peau assez claire je mets toujours de la crème solaire. Il est très important de bien protéger la peau au soleil. Sinon, on risque d'attraper un coup de soleil ou encore pire un cancer de la peau. Il faut toujours choisir une crème solaire avec un haut indice de protection.

Nicole

J'ai les cheveux roux et une peau très claire. Depuis mon enfance je ne supporte pas le soleil. Alors je n'aime pas du tout les vacances d'été. Il fait trop chaud et j'ai toujours peur d'attraper un coup de soleil. Mes vacances préférées sont celles d'hiver. J'adore partir à la montagne faire du ski et du snowboard. Au mois de février je pars à Val d'Isère pendant une semaine. J'adore cette station de sport d'hiver. Les pistes sont excellentes et il y a toujours une très bonne ambiance parmi les skieurs et les snowboardeurs. Pendant la journée il fait très froid et il neige souvent. Le froid ne me dérange pas car je porte des vêtements de ski qui protègent contre le mauvais temps. Après avoir passé la journée sur les pistes j'aime bien manger une bonne raclette pour me réchauffer. La raclette est un plat traditionnel de la région, fait à base de fromage et de pommes de terre. C'est vraiment délicieux !

1. What is Karine's favourite holiday pastime?

2. Name **one** beneficial effect of the sun.

3. Name **one** harmful effect of the sun.

4. What advice does she give when it comes to chosing a sunblock?

5. Describe Nicole's complexion.

6. What is she often wary of during the summer holidays?

7. Name **two** reasons why she loves Val d'Isère.

8. Why does the cold not bother her?

9. What does she do to warm herself up after a day on the slopes?

10. Name the **two** main ingredients of the local speciality.

7.5 La Pollution

Vocabulaire

A) Notre environnement

l'écologie	ecology
la conservation	conservation
la pollution	pollution
le recyclage	recycling
la circulation	traffic
les embouteillages	traffic jams
le développement durable	renewable energy
le changement climatique	climate change
les déchets	rubbish/waste
les décharges industrielles/nucléaires	industrial/nuclear waste
les gaz d'échappements des voitures	exhaust fumes
l'essence sans plomb	unleaded petrol
la contamination des fleuves	river pollution
les produits chimiques	chemical products
la marée noire	oil spill
l'effet de serre	greenhouse effect
la destruction de la forêt tropicale	destruction of the rainforest
le trou dans la couche d'ozone	hole in the ozone layer
le réchauffement de la planète	global warming
les espèces en voie de disparation	species in danger of extinction
protéger la nature	protect nature
sauver la planète	save the planet
épuiser les ressources naturelles	deplete natural ressources

Utilisez les expressions suivantes pour parler de l'environnement.

Les phrases utiles

Je pense qu'il y a trop de voitures sur nos routes.	I think there are too many cars on our roads.
Il vaut mieux emprunter les transports en commun.	It is better to use public transport.
J'essaie de recycler le carton, le papier, le verre et le plastique.	I try to recycle carboard, paper, glass and plastic.
N'oubliez pas d'éteindre la lumière et de débrancher le chargeur pour le portable.	Don't forget to turn off the light and unplug your phone charger.
Il ne faut pas jeter les ordures par terre.	Don't throw rubbish on the ground.

 Écrivez

Match the following problems to the correct type of pollution:

Les problèmes	Les types de pollution
1. Les pesticides utilisés dans l'agriculture	a. Pollution de l'air
2. Une marée noire sur la côte	b. Pollution du sol
3. L'accident nucléaire à Tchernobyl	c. Pollution de l'eau
4. Les émissions de gaz à effet de serre	d. Pollution sonore
5. La circulation automobile en ville	e. Pollution radioactive

✒ Écrivez

B) Il faut sauver la planète !

Lisez les phrases suivantes et pour chacune d'entre elles, dites si c'est positif ou négatif pour notre environnement.

1. Selon les dernières évaluations, le climat de la terre pourrait se réchauffer de 1°C à 6°C d'ici à fin du siècle.

2. Pour freiner les conséquences de l'effet de serre, les pays ont introduit une réduction des émissions de gaz à effet de serre dans l'atmosphère.

3. Les modes de production modernes doivent respecter l'environnement humain ou naturel.

4. Les transports représentent 27% des émissions de gaz à effet de serre dans le monde entier.

5. Le ministre veut améliorer les transports en commun, favoriser le co-voiturage et l'usage du vélo.

6. Environ 25.000 décès par an en France sont liés à la pollution atmosphérique urbaine.

7. Le gouvernement essaie de protéger les milieux naturels par des politiques de protection, de restauration et de valorisation adaptées.

8. La fabrication des articles domestiques dans le monde entraîne souvent la libération de substances chimiques et toxiques dans l'atmosphère.

9. Les allergies et l'asthme sont liés à la pollution urbaine de l'air.

10. Certains polluants atmosphériques, notamment les CFC, détruisent la couche d'ozone.

💿 Écoutez 7.6

C) Les informations écologiques – Évitez de prendre la voiture en période de canicule

1. When and where did the Minister for the Environment make his announcement?

2. During a heat wave, how high can the temperatures reach in Paris?

3. What causes high levels of pollution in French cities during the summer months?

4. The air conditioning systems in cars are:

   a) An ecologically safe option

   b) Not very effective

   c) Not very refreshing

   d) Harmful to the environment

5. What impact does the greenhouse effect have on our planet?

6. Explain why it can be unpleasant to travel on public transport at this time.

 **Écrivez**

D) La production écrite

Que faites vous et vos camarades de classe pour mener une vie plus verte ? Écrivez un court paragraphe d'environ 75 mots sur les jeunes et l'environnement.

7.6 Dix Questions à l'Oral

 **Parlez Écoutez** ────── 7.7

A) Thème : Mes projets de vacances

Utilisez le vocabulaire p. 222 et p. 223 pour répondre aux questions suivantes. Notez vos réponses dans votre carnet d'oral :

Les questions

1. Où passez-vous les grandes vacances, en général ?
2. Vous préférez passez des vacances ici en Irlande ou à l'étranger ?
3. Qu'est-ce que vous avez fait pendant les vacances de Noël ?
4. Vous préférez partir tout(e) seul(e), entre amis ou en famille ?
5. Comment vous vous déplacez en vacances ?
6. Quels sont vos projets de vacances pour cet été ?
7. Où est-ce que vous partirez en vacances après le bac ?
8. Vous partirez en famille, entre amis ou avec vos camarades de classe ?
9. Où est-ce que vous séjournerez ?
10. Que ferez vous là-bas ? Quel temps fera-t-il ?

Écoutez ·············· 7.8

B) Pour vous aider

Q : Où est-ce que vous partirez en vacances après le bac ?
L'été prochain je passerai deux semaines dans le sud de l'Espagne. J'irai à Marbella. J'adore cette station balnéaire car les plages sont belles et la vie nocturne est vraiment excellente ! C'est une ville très chic avec des boutiques de luxe et des yachts dans le port. J'attends les vacances avec impatience.

Q : Vous partirez en famille, entre amis ou avec vos camarades de classe ?
Cet été je partirai avec ma bande de copines. On sera huit au total. On est toutes dans la même classe à l'école et on s'entend très bien ensemble. Ce sera la première fois que j'irai en vacances sans mes parents. J'ai vraiment hâte de partir.

Q : Où est-ce que vous séjournerez ?
J'ai vraiment de la chance car mes parents ont une résidence secondaire là-bas. Elle est située juste à côté de la plage. Ils nous prêteront l'appartement pour deux semaines au mois de juillet. C'est un grand appartement confortable et moderne avec une belle terrasse. Heureusement, il y a quatre chambres donc tout le monde aura un lit.

Q : Que ferez vous là-bas ?
On va faire la fête ! Pendant la journée on ira à la plage pour profiter du beau temps. On prendra des bains de soleil ou on nagera dans la mer. Le soir on sortira au pub ou en boîte de nuit. Les boîtes là-bas sont supers. On peut danser jusqu'à l'aube et les DJ sont fantastiques. En plus, elles ne coûtent pas très cher par rapport aux boîtes irlandaises !

Q : Quel temps fera-t-il ?
En général il fait très chaud à Marbella, surtout en été. Au mois de juillet, les températures peuvent atteindre 40 dégrés

Celsius. Ce n'est pas la peine d'amener un parapluie car il ne pleut presque jamais. Cependant, il faut faire attention au soleil car on peut facilement attraper des coups de soleil sur la plage là-bas.

7.7 La Production Écrite – La Carte Postale

In the Ordinary Level Leaving Certificate exam, one of the written questions takes the form of a postcard. You are usually asked to write a holiday postcard and include details of your accommodation, the weather, the food, daily activities, etc. However, you may also be asked to write a general postcard in which you talk about school or holiday plans.

Layout
Always use the same layout.

Il faut l'apprendre par cœur !

Greeting
For the greeting, use:
• *Salut/Bonjour* for a boy or girl
• *Cher* for a boy
• *Chère* for a girl
• *Chers* for two or more people

Exemples :   Salut Luc,   Bonjour Claire,

                Chère Isabelle,   Chers parents,

Town and date
The town you are writing from and the date are written on the right-hand side.
The month is spelt with a small letter.

Exemples :   Paris, le 6 juin   Dublin, le 3 décembre

Signing off
When signing off, use one of the following:
• *Amitiés*   • *À bientôt*
• *Bises !*   • *Je vous embrasse très fort*

Don't forget to sign your name at the end.

Exemples :   À bientôt,   Amitiés,

                Alice   Paul

Sample postcard

You are on holidays in Paris. Write a postcard to your penfriend Luke. Say that:
• You have finished your exams and are on holidays.
• You are staying in a youth hostel with a friend but the weather is awful.
• You will visit the Louvre museum tomorrow.

Paris, le 3 juillet

Salut Luke,

Un grand bonjour de France ! Me voici en vacances à Paris. Enfin les examens sont terminés et je suis en train de me reposer un peu. Je reste dans une auberge de jeunesse dans le Quartier Latin avec ma copine Claire. Nous sommes en plein cœur de Paris. Il y a tellement de choses à faire et à voir ici.

J'adore cette ville mais malheureusement il fait très mauvais en ce moment. Il pleut presque tous les jours. Demain nous avons une journée bien chargée. Le matin nous irons voir *La Joconde* au Musée du Louvre et l'après midi nous ferons du shopping aux Halles. Je t'achèterai un petit cadeau avant de rentrer.

À bientôt
Aoibheann

À vous maintenant !

i) Write a postcard to your French friend David. In your postcard, say that:
• You arrived in Nice yesterday with your family.
• You are staying in a nice campsite and it is not very expensive.
• You will be in Lyon next week and you will ring him.

ii) Write a postcard to your penpal Isabelle in which you say that:
• You are very busy at the moment because you are revising for your exams.
• Yesterday you spent three hours studying history.
• You will be going on holidays with your friends to Spain in July.

7.8 La Grammaire – Le Conditionnel

Apprenez

A) Use

We use the **conditional** tense to talk about what might happen. It is used to translate the idea of 'would', e.g. 'If I won the lottery, I would buy a sports car.' The conditional is commonly used when making requests or discussing wishes or desires. It is used in formal letter writing when you are expressing what you would like.

B) Formation

Les verbes réguliers

To form the conditional of all regular and many irregular verbs, (i) take the infinitive and (ii) add the following endings from the imperfect tense:

-ais, -ais, -ait, -ions, -iez, -aient

	Donner *(to give)*	Finir *(to finish)*	Vendre* *(to sell)*
je	donnerais	finirais	vendrais
tu	donnerais	finirais	vendrais
il/elle/on	donnerait	finirait	vendrait
nous	donnerions	finirions	vendrions
vous	donneriez	finiriez	vendriez
ils/elles	donneraient	finiraient	vendraient

* *For verbs ending in* -re, *drop the* e.

Les verbes irréguliers

To form the conditional of irregular verbs, you take the irregular stem (same as the future irregular stem) and add the following endings from the imperfect tense:

-ais, -ais, -ait, -ions, -iez, -aient

E.g. for *aller*, the conditional irregular stem = *ir*.

	Aller *(to go)*
j'	irais
tu	irais
il/elle/on	irait
nous	irions
vous	iriez
ils/elles	iraient

The following list of verbs with irregular stems should be learned carefully. (The conditional stem always ends in **r**.)

Infinitif	Irregular Stem	Conditionnel	Infinitif	Irregular Stem	Conditionnel
avoir	aur	j'aurais	pleuvoir	pleuvr	il pleuvrait
courir	courr	je courrais	recevoir	recevr	je recevrais
devoir	devr	je devrais	savoir	saur	je saurais
envoyer	enverr	j'enverrais	tenir	tiendr	je tiendrais
être	ser	je serais	venir	viendr	je viendrais
faire	fer	je ferais	voir	verr	je verrais
pouvoir	pourr	je pourrais	vouloir	voudr	je voudrais

7.9 La Compréhension Écrite

📖 Lisez

Lisez l'article suivant et répondez aux questions :

L'Irlande : la possibilité des îles

Parfois, on a juste envie de se retrouver au bout du monde, battu par les vents et les vagues, avant de se blottir au coin d'un feu de tourbe. Difficile de trouver plus revigorant que l'ouest irlandais.

Îles d'Aran

I. « *Next bus stop, New York !* » Pour avoir le bonheur de goûter cette *private joke* du bout du monde, vous avez pris un métro de bon matin, un premier avion, erré dans les déprimants *duty-free shops* de l'aérogare de Dublin, vous êtes monté dans un bimoteur à hélices qui vous a déposé à Galway, vous avez bien pris soin de conduire à gauche sur la route qui vous menait au ponton désolé de Rossaveal,

sauté dans un ferry quasi vide, traversé un petit bras de mer, puis loué un vélo qui, malgré le vent, a bien voulu vous mener jusqu'aux falaises de Kilmurvy, pointe ultime d'Inishmore, la plus vaste des îles d'Aran. Et là, donc, Joe, un vieil Irlandais aux yeux délavés faisant mine de scruter l'horizon, a lâché ce : « *Next bus stop, New York !* » Vous êtes au bout de l'Europe. Avec, pour toute compagnie, un féerique labyrinthe de murets, la déchirante odeur de la tourbe brûlée et le légendaire sens de l'accueil irlandais. C'est beaucoup plus qu'il n'en faut pour être heureux.

Un conseil, avant tout : pour bien s'imprégner de ces trois îles mythiques, qui s'étirent entre Connemara et falaises de Moher, il convient d'y passer au moins une ou deux nuits (et, accessoirement, d'avoir été lessivé par quelques averses, les fameuses *showers* irlandaises). C'est lorsque le dernier bateau a emporté les touristes du jour que ces îlots livrent vraiment leur atmosphère si particulière.

II. Comment, alors, ne pas être ensorcelé par ces murets de pierres superposées à perte de vue ? Où que l'on se dirige, entre les maisons, serpentant le long de l'océan, partant à l'assaut des collines, ces murs délimitent des taches vertes de la taille d'un court de tennis, dont émerge ici la croupe d'un percheron blanc, là une tête noire étonnée de *blackface*, ces irrésistibles petits moutons de l'ouest irlandais. Dans sa *Terre Vue du Ciel*, Yann Arthus-Bertrand à livré un cliché sidérant de cet entrelacs de pierres sèches (on parle de 12.000 kilomètres au total). « Croyez bien que ce n'est pas par plaisir que nos ancêtres se sont amusés à construire ces murs ! C'était le seul moyen de cultiver une ou deux pommes de terre », soupire Seamus, 57 ans passés sur Inisheer, la plus petite des îles. Durant des siècles, en effet, comme des forçats, les Aranais ont brisé le socle calcaire sous leurs bottes pour le remplacer par un mélange plus ou moins fertile de varech et de sable. Et que faire des milliers de tonnes de rochers concassés ? Des murs, *of course*. Quant au tracé pour le moins erratique de ces clôtures minérales, l'esprit malicieux des Irlandais l'attribue à la coquetterie des femmes, qui, pour ne pas froisser leurs hautes coiffes traditionnelles, tournaient en même temps que le vent au moment de les bâtir...

L'Express

1. i) Relevez l'expression qui montre les conditions météorologiques dans l'ouest de l'Irlande. (Section I)

   ii) Relevez dans la première section **deux** moyens de transports nécessaires pour se rendre aux îles d'Aran.

2. i) Trouvez la phrase qui indique qu'Inishmore est un endroit très isolé. (Section I)

   ii) Quel est le conseil de l'auteur pour pouvoir bien apprécier les îles ? (Section I)

3. À quel moment de la journée est-ce qu'on peut découvrir la vraie ambiance des îles ? (Section I)

4. Relevez dans la deuxième section des synonymes des expressions suivantes :

   a) soumettre à une influence magique

   b) progresser en suivant une ligne ondulée

5. i) Trouvez la phrase qui indique pourquoi les murs ont été construits sur l'île d'Inisheer. (Section II)

   ii) Trouvez dans la deuxième section un adjectif possessif.

6. The author of this article describes the Aran Islands as an extremely remote location. Support this statement with reference to the text. (Give **two** points.)

7.10 La Compréhension Littéraire
📖Lisez

A) Lisez l'extrait suivant et répondez aux questions en français :

I. J'ai ainsi vécu seul, sans personne avec qui parler véritablement, jusqu'à une panne dans le désert du Sahara, il y a six ans. Quelque chose s'était cassé dans mon moteur. Et comme je n'avais avec moi ni mécanicien, ni passagers, je me préparai à essayer de réussir, tout seul, une réparation difficile. C'était pour moi une question de vie ou de mort. J'avais à peine de l'eau à boire pour huit jours.

Le premier soir je me suis donc endormi sur le sable à mille milles de toute terre habitée. J'étais bien plus isolé qu'un naufragé sur un radeau au milieu de l'océan. Alors vous imaginez ma surprise au lever du jour, quand une drôle de petite voix m'a réveillé. Elle disait : ...

«S'il vous plaît... dessine-moi un mouton !

— Hein !

— Dessine-moi un mouton... »

J'ai sauté sur mes pieds comme si j'avais été frappé par la foudre. J'ai bien frotté mes yeux. J'ai bien regardé. Et j'ai vu un petit bonhomme tout à fait extraordinaire qui me considérait gravement.

II. Voilà le meilleur portrait que, plus tard, j'ai réussi à faire de lui. Mais mon dessin, bien sûr, est beaucoup moins ravissant que le modèle. Ce n'est pas ma faute. J'avais été découragé dans ma carrière de peintre par les grandes personnes, à l'âge de six ans, et je n'avais rien appris à dessiner, sauf les boas fermés et les boas ouverts.

Je regardai donc cette apparition avec des yeux tout ronds d'étonnement. N'oubliez pas que je me trouvais à mille milles de toute région habitée. Or mon petit bonhomme ne me semblait ni égaré, ni mort de fatigue, ni mort de faim, ni mort de soif, ni mort de peur. Il n'avait en rien l'apparence d'un enfant perdu au milieu du désert, à mille milles de toute région habitée.

Quand je réussis enfin à parler, je lui dis :

« Mais... qu'est-ce que tu fais là ? »

Et il me répéta alors, tout doucement, comme une chose très sérieuse :

« S'il vous plaît... dessine-moi un mouton... »

Quand le mystère est trop impressionnant, on n'ose pas désobéir. Aussi absurde que cela me semblât à mille milles de tous les endroits habités et en danger de mort, je sortis de ma poche une feuille de papier et un stylographe. Mais je me rappelai alors que j'avais surtout étudié la géographie, l'histoire, le calcul et la grammaire et je dis au petit bonhomme (avec un peu de mauvaise humeur) que je ne savais pas dessiner. Il me répondit:

« Ça ne fait rien. Dessine-moi un mouton. »

Antoine de Saint-Exupéry, *Le Petit Prince* © Éditions Gallimard

---

1. Où est-ce que l'avion du narrateur est tombé en panne ? (Section I)

2. Relevez la phrase qui indique que le narrateur était tout seul dans son avion.

3. Le narrateur avait peur de mourir car : (Section I)

    a) il était perdu

    b) il n'avait pas assez d'eau

    c) il était fatigué

    d) il n'avait rien à manger

4. Trouvez **deux** détails qui montrent que le narrateur était surpris quand une petite voix l'a réveillé. (Section I)

5. Citez la phrase qui indique que le narrateur a appris à ne dessiner rien d'autre que des serpents. (Section II)

6. Nommez **deux** matières que le narrateur a étudiées à l'école. (Section II)

7. The narrator of the story felt that he was very isolated in the desert. Support this statement, giving **two** examples from the text.

📖 Lisez

B) Lisez l'extrait de roman puis répondez aux questions.

I. Tard dans la nuit, à une date lointaine où j'étais sur le point d'atteindre l'âge de la majorité, je traversais la place des Pyramides vers la Concorde quand une voiture a surgi de l'ombre. J'ai d'abord cru qu'elle m'avait frôlé, puis j'ai éprouvé une douleur vive de la cheville au genou. J'étais tombé sur le trottoir. Mais j'ai réussi à me relever. La voiture avait fait une embardée et elle avait buté contre l'une des arcades de la place dans un bruit de verre brisé. La portière s'est ouverte et une femme est sortie en titubant. Quelqu'un qui se trouvait devant l'entrée de l'hôtel, sous les arcades, nous a guidés dans le hall. Nous attendions, la femme et moi, sur un canapé de cuir rouge tandis qu'il téléphonait au

comptoir de la réception. Elle s'était blessée au creux de la joue, sur la pommette et le front, et elle saignait. Un brun massif aux cheveux très courts est entré dans le hall et il a marché vers nous.

II. Dehors, ils entouraient la voiture dont les portières étaient ouvertes et l'un d'eux prenait des notes comme pour un procès-verbal. Au moment où nous montions dans le car de police secours, je me suis rendu compte que je n'avais plus de chaussure au pied gauche. La femme et moi, nous étions assis, côte à côte, sur la banquette de bois. Le brun massif occupait l'autre banquette en face de nous. Il fumait et nous jetait de temps en temps un regard froid. Par la vitre grillagée, j'ai vu que nous suivions le quai des Tuileries. On ne m'avait pas laissé le temps de récupérer ma chaussure et j'ai pensé qu'elle resterait là, toute la nuit, au milieu du trottoir. Je ne savais plus très bien s'il s'agissait d'une chaussure ou d'un animal que je venais d'abandonner, ce chien de mon enfance qu'une voiture avait écrasé quand j'habitais aux environs de Paris, une rue du Docteur-Kurzenne. Tout se brouillait dans ma tête. Je m'étais peut-être blessé au crâne, en tombant. Je me suis tourné vers la femme. J'étais étonné qu'elle porte un manteau de fourrure.

Patrick Modiano, *Accident Nocturne* © Éditions Gallimard

1. i) Comment sait-on que le narrateur était encore jeune ? (Section I)

   ii) Selon le premier paragraphe le narrateur :
      a) conduisait une voiture
      b) a vu un accident
      c) attendait une voiture
      d) a eu un accident

2. Trouvez l'expression qui montre que le narrateur s'est retrouvé par terre (Section I)

3. Quelle phrase, dans la première section, indique que la femme s'est également fait mal lors de l'accident ?

4. Trouvez dans la première section :
      a) un verbe à l'Imparfait
      b) un verbe pronominal

5. Trouvez l'expression qui montre que le narrateur et la femme étaient ensemble dans le car de police secours.

6. Dans la deuxième section le narrateur dit :
      a) qu'il a perdu sa chaussure
      b) qu'il faisait froid
      c) qu'il avait froid
      d) qu'il était perdu

7. Trouvez l'expression qui indique que le narrateur était dans un état de confusion. (Section II)

8. Relevez l'expression qui indique que le narrateur pensait qu'il s'était blessé à la tête. (Section II)

9. The narrator seems to grow increasingly confused as the story progresses. Support this statement, giving **two** points and referring to the text.

7.11 La Grammaire – Les Constructions avec Si
Apprenez

A) Use

The **conditional** tense *(le conditionnel)* in French is commonly used with a *si* clause. A *si* clause (an 'if' clause in English) indicates possibilities that may or may not occur.

There are two types of *si* clause in French.

1) *Si* + present + future
2) *Si* + imperfect + conditional

B) Formation

Si + Present + Future (SPF)
This construction is used for events that are **likely to take place**. The present tense follows the *si* clause, as it is the situation that is required before the other action (future) can occur.

Exemple :

S'il fait beau, nous irons à la plage.	If the weather is nice, we will go to the beach.
Je te téléphonerai si j'ai le temps.	I will call you if I have the time.
Elle achètera la jupe si elle a assez d'argent.	She will buy the skirt if she has enough money.

Si + Imperfect + Conditional (SIC)
This construction is used for events that are **unlikely to take place**. The imperfect tense follows the *si* clause, as it is the situation that is required before the other action (conditional) could occur.

Exemple :

Si tu me disais la vérité, je te croirais.	If you told me the truth, I would believe you.
Si je gagnais au Loto, je partirais en vacances aux Caraïbes.	If I won the Loto, I would go on holidays to the Caribbean.
Si j'avais assez d'argent, j'achèterais une belle voiture.	If I had enough money, I would buy a nice car.

7.12 Faire le Bilan

A) Exercices de vocabulaire

i) Traduisez les mots suivants en anglais :

a) les grandes vacances
b) les vacances d'hiver
c) les vacances de Pâques
d) un séjour
e) une station balnéaire

f) le vol
g) un gîte
h) les horaires
i) à l'étranger
j) le camion

k) le poids-lourd
l) le car
m) le brouillard
n) le tonnerre
o) la canicule

p) les déchets
q) les embouteillages
r) l'effet de serre
s) la couche d'ozone
t) la marée noire

ii) Traduisez les mots suivants en français :

a) Christmas holidays
b) beside the sea
c) in the countryside
d) ski resort
e) summer camp

f) holiday home
g) youth hostel
h) museum
i) underground train
j) train station

k) airport
l) sunny spells
m) showers
n) weather forecast
o) storm

p) flooding
q) global warming
r) traffic
s) chemical products
t) rainforest

iii) Traduisez les verbes suivants en anglais :

a) partir
b) prendre
c) voyager
d) séjourner
e) loger

f) voler
g louer
h) réserver
i) découvrir
j) se promener

k) conduire
l) circuler
m) se déplacer
n) rouler
o) souffler

p) sauver
q) épuiser
r) protéger
s) éteindre
t) débrancher

iv) Mettez le, la, l', ou les devant les noms :

a) ___ trajet
b) ___ vacances
c) ___ voiture
d) ___ moto
e) ___ vélo

f) ___ vent
g) ___ recyclage
h) ___ pollution
i) ___ planète
j) ___ nature

v) Mettez le dialogue en ordre et recopiez-le dans votre cahier :

Exemple : été • vacances • je • copine • partirai • ma • en • meilleure • cet • avec
= Je partirai en vacances cet été avec ma meilleure copine.

a) vacances • je • mois • en • suis • d'août • au • en • dernier • France • parti =
b) voiture • je • en • vacances • quand • en • voyager • j'aime • pars =
c) mon • est • train • de • voyager • avis • à • façon • meilleure • la • le =
d) il • matin • beau • France • fera • presque • toute • la • ce • sur =
e) débrancher • pour • pas • le • d'éteindre • de • chargeur • la • portable • lumière • n'oubliez • et • le =

vi) Reliez les expressions de même sens :

Exemple : la conservation – protéger la nature

a) le recyclage   i)   trop de circulation

b) l'embouteillage   ii) en danger de disparaître

c) les déchets   iii) la relation entre l'homme et l'environnement

d) l'écologie   iv) les choses inutilisables et sales

e) en voie de disparation   v)   trier le carton et le papier

B) Exercices de grammaire

Le conditionnel

i) Conjuguez les verbes réguliers entre parenthèses au conditionnel :

a) Je _____ (*aimer*) parler avec la petite fille.

b) Nous _____ (*acheter*) une nouvelle voiture avant la fin du mois.

c) Vous _____ (*finir*) vos devoirs à la maison.

d) Je _____ (*vendre*) ce tableau à mon frère.

e) Les filles _____ (*dormir*) mieux dans le grand lit.

f) Nous _____ (*manger*) dans le restaurant au port.

g) Il _____ (*aimer*) utiliser l'ordinateur.

h) Tu _____ (*attendre*) ton frère sous la pluie ?

i) Nous _____ (*regarder*) le match à la télé.

j) Ils _____ (*choisir*) la bonne réponse !

ii) Conjuguez les verbes irréguliers entre parenthèses au conditionnel :

a) Vous _____ (*pouvoir*) me dire où se trouve le château ?

b) Ils _____ (*vouloir*) aller à Paris.

c) Nous _____ (*aller*) en Espagne.

d) Paul _____ (*faire*) ses devoirs dans sa chambre.

e) Vous _____ (*avez*) des lunettes ?

f) Les enfants _____ (*devoir*) aller à l'école.

g) Mes parents _____ (*être*) ravis de te rencontrer.

h) Madame, je _____ (*vouloir*) du pain, s'il vous plaît

i) Elle _____ (*envoyer*) des textos à ses amis.

j) Je _____ (*tenir*) ta main pendant toute la cérémonie.

iii) Traduisez les phrases suivantes en français :

Exemple : I ought to finish the book. – *Je devrais finir le livre.*

a) I would make a decision.

b) The girls would go to school.

c) They ought to stay at home.

d) He would like to use a mobile phone.

e) She would like to go to France.

f) We would love to go to the concert.

g) They would like to sell the table.

h) I would like to eat ice-cream.

i) The teachers would like to speak.

j) He ought to do his homework.

Les constructions avec *si*

i) Complétez les phrases (Si + Imperfect + Conditional) avec les verbes qui conviennent :

Plus Avancé

Exemple : Si vous _____ (partir) le lendemain, vous _____ (pouvoir) participer à la soirée.
= Si vous **partiez** le lendemain, vous **pourriez** participer à la soirée.

a) Si vous _____ (*étudier*) plus, vous (*éviter*) _____ le stress !

b) Je _____ (*rester*) chez moi, s'il _____ (*faire*) mauvais.

c) Si elle _____ (*gagner*) assez d'argent, elle _____ (*acheter*) une voiture.

d) Si tu _____ (*lire*) le roman, tu _____ (*être*) triste !

e) Si Anna _____ (*travailler*) dur, elle _____ (*gagner*) beaucoup d'argent.

ii) Complétez les phrases (Si + Present + Future) avec les verbes qui conviennent :

Exemple : Si je _____ (*gagner*) assez d'argent, je _____ (*prendre*) ma retraite.
= Si je **gagne** assez d'argent, je **prendrai** ma retraite.

a) S'il _____ (*faire*) beau, ils _____ (*aller*) à la plage.

b) Je _____ (*annuler*) la fête, s'il _____ (*faire*) mauvais,

c) Si elle _____ (*avoir*) plus de temps libre, elle _____ (*partir*) à l'étranger.

d) Si tu _____ (*regarder*) le film d'horreur, tu _____ (*avoir*) peur !

e) Si Paul _____ (*travailler*) dur, il _____ (*avoir*) des bonnes notes.

iii) Traduisez les phrases suivantes en français :

Exemple : If I won the medal, I would be happy.
= Si je **gagnais** la médaille, je **serais** content.

a) If he won the lottery, he would be rich.

b) If he wins the lottery, he will be rich

c) If she was the president, she would make decisions.

d) If she is the president, she will make decisions.

e) If I was pretty, I would be happy.

f) If I am pretty, I will be happy.

g) If you worked hard, you would win!

h) If you work hard, you will win!

i) We would be angry if we missed the concert,

j) We will be angry if we miss the concert.

C) Exercices écrits

La carte postale

i) You are on holiday in France. Write a postcard to your friend David. In your postcard, say that:

- You are on holidays in France with your family and your campsite is by the sea.
- The local beach is beautiful and the people are very friendly and kind.
- You hope to visit a castle tomorrow with your father.

ii) Write a postcard to your friend Denis/Delphine in which you say that:

- You arrived in Roscoff last Saturday with your family.
- You are staying in a small hotel in the city centre.
- You will be in Rennes next week and would love to meet up.

iii) Write a postcard to your grandparents in which you say that:

- You are on holidays in Nice with friends and the weather is beautiful.
- You eat out every night and love the local cuisine.
- You are going to go fishing tomorrow

iv) You are staying with Luc, a French friend in Paris. Write a postcard to your friend Seán in which you:

- Say that you are having a wonderful time in Paris but the weather is awful.
- Say that you are speaking French every day to Luc and his family.
- Ask if he would like to join you in Paris for a few days.

v) Write a postcard to your penpal Annabelle in which you say that:

- You are on holidays in Killarney with your cousins.
- Yesterday you rented a bike and spent the day in the countryside.
- The local people are very friendly and the weather is great.

vi) Write a postcard to your friend Hervé/Hélène in Brussels in which you:

- Tell him/her that you are currently sitting your exams and that they are going well.
- Tell him/her that you have bought your plane ticket to Brussels and will arrive on the 5th of July.
- Ask if he/she would like you to bring him/her a present from Ireland.

vii) Write a postcard to your French friend Charles/Claudine:

- Thank him/her for the lovely card and birthday gift.
- Say that you had a great birthday and that you are enjoying the summer.
- Say that you have a new job as a waiter/waitress in an Italian restaurant.

viii) Write a postcard to your French aunt Nathalie, in which you:

- Wish her a very happy New Year.
- Tell her how you spent Christmas with your family.
- Say that you would love to go skiing with her in February.

ix) Write a postcard to your penpal Antoine/Anna in which you say that:

- You are staying in a youth hostel in Paris.
- Yesterday you spent the whole afternoon in the Louvre museum.
- Tomorrow you hope to go shopping and will buy her a present.

7.13 La Préparation à l'Examen – La Carte Postale
📖 Étudiez

The postcard appears as one of two options in Section II, Part B of the Ordinary Level Leaving Certificate paper. This question is worth 30 marks in total: 15 marks for communication (how you deal with the three points) and 15 marks for the quality of the language you use. While no marks are awarded for layout, it is advisable to use the correct postcard layout.

Marking Scheme

Card = 30 marks

Communication

- Three tasks @ 5 marks each
- Two points required for 5 marks **(3 + 2)**

⮑
- First category: message not clear.
- Second category: message clear.

N.B. The correct tense is required for full marks in communication.

Language

- First category **0–5**
- Second category **6–10**
- Third category **11–15**

Sample layout

Write a postcard to your penpal, Xavier, in which you say that:
- You arrived in Nice last Saturday.
- You are staying in a nice hotel with a swimming pool and gym.
- You will be going on a day trip tomorrow to Monaco

Nice, le 14 juillet

Salut Xavier,

Un grand bonjour de Nice. Je suis arrivée saine et sauve samedi dernier. Je loge dans un hôtel quatre étoiles sur la Promenade des Anglais. L'hôtel est très bien équipé, il y a une piscine et un gymnase. Demain je partirai en excursion à Monaco. J'irai voir le Casino et le Palais du Prince Albert. Il fait très beau ici et il y a du soleil tous les jours. Je rentrerai toute bronzée.

À bientôt

Christine

What to write about

In the postcard you are asked to write on three topics. You must cover all three topics in order to achieve full marks. If you leave one of the points out you will automatically lose one third of the overall marks. You may cover the three points in any order you wish.

You are given three tasks to cover which are based on holiday activities. In general, the points you are asked to write on are:

- Travel
- Holiday activities
- Sightseeing
- Accommodation
- Food
- Seasonal greetings
- Weather
- Future plans
- School/exams

You will often be required to use the present, future and past tenses. Make sure you are able to express yourself in all three tenses

Exemple:

Hier, je suis allé(e) au musée avec mes parents.	Le passé composé
Aujourd'hui, je vais au musée avec mes parents.	Le présent
Demain, j'irai au musée avec mes parents.	Le futur simple
Hier, nous avons fait du shopping au centre ville.	Le passé composé
Aujourd'hui, nous faisons du shopping au centre ville.	Le présent
Demain, nous ferons du shopping au centre ville.	Le futur simple
Hier, il faisait très beau.	L'imparfait
Aujourd'hui, il fait très beau.	Le présent
Demain, il fera très beau.	Le futur simple

Les phrases utiles

The following phrases will prove useful when writing a postcard:

Le début	
Me voici ici à Paris.	Here I am in Paris.
Nous sommes en vacances à Bordeaux.	We are on holidays in Bordeaux.
Un grand bonjour de Lyon.	A big hello from Lyon.
Je suis ici à Rennes en voyage scolaire avec mon lycée.	I'm here in Rennes on a school trip.
Un grand bonjour des Alpes où je passe une semaine de vacances.	A big hello from the Alps, where I'm on holidays for a week.

Le voyage	
Je suis arrivé(e) à Paris sain(e) et sauf/sauve.	I arrived in Paris safe and sound.
Le voyage s'est très bien passé.	The journey went went.
Le voyage en bateau ne s'est pas très bien passé.	The boat journey did not go very well.
J'avais le mal de mer.	I was seasick.
Le voyage en avion était confortable et agréable. J'ai bouquiné pendant le vol.	The plane journey was comfortable and pleasant. I read during the flight.

Le logement

Je reste dans le camping municipal/l'auberge de jeunesse.	*I'm staying in the local campsite/youth hostel.*
Nous logeons dans un hôtel quatre étoiles.	*We are staying in a four-star hotel.*
J'adore mon hôtel, il est confortable et moderne.	*I love my hotel, it is comfortable and modern.*
Le camping est très bien équipé. Il y a une grande piscine, une boîte de nuit et plusieurs terrains de sport.	*The campsite is very well equipped. There is a large swimming pool, a nightclub and several sports pitches.*

En général

Je m'amuse bien ici en France/à Paris.	*I'm having a great time here in France/in Paris.*
On ne s'ennuie jamais car il y a tellement de choses à faire et à voir.	*We are never bored as there is so much to do and see here.*
Je passe des superbes vacances.	*I'm having a great holiday.*
Tout le monde est bien gentil.	*Everyone is really lovely.*
J'ai rencontré des gens très sympas.	*I have met some lovely people.*
Il y a une vraie ambiance de fête ici et nous sortons en boîte de nuit tous les soirs.	*There is a real party atmosphere here and we go out clubbing every night.*

Les activités

Présent

Tous les jours nous allons à la plage.	*Every day we go to the beach.*
Nous nageons dans la mer et nous nous faisons bronzer au soleil.	*We swin in the sea and sunbathe.*
Aujourd'hui je vais à Paris pour visiter Le Louvre et voir la fameuse *Joconde*.	*Today we are going to Paris to visit the Louvre and see the famous Mona Lisa.*
Chaque soir nous sortons en boîte et nous dansons jusqu'à l'aube !	*Every night we go out clubbing and dance until dawn!*
D'habitude, je visite des musées et des vieux châteaux de la région.	*In general, I visit the museums and castles of the area*

Passé

Hier, je suis allé(e) visiter un musée, c'était très intéressant.	*Yesterday, I went to a museum, it was really interesting.*
Hier, je suis allé(e) au centre ville pour faire du shopping avec ma mère.	*Yesterday, I went to the city centre to go shopping with my mother.*
J'ai acheté une jolie jupe/un bon livre.	*I bought a pretty skirt/a good book.*
Hier, je suis allé(e) au marché local. J'ai acheté des fraises et du fromage.	*Yesterday, I went to a local market. I bought strawberries and cheese.*
Hier soir, j'ai assisté à un concert de musique folklorique de la région.	*Last night I went to a local folk music concert.*

Futur

Demain, nous louerons des vélos pour faire une promenade à la campagne.	*Tomorrow, we will rent bikes to go on a cycle through the countryside.*
Demain, j'irai à Paris. Je visiterai l'Arc de Triomphe et la Tour Eiffel.	*Tomorrow, I will go to Paris. I will visit the Arc de Triomphe and the Eiffel Tower.*
Le week-end prochain nous louerons une voiture pour visiter des châteaux de la Loire.	*Next weekend we will rent a car in order to visit the castles of the Loire Valley.*

La nourriture

La cuisine française est très variée et délicieuse.	*French cuisine is very varied and delicious.*
J'ai mangé de la bouillabaisse, la spécialité de Marseille.	*I ate bouillabaisse, the speciality of Marseille.*
Nous mangeons très bien ici à Lyon/en France.	*We are eating very well here in Lyon/in France.*
Sortir au restaurant ne coûte pas très cher et la nourriture est excellente.	*Eating out is not very expensive and the food is excellent.*
J'ai dégusté le vin de la région, il est très bon.	*I tasted the local wine, it is really good.*

Les vœux

Joyeux anniversaire/Noël/joyeuses Pâques.	*Happy Birthday/Happy Christmas/Happy Easter*
Je te souhaite une bonne année.	*I wish you a very Happy New Year.*

La fin

À bientôt.	*See you soon.*
Je rentre lundi.	*I'm coming back on Monday.*
Dis bonjour à tout le monde pour moi.	*Say hello to everyone for me.*

7.14 Auto-évaluation

APRÈS AVOIR TERMINÉ L'UNITÉ 7, JE SUIS CAPABLE DE :

L'expression orale

	Bien	Assez bien	Pas du tout
expliquer mes projets de vacances			
décrire des voyages			
comparer les moyens de transport			
parler du temps qu'il fait			
comprendre et expliquer les dangers de la pollution			

Compréhension écrite

	Bien	Assez bien	Pas du tout
lire et comprendre les informations écologiques			
lire et étudier une carte de France			

Production écrite

	Bien	Assez bien	Pas du tout
écrire une carte postale			

Grammaire

	Bien	Assez bien	Pas du tout
comprendre, former et employer le conditionnel			
comprendre, former et employer les phrases avec *si*			

UNITÉ 8

Être en Bonne Santé

Objectifs linguistiques et communicatifs :

- Talk about health issues
- Discuss eating habits
- Describe how addiction affects young people

Vocabulaire :

- La santé
- Les aliments
- Le corps
- Les dépendances

Le dossier oral :

- Rester en forme

La production écrite :

- La lettre formelle III
- La question d'opinion

Grammaire :

- Les pronoms

Préparation à l'examen :

- La lettre formelle III

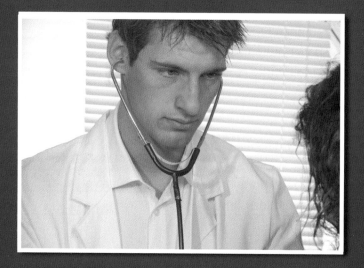

8.1 La Santé
📖 Lisez

A) Une semaine sous la couette !

Thierry en a vraiment marre. Il est au lit depuis quatre jours car il a la grippe. Lisez le courriel qu'il a envoyé à son ami Christophe et répondez aux questions suivantes :

À : tophe94@wanadoo.fr
De : thierryR96@yahoo.fr
CC :
Sujet : Pas le moral !

Salut Christophe,

Comment ça va ?

Moi, ça ne va pas du tout. J'ai la grippe et je n'en peux plus. J'en ai tellement marre ! Aprés avoir passé quatre jours au lit je m'ennuie à mourir. Je me sens tout le temps fatigué et malade. Imagine, je n'ai même pas envie de jouer à la PlayStation ou regarder des DVD. Quelle horreur !

Je n'ai vraiment pas de chance car ma classe part en voyage demain, en France. Bien sûr, ils vont partir sans moi car je suis trop malade pour voyager.

Ils vont passer quatre jours à Paris. L'itinéraire est vraiment super, ils vont visiter la Tour Eiffel, l'Arc de Triomphe et le Musée du Louvre. Une visite à Disneyland Paris est prévue pour le dernier jour. Ce n'est pas juste ! J'attendais cette visite avec beaucoup d'impatience. Je suis vert de rage !

Si tu n'as rien à faire ce week-end, ça te dit de passer me voir à la maison ? On peut toujours regarder le match. C'est PSG contre OM. Ça va être chaud !

A bientôt,
Thierry

i) Answer the questions below in English.

1. According to the email, what is wrong with Thierry?

2. Describe his general mood at the moment.

3. What school activity will he be missing out on?

4. How does he feel about not being able to participate in this activity?

5. What does he invite Christophe to do at the weekend?

ii) Un email. Imaginez que vous êtes Christophe, l'ami de Thierry. Répondez à son courriel.

Vocabulaire

B) La santé

Parler de la santé

être en bonne santé	to be in good health
être malade	to be sick
avoir mal	to have a pain/to feel ill
avoir mal au ventre	to have a stomach-ache
se casser le bras/ la jambe	to break your arm/leg
attraper un coup de soleil	to get sunburned
tomber malade	to fall ill
avoir de la fièvre	to have a fever
guérir	to get better
se sentir mieux	to feel better
se couper	to cut
se faire mal à	to hurt something
se blesser	to injure
se tordre	to sprain

Chez le pharmacien

les comprimés/ les cachets	tablets
la douleur	pain
un médicament	medication
des mouchoirs	tissues
une ordonnance	prescription
un pansement	bandage
une pharmacie	chemist (shop)
pharmacien(ne)	chemist (person)
une pillule	pill
une pommade	ointment
le sirop	cough medicine
du sparadrap	plaster

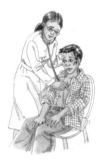

Chez le médecin

un cabinet	doctor's surgery
être enrhumé	to have a cold
éternuer	to sneeze
examiner	to examine
les heures de consultation	surgery hours
l'infirmière	nurse
le médecin généraliste	GP
le plâtre	plaster
la piqûre	injection
une prise de sang	blood test
prendre rendez-vous chez le medecin	to make a doctor's appointment
saigner	to bleed
souffrir	to suffer
le SAMU	the ambulance service
la radio	X-ray
tousser	to cough
vomir	to throw up

Les maladies

l'angine	sore throat
l'arthrite	arthritis
l'asthme	asthma
le diabète	diabetes
la bronchite	bronchitis
la grippe	flu
le rhume	cold
la toux	cough
le cancer	cancer
le sida	AIDS

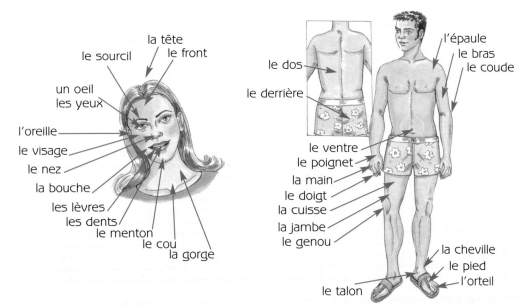

Utilisez les expressions suivantes pour parler de vos problèmes de santé.

Les problèmes de santé

Je voudrais prendre un rendez vous chez le médecin/le dentiste.	*I would like to make a doctor's/dentist's appointment.*
J'ai mal aux dents.	*I have a toothache.*
Je suis allergique à …	*I'm allergic to …*
Je ne suis pas bien dans ma peau.	*I don't feel right.*
Je n'ai pas le moral.	*I'm fed up.*
Je vais aux urgences.	*I'm going to A&E.*

✒ Écrivez

i) Terminez les phrases suivantes :

1. David se sent un peu malade, il va chez _____.

2. Aïe, je me _____ au dos !

3. Je ne pouvais pas acheter les médicaments car j'ai oublié mon _____.

4. Elle est enrhumée, elle a besoin de quelquechose contre le _____.

5. Mon père a besoin d'un pansement car il _____ le doigt.

6. Luc a mal aux dents, il veut aller chez _____.

7. Je ne peux pas manger de fromage car je ____ _____ au lait.

8. Ma mère pense qu'elle a _____ car elle a vraiment mal à la gorge.

9. Il s'est cassé le bras donc je l'amène aux _____.

10. Il faut que je fasse une prise de sang mais j'ai peur des _____.

ii) Match the illness on the left-hand side to the corresponding treatment on the right-hand side.

La maladie	Le traitement
1. la bronchite	a. prendre un aérosol-doseur (spray)
2. la grippe	b. faire de la chimiothérapie
3. mal au dos	c. prendre des antibiotiques
4. l'asthme	d. rester au lit
5. le cancer	e. prendre des comprimés contre la douleur

🎧 Écoutez ⋯⋯⋯⋯⋯⋯ 8.1

C) Au secours, je suis malade ! Listen to four people discuss recent accidents and illnesses. Fill in the grid below:

	Health problem	Professional consulted	Treatment	Result
Agnès				
Bernard				
Benjamin				
Aimée				

💬 Parlez

D) À vous maintenant, parlez de votre santé. À deux décrivez vos problèmes de santé.

1. Êtes-vous en bonne santé ?

2. Qu'est-ce que vous faites pour rester en bonne santé ?

3. Est-ce que vous avez des problèmes de santé ?

4. Comment soignez vous vos problèmes de santé ?

5. Est-ce que vous êtes déjà allés à l'hôpital ?

✒️ Écrivez ⋯⋯⋯⋯⋯⋯⋯⋯⋯⋯⋯⋯⋯

E) La production écrite

i) Est-ce que vous avez déjà eu un accident ? Écrivez une brève description de votre accident et le traitement que vous avez reçu à la suite.

Journal Intime – Les vacances
i) You have just returned home from a horrible day at school. Note the following in your diary:
- This morning, you had an accident in school.
- You broke your leg and were taken to hospital.
- You are very unhappy and feel miserable.

ii) You have just returned home from a school trip to Paris. Note the following in your diary:
- You stayed in a lovely hotel in the centre of Paris.
- The weather was very bad and you caught a cold.
- You did not enjoy the rest of the trip as you were sick.

8.2 Garder la Ligne

⊙ Écoutez ········ 8.2

A) La santé vient en mangeant

You are what you eat. Our diet makes up an important part of our health regimes.

Que faites-vous pour rester en forme ? Ecoutez les commentaires de quatre personnes qui parlent de leurs régimes alimentaires. Répondez aux questions suivantes en anglais :

Dara

1. Why does Dara need to be fit and healthy?
2. What sort of diet does he follow?
3. Explain his attitude towards alcohol and cigarettes.

Noémie

1. Why is Noémie trying to lose weight?
2. Why did she consult her doctor?
3. What advice did he give her?

Sophie

1. Mention **two** points Sophie makes about her bad eating habits.
2. Why does she think that swimming is a good form of exercise?
3. How does she manage to stay in shape?

Laurent

1. What is Laurent's attitude towards food?
2. Mention **two** points he makes about modern farm produce.
3. How does he suggest we take care of our bodies?

🔤 Vocabulaire

B) La nourriture

Lisez le vocabulaire suivant et divisez les mots en deux catégories – « Bon pour la santé » et « Mauvais pour la santé » :

les sucreries	le lait	le pain au chocolat
la pomme de terre	l'oignon	le fromage
les haricots verts	l'alcool	la carotte
le poulet	les huîtres	la charcuterie
les noix	le café	
la crème	le beurre	
le canard	la limonade	
la glace	l'eau	
les chips	le chocolat	
l'orange	le saumon	
la tomate	les crevettes	
la pizza	le pain	
les pâtes	le riz	
le gâteau	le croissant	
le chou	le poivron	
la crème caramel	les frites	

Les expressions utiles
Utilisez les expressions suivantes pour parler de votre régime alimentaire :

trois repas par jour
le petit déjeuner
le déjeuner
le dîner
garder la ligne
surveiller sa ligne
rester en forme
être au régime
manger équilibré
avoir des kilos en trop
perdre du poids

C) L'obésité chez l'enfant

Lisez

L'obésité chez l'enfant est déjà épidémique dans plusieurs pays du monde. Actuellement, environ 22 millions d'enfants de moins de 5 ans sont obèses et beaucoup plus souffrent de surpoids. Aujourd'hui, de plus en plus d'enfants de moins de dix ans sont en danger de devenir obèses. Quelles sont les causes principales de ce phénomène ?

Lisez les commentaires et répondez aux questions suivantes :

Léa 19 ans, étudiante à Lyon :
A mon avis, c'est la faute de la société moderne. L'une des causes principales de l'obésité est la technologie. Avec tous les nouveaux gadgets disponibles, les enfants sont tout à fait contents de mener une vie sédentaire. Les jeunes enfants ne font pas assez d'exercice. Au lieu de jouer au foot ou d'aller faire un tour à vélo, ils passent des heures devant la télé ou l'ordinateur. Les consoles de jeux comme la Xbox ou la PlayStation sont en train de rendre nos enfants obèses. Il faut à tout prix limiter l'accès à ce type de passe-temps. Il faut absolument que les enfants mènent une vie bien équilibrée. Donc les parents doivent assurer que leurs enfants ont l'occasion de faire une activité physique, au moins quatre fois par semaine.

Jean-Christophe 43 ans, médecin généraliste Bordeaux :
Alors, pour moi la raison pour laquelle nos enfants sont en train de devenir obèses est très simple ; c'est le fast-food. Aujourd'hui 60% des enfants ne suivent pas un régime alimentaire bien équilibré. Quand on est jeune il est très important de suivre un régime riche en vitamines et protéines. Donc il faut manger cinq portions de fruits et légumes par jour. Malheureusement, la tendance aujourd'hui chez les adolescents est de manger de la nourriture bien grasse comme les pizzas et les frites. Ce n'est pas du tout bon pour la santé d'un enfant. Il y a des parents qui amènent leurs enfants au McDonald's une fois par semaine. C'est scandaleux ! Je ne suis pas du tout étonné que le taux d'obésité ne cesse d'augmenter en France.

Béatrice 35 ans, mère de 3 enfants, Melun :
Il est vraiment choquant que le taux d'obésité chez les enfants soit si haut. Je crois que beaucoup de parents ne s'occupent pas de la santé de leurs enfants. Ils doivent prendre plus de responsabilités. Je connais plusieurs de parents qui disent qu'ils n'ont pas le temps de faire à manger. Ils prétendent qu'ils sont trop stressés par le travail. Alors à la maison tout le monde mange des plats à emporter ou des aliments bien gras. Les mêmes parents n'ont pas le temps de faire du sport avec leurs enfants. Comme ils sont toujours fatigués ils préfèrent que leurs enfants restent devant la télé. A mon avis, un parent doit bien surveiller la santé de ses enfants. Il faut encourager nos enfants à faire de l'exercice et à bien manger.

Léa
1. Who does Léa blame for the problem of obesity?
2. How has technology changed our children's lifestyles?
3. According to Léa, what should parents do to prevent their children from becoming obese?

Jean-Christophe
1. According to Jean-Christophe, why are our children becoming obese?
2. What type of nutrients should a child's diet consist of?
3. Why is he not shocked at the increasing obesity levels?

Béatrice
1. What must parents do to prevent their children from becoming obese?
2. Why do many parents say that they do not have time to cook?
3. What sort of lifestyle should a parent encourage their child to lead?

Écoutez 8.3

D) L'obésité : Le fléau de la société moderne

Selon l'Organisation Mondiale de la Santé, l'obésité figure actuellement parmi les plus graves problèmes de santé publique. Dr Huré, médecin généraliste nous parle de ce problème. Répondez aux questions suivantes :

1. What specific complaint do many of Dr Huré's patients suffer from?

2. How does a stressful lifestyle contribute to the problem of obesity?

3. What dining tradition has disappeared from our lives?

4. Mention **two** points Dr Huré makes when it comes to eating a balanced diet.

5. Why should we integrate physical activity into our daily lives?

Parlez

E) À vous maintenant, parlez de votre régime alimentaire. À deux décrivez ce que vous aimez manger et si vous faites attention à vos lignes.

1. D'habitude, qu'est-ce que vous prenez pour le petit-déjeuner ?

2. Est-ce que vous suivez un régime alimentaire bien équilibré ?

3. Faites-vous attention à votre ligne ?

4. Est-ce que vous avez déjà fait un régime ? Pourquoi/Pourquoi pas ?

5. Vous faites-vous du souci par rapport à votre poids ?

Écrivez

F) La production écrite

i) Les filles sont toujours au régime. C'est vraiment ridicule. Qu'en pensez-vous ?

Journal intime – Votre régime alimentaire

ii) You have just had an argument with your parents about your eating habits. Note the following in your diary:

- Your parents think that you do not eat a well-balanced diet.
- You do not like eating fruit and vegetables.
- You are a very sporty person and do not have problems with your weight.

Écoutez  8.4

G) Est-ce que vous mangez sain ?

Écoutez les gens qui parlent de leurs régimes alimentaires et répondez aux questions suivantes :

1. Why is Anne finding it hard to lose weight?

2. What is the only form of daily exercise she gets?

3. Why does Kieran have to worry about his weight?

4. What remark does he make about his diet?

5. Name two places where Emma has seen media reports about obesity.

6. What does she do in an effort to keep her family healthy?

7. How does Amy describe herself?

8. Give an example of **two** healthy foods she eats.

8.3 Les Dépendances
📖 Lisez

A) L'alcool et les adolescents irlandais

Many media reports suggest that Irish teenagers are irresponsible when it comes to alcohol and frequently binge drink. Read the opinions of Seán and Steven, two secondary school students, on this topic and answer the questions that follow.

À votre avis est-ce que les adolescents irlandais boivent trop d'alcool ?

Seán

Je pense que les jeunes irlandais n'ont aucun respect pour l'alcool. La plupart d'entre eux ne s'imposent pas de limites par rapport à l'alcool. Il est évident qu'ils en boivent trop. Les campagnes de publicité répètent sans cesse qu'il faut consommer l'alcool avec modération. Cependant la plupart des jeunes n'écoutent pas ce message. Malheureusement, il y a même des gens qui font l'inverse et boivent à la défonce. Si vous sortez le samedi soir à Dublin vous verrez des centaines de jeunes en état d'ivresse. J'ai vraiment peur qu'ils aient un accident car ils ne sont souvent pas capables de marcher droit. C'est un vrai scandale. À mon avis le gouvernement doit introduire un plan contre l'abus d'alcool dans tous les lycées du pays. Il est très important de faire connaître aux jeunes les dangers de l'alcool dès le plus jeune âge.

Steven

A mon avis la plupart des jeunes irlandais, comme moi, ne boivent pas trop d'alcool. J'ai eu dix-huit ans au mois d'octobre dernier. Je pense que je suis très responsable par rapport à ma consommation d'alcool. Comme tout le monde, j'aime sortir le week-end et prendre une pinte de Guinness entre amis. Cela ne veut pas dire que j'ai envie de me saouler chaque fois que je sors avec mes copains. Au contraire, je ne vois pas l'intérêt de finir la soirée dans un état lamentable parce que j'ai trop bu. Je n'ai aucune envie de boire à la défonce, c'est stupide et très dangereux pour la santé. Bien sûr qu'il y a toujours des adolescents qui vont en abuser mais ce n'est pas tout le monde. En général, la plupart des jeunes de mon âge, se comportent comme moi quand ils font des soirées. Ils ont du respect pour eux-mêmes et ils consomment de l'alcool avec modération.

Seán
1. Mention **two** points Seán makes about teenage drinking in Ireland.
2. What message do the anti-drinking campaigns try to get across?
3. How do young people respond to this message?
4. Why does he worry about the safety of teenagers on a night out?
5. According to Seán, what should the government do to promote alcohol awareness?

Steven
1. Describe Steven's attitude towards alcohol.
2. What does he like to do at the weekend?
3. Why does he not like to get drunk when he goes out?
4. What is his opinion of binge drinking?
5. Mention **two** points he makes about teenagers' relationship with alcohol.

Vocabulaire

B) Les dépendances

Les dépendances

une substance toxique	toxic substance
la dépendance	addiction
etre dépendant/ être accro	to be addicted
provoquer une dépendance	to create an addiction
le fléau	scourge
la lutte contre …	the struggle against …
s'évader de l'ennui	to escape from boredom
pour avoir l'air cool	to look trendy
pour être branché	to be cool
c'est un moyen d'évasion	a means of escaping

Le tabac

le tabagisme	addiction to cigarettes
un fumeur	smoker
s'arrêter de fumer	to quit smoking
tousser	to cough
des problèmes respiratoires	breathing problems
être nocif pour la santé/ être nuisible pour la santé	to be harmful to your health
le cancer du poumon	lung cancer
une habitude dégoûtante	disgusting habit
fumer comme un pompier	to smoke like a

Les sites web

Pour en savoir plus sur les dépendances et les français consulter les sites web suivants :
www.drogues.gouv.fr
www.loi-anti-tabac.fr
www.sante.gouv.fr

L'alcool

un buveur	drinker
boire avec modération	to drink in moderation
boire à la défonce	binge drinking
être saoul/être ivre	to be drunk
se saouler/ prendre une cuite	to get drunk
avoir la gueule de bois	to have a hangover
l'alcoolisme	alcoholism
un alcoolique	alcoholic

La drogue

la toxicomanie	drug addiction
un(e) toxicomane/ un(e) drogué(e)	addict
se droguer	to take drugs
abuser d'une drogue	to abuse drugs
être en manque	to be in withdrawal
se désintoxiquer	to get treated
le trafic de drogue	drug trafficking
un trafiquant	drug dealer
planer (slang)	to get high

Les phrases utiles

Utilisez les expressions suivantes pour parler des dépendances chez les jeunes.

Je suis complètement accro à la cigarette.	I am addicted to cigarettes.
Les jeunes boivent pour oublier la pression des examens.	Young people drink to forget exam pressure.
L'abus d'alcool est la cause principale des accidents mortels sur nos routes.	The abuse of alcohol is the main cause of fatal accidents on our roads.
Les jeunes gens se droguent pour oublier leurs soucis.	Young people take drugs in order to forget their problems.
Les drogues dures, comme la cocaïne et l'héroïne, tuent des milliers de toxicomanes par an.	Hard drugs such as cocaine and heroine kill thousands of addicts each year.
La drogue est devenue le fléau de la société moderne en Irlande.	Drugs have become the scourge of modern Irish society.

Écrivez

i) Utilisez le vocabulaire pour terminer les phrases suivantes :

1. Pierre boit trop, j'ai peur qu'il devienne _____.
2. Aujourd'hui, les jeunes ne connaissent pas leurs limites et ils boivent _____.
3. Les _____ prennent souvent de la cocaïne.
4. Je connais beaucoup de jeunes qui boivent pour _____.
5. L' _____ d'alcool est devenu un grand problème en Irlande.
6. Fumer est très _____ pour la santé de l'individu.
7. Fumer augmente le risque de _____.
8. Elle ne boit pas d'alcool car elle déteste être _____.
9. Isa ne fume pas car c'est une _____.
10. Il faut toujours boire de l'alcool avec _____.

ii) Match the word on the left-hand side to the corresponding addiction on the right-hand side.

Les mots	Les dépendances
1. un ivrogne	a. le tabagisme
2. les clopes	b. l'alcoolisme
3. une surdose	c. la toxicomanie
4. un dealer	d. le tabagisme
5. un cancer de la gorge	e. la toxicomanie

Écoutez
8.5

C) Les dangers du tabagisme

i) Listen to the following news reports regarding tobacco and answer the questions in English:

Les infos sur le tabagisme
1. When did the new smoking ban come into effect in France?
2. Name **two** types of establishments that must conform with the new measures.
3. Who has welcomed the smoking ban in France?
4. How many students were involved in the survey?
5. What was Its main finding regarding smoking?
6. By what percentage has the number of teenage smokers increased?
7. How many French students have admitted trying a cigarette?
8. According to the survey, how many tobacco-related deaths are recorded each year?
9. How many people die from passive smoking each year?
10. What is the life expectancy for those who start smoking at fifteen years old?

Écoutez 8.6

ii) Ecoutez l'entretien avec la médecin Aude Borderies et répondez aux questions suivantes :

Les jeunes et les cigarettes

1. Name **two** reasons why young people start smoking.
2. What might happen if one member of a group starts smoking?
3. What can regular smoking of cigarettes lead to?
4. Name **three** negative results of smoking.
5. Why is there no one solution to help people stop smoking?
6. What help is available for those who would like to give up cigarettes?

Parlez

D) À deux, répondez à l'oral aux questions suivantes :

1. Est-ce que vous buvez régulierement de l'alcool ? (Expliquez pourqoui.)
2. Expliquez les raisons pour lesquelles les jeunes irlandais boivent sans modération ?
3. Est-ce que vous fumez ? (Expliquez pourquoi.)
4. Qu'est-ce qu'il faut faire pour arrêter de fumer ?
5. Est-ce qu'il existe un problème avec la drogue dans votre quartier ?

Écrivez

E) La production écrite

Plus Avancé

i) A votre avis, pourquoi y a-t-il tellement de jeunes irlandais qui se droguent ? Écrivez un court paragraphe d'environ 75 mots sur le problème de la drogue en Irlande.

ii) Est-ce que vous avez déjà essayé d'arrêter de fumer ? Écrivez un paragraphe sur votre tentative.

iii) Selon vous, pourquoi le nombre de jeunes qui boivent à la défonce augmente chaque année en Irlande ?

8.4 Dix Questions à l'Oral

Parlez Écoutez — 8.7

A) Thème : Rester en forme

Utilisez le vocabulaire p. 261 et p. 266 pour répondre aux questions suivantes. Notez vos réponses dans votre carnet d'oral.

Les questions

1. Qu'est-ce que vous faites pour rester en forme ?

2. Est-ce que vous avez un régime alimentaire équilibré ?

3. Qu'est-ce que vous aimez manger ? Faites vous attention à votre ligne ?

4. Pourquoi est-ce que vous faites du sport ?

5. Est-ce que vous avez des problèmes de santé ?

6. Est-ce que vous buvez régulièrement de l'alcool ? (Expliquez pourquoi.)

7. Expliquez les raisons pour lesquelles les jeunes boivent ?

8. Est-ce que vous fumez ? (Expliquez pourquoi.)

9. Qu'est-ce qu'il faut faire pour arrêter de fumer ?

10. A votre avis pourquoi y a-t-il tellement de jeunes qui fument ?

Écoutez — 8.8

B) Pour vous aider

Q : Qu'est-ce que vous faites pour rester en forme ?
A mon avis, il faut deux choses pour rester en forme. Tout d'abord il faut faire du sport régulièrement. Ensuite il faut avoir un régime équilibré. C'est facile d'être en bonne santé si on fait une demi-heure de marche et mange trois repas équilibrés par jour.

Q : Qu'est-ce que vous aimez manger ? Faites vous attention à votre ligne ?
Je suis quelqu'un de très gourmand. Comme j'ai tendance à avoir des kilos en trop il faut que je fasse attention à ce que je mange. Malheureusement, je dois faire très attention à ma ligne. J'essaie de manger équilibré en semaine. Je mange trois repas et au moins quatre fruits ou légumes par jour. Le week-end je me fais plaisir et je mange des gâteaux et du chocolat.

Q : Pourquoi est-ce que vous faites du sport ?
Je fais du sport pour rester en forme. Je fais du jogging quatre fois par semaine. Je me lève à six heures et demie et je cours pendant une heure avant d'aller à l'école. Heureusement je suis un grand sportif et j'adore ça. Le sport est un excellent moyen de garder la ligne.

Q : Expliquez les raisons pour lesquelles les jeunes boivent ?
Je pense que la plupart des jeunes boivent pour s'amuser ou pour se détendre. Ils ont tendance à boire trop d'alcool quand ils veulent faire la fête. Malheureusement, ils ne connaissent pas leurs limites. C'est dommage car on n'a pas besoin de se soûler pour passer une agréable soirée.

Q : Est-ce que vous fumez ? (Expliquez pourqoui.)
Non, je ne fume pas. Je pense que c'est une habitude dégoutante. Je ne supporte pas du tout la fumée. Heureusement, aujourd'hui nous avons de bonnes lois anti-tabac dans ce pays. C'est bien car même le tabagisme passif est nocif pour la santé.

8.5 La Production Écrite – La Lettre Formelle III

In the Leaving Certificate exam, one of the written questions takes the form of a formal letter. You may be asked to write a letter of complaint to a hotel, a shop or a restaurant concerning poor service or a faulty product.

This section is always written in formal French. As you do not know the person you are writing to, always use the *vous* form when addressing the recipient. Answers should be at least 75 words long. It is advisable to include expressions and idioms that you have learned specifically for each of the three types of formal letter. Marks are awarded for layout, so you must learn the formal letter layout carefully.

A) Layout

Utilisez toujours la même mise en page :
- Il faut votre nom et adresse à gauche.
- Sautez une ligne et écrivez la date (plus ville). Exemple : Paris, le 3 mars 2009.
- Sautez une ligne et écrivez le nom et l'adresse de la société à droite.
- Sautez une ligne et commencez avec Monsieur, Madame (Monsieur le Directeur etc.).
- Il faut toujours terminer avec une formule de politesse.

Write a formal letter of complaint to Monsieur Le Gérant, Hôtel Bellevue, 10 rue St. Pierre, 69005 Lyon, France. In your letter:

- Say that you recently spent two weeks in the hotel with your family.
- Your room was dirty and did not have a television.
- Ask for a full refund for the price of your stay.

Your name is Thomas/Tara Sharkey and your address is 32 Park Drive, Portlaoise, Co. Laois, Ireland.

Sample letter

Thomas Sharkey,
32 Park Drive,
Portlaoise,
Co. Laois,
Irlande.

Cork, le 1er juillet 2009

Monsieur Le Gérant,
Hôtel Bellevue,
10, rue Saint Pierre
69005 LYON,
France.

Monsieur,

Je vous écris de la part de mes parents. Nous avons fait un séjour de deux semaines dans votre hôtel au mois de juin dernier. La réservation était pour une chambre double et une chambre simple. Je regrette de vous informer que nous ne sommes pas du tout satisfaits de notre séjour.

Quand nous sommes entrés dans nos chambres nous avons découvert qu'elles étaient très sales. La poubelle était pleine et il n'y avait pas de linge propre sur les lits. La télévision de la chambre double ne marchait pas.

Je vous serais très reconnaissant de bien vouloir me rembourser le prix de notre séjour dans votre hôtel.

En attendant votre réponse, veuillez agréer, Monsieur, l'expression de mes sentiments distingués.

Thomas Sharkey

 **Écrivez**

B) À vous maintenant !

i) Write a formal letter of complaint to Monsieur Le Gérant, Saint Cloud Hôtel, 36 Rue Royale, 92210 Saint Cloud, France. In your letter:

- Say that you spent three nights in the hotel in May.
- Say that your room was untidy and the door was broken.
- Ask for a full refund for the price of your stay.

Your name is Eoin/Eiméar Quinn and your address is 7 The Lodge, Brewery Road, Stillorgan, Co. Dublin.

ii) Write a formal letter of complaint to Madame Borderies, Monoprix 36 rue de l'Opéra, 95001 Paris, France. In your letter:

- Say that you bought a coat from the shop last week.
- Say that you are not happy, as the coat is torn.
- Ask for a new coat to be sent to you.

Your name is Ronan/Roisin Cahill and your address is 7 Hillcrest, Carrickmacross, Co. Monaghan.

iii) Write a formal letter of complaint to Monsieur Moreau, Camping Les Pins, 5 Chemin de Saint Claude, 06600 Antibes, France. In your letter say that:

- When you arrived your tent was not ready and the reception was shut.
- There was no hot water in the showers.
- You are very unhappy and want a full refund for the price of your stay.

You are Mark/Monica Duffy, 14 St Mary's Road, Navan, Co. Meath.

iv) Write a formal letter of complaint to Monsieur Delacroix, 88 Place du Capitole, 31000 Toulouse, France. You and your family have just returned home after spending a month in an apartment you rented in Toulouse. In your letter, make the following points:

- When you arrived there was no one to give you the keys.
- The apartment was dirty and the bedroom window was broken.
- The window was not repaired and due to the noise you couldn't sleep at night.
- You are angry that he did not reply to your calls.
- You want a refund for the price of your stay.

You are Joseph/Jacky Halpin, 14 St Mary's Road, Navan, Co. Meath.

8.6 La Grammaire – Les Pronoms
Apprenez

Use

A pronoun takes the place of a noun in a sentence. We use them to avoid repetition. There are several types of pronouns. In this section, we will focus on the following four groups:

• Subject pronouns
• Direct object pronouns
• Indirect object pronouns
• *Y* and *en*

1) Les pronoms personnels + un verbe

Subject pronouns are followed by a verb. They tell us who is carrying out the action of the verb. The subject pronouns are: *je, tu, il, elle, on, nous, vous, ils, elles*.

Exemple : Paul adore la France.   **Il** adore la France.   **He** loves France.
          Claire et Louise vont à l'école.   **Elles** vont à l'école.   **They** go to school.

2) Les pronoms d'objet direct

Direct object pronouns are pronouns that directly replace the object of a sentence.

Exemple : Je déteste Paul.   Je **le** déteste.   I hate **him**.
          Je déteste Paul et Shane   Je **les** déteste.   I hate **them**.

Learn the following list of direct object pronouns carefully:

Direct object pronouns	Meaning
me	me
te	you
le (l')	him
la (l')	her
se (s')	himself/herself
nous	us
vous	you
les	they

3) Les pronoms d'objet indirect (à devant le verbe)

Indirect object pronouns are pronouns that directly replace the object of a sentence. However, an indirect pronoun is only used when the preposition *à* appears before the object.

Exemple :
Elle parlera à Paul.   Elle **lui** parlera.   She speaks to **him**.
Je téléphone à mes parents.   Je **leur** téléphone.   I telephone **them**.

Learn the following list of indirect object pronouns carefully:

Direct object pronouns	Meaning
me	to me
te	to you
lui	to him/her
se (s')	to himself/herself
nous	us
vous	you
leur	to them

4) Y and en

Y = a place or thing + à

Y means 'there'. It is a neutral pronoun that replaces a place or a thing already mentioned. Depending on its context, it can mean 'to it', 'at it' or 'there'. It is used in the following two ways:

• To replace a place when used with a verb followed by *à*.

Exemple :
Il est allé à la banque.   He went to the bank.
Il **y est** allé.   He went **there**.

• To replace a thing when used with a verb followed by *à*.

Exemple :
Je pense aux examens.   I am thinking about the exams.
J'**y** pense.   I am thinking about **them**.

En = a thing + de

Depending on the context, *en* can mean 'of it', 'of them' or 'some'. It is a neutral pronoun that replaces the name of a thing. It is used following verbs that take the preposition *de* before an object:

Exemple :
J'ai besoin de la voiture.   J'**en** ai besoin.   I need **it**.
Vous avez du beurre.   Oui, j'**en** ai.   Yes, I have **some**.

273

A) La position du pronom

If you are using more than one pronoun in a sentence, use the following guide to help you place the pronouns in the correct order.

Subject	1st	2nd	3rd	4th	5th	6th	7th	Verb
je	(ne)	me	le	lui	y	en	(pas)	
		te	la	leur				
		se	les					
		nous						
		vous						
		se						

Look at the following examples to see the position of pronouns in a sentence:

Exemple : Anouk me prêtera son iPod.   Elle me **le** prêtera.   She will lend **it** to me.
          Je donne le livre à David.   Je **le lui** donne.   I give **it** to **him**.
          Ne me donnez pas les clés.   Ne me **les** donnez pas.   Don't give **them** to me.

B) Pronouns and the *passé composé*

In the *passé composé*, pronouns go before the auxiliary verbs *avoir* or *être*:

Exemple : Elle a porté une jupe.   Elle **l'a** portée.   She wore **it**.
          J'ai téléphoné à ma mère.   Je **lui** ai téléphoné.   I telephoned **her**.

C) Pronouns in a negative sentence

If the sentence is negative, i.e. *ne ___ pas*, the pronoun comes before the verb.

Exemple : Elle ne porte pas une jolie jupe.   Elle ne **la** porte pas.   She does not wear **it**.
          Je ne téléphone pas à ma mère.   Je ne **lui** téléphone pas.   I do not call **her**.

8.7 La Compréhension Écrite

Lisez

Lisez l'article suivant et répondez aux questions en anglais :

Manger équilibré je m'y tiens !

I. Chaque année, on se dit que, promis juré, après les vacances, « on va faire attention ». Sauf qu'on craque vite. Nos idées pour tenir bon sans frustration.

Rassurez-vous : en matière de nutrition, une bonne résolution n'est pas synonyme de brimade ! L'idée n'est pas de boycotter le carré de chocolat que vous croquez après le dîner depuis plus de dix ans, celui qui vous fait tellement plaisir et aucun mal ... Le principe de la bonne résolution, c'est avant tout d'apporter un bénéfice pour la santé. Mais sans modifier ses habitudes de manière drastique et toujours en se faisant plaisir. C'est parti !

Je bois intelligent
Il faut boire 1,5l d'eau par jour, d'accord. Mais si on en profitait aussi pour augmenter nos apports en magnésium ? Un déficit peut être à l'origine de crampes, de palpitations, d'insomnies, occasionner stress et fatigue et même faire grossir !
La solution : Adopter une eau riche en magnésium (Hepar, Contrex ...) ou, en plus de votre bouteille habituelle, boire un verre de l'eau qui en contient le plus : (Donat Mg, 0 810 533 746 ou www.eau-magnesium.fr). 25 tout petits centilitres en apportent 265mg sur les 360mg recommandés chaque jour.

Mon goûter devient une collation saine
Une petite faim dans l'après-midi et vous foncez au distributeur ? Une barre chocolatée représente en moyenne 40g de sucres et 10g de lipides majoritairement saturés. En plus, elle ne cale pas bien longtemps ?
La solution : Avoir un sachet d'oléagineux non salés, bio si possible (amandes, noisettes, noix, pistaches ...) dans son tiroir et en croquer l'équivalent d'un creux de paume de main. Sains et gourmands, ils renferment des protéines et des lipides majoritairement insaturés. Et ils sont assimilés lentement par l'organisme.

II. **Je teste une nouvelle recette chaque semaine**
Redécouvrir un légume un peu oublié, goûter un nouvel aliment, tester un mariage inédit entre deux ingrédients ... Chaque fois, c'est l'occasion d'émoustiller ses papilles tout en mettant de nouveaux nutriments au menu !
La solution : Découper nos fiches recettes, piquer des idées aux copines ou tirer au sort des recettes dans des livres de cuisine.

J'épice au lieu de saler, beurrer et sucrer
Le sel, les matières grasses et le sucre relèvent la saveur des aliments. Et c'est pourquoi souvent on a tendance à en abuser.
La solution : Acheter cinq épices que vous ne connaissez pas et prendre l'habitude d'en parfumer entrées, plats et même desserts qui apprécient la cannelle, la vanille, mais aussi la cardamome ou un tour de moulin à poivre.

Je me remets à l'entrée
Crudités, légumes cuits en vinaigrette, potage ... l'entrée offre pléthore d'antioxydants, de minéraux et de fibres. Surtout, elle apaise l'appétit dès le début du repas ... Une bonne tactique pour éviter de se resservir ou d'avaler des quantités de pain !
La solution : Au restaurant, opter pour la formule entrée + plat plutôt que plat + dessert. Chez soi, avoir toujours des briques de soupes toutes prêtes (choisir les plus pauvres en lipides), des carottes, qui se conservent longtemps et se râpent en trente secondes, ou des conserves (germes de soja, cœurs de palmier ...) prêtes à égoutter et à assaisonner.

Top Santé

1. At what time of year do people promise to be more careful with what they eat? (Section I)
2. According to Section I, what food do people often eat after dinner?
3. How can a good resolution help you when it comes to nutrition? (Section I)
4. Name **two** symptoms caused by a lack of magnesium. (Section I)
5. Name **one** food you are advised to eat instead of chocolate. (Section I)
6. Name **two** types of food that bring out the flavour in other foods. (Section II)
7. According to Section II, where can you find new recipes?
8. When in a restaurant, which course should you try to avoid?

8.8 La Compréhension Littéraire

Lisez

A) Lisez l'extrait de roman puis répondez aux questions :

I. Surprise, Susan avait fait une embardée, écrasé le frein et manqué de peu la ravine.

Ivre d'une rage qui étouffa sa peur, elle était sortie de la cabine. En ouvrant brutalement sa portière, elle avait projeté un des hommes à terre. Le regard noir et les deux mains sur les hanches, elle l'avait alors copieusement insulté. Le paysan s'était relevé ébahi, ne comprenant pas un traître mot de ce que la femme à la peau claire lui hurlait au visage, mais la Señora Blanca était incontestablement en colère. Juan était descendu à son tour, bien plus calme, et avait expliqué les raisons de leur présence. Après quelques moments d'hésitation, l'un des deux fermiers avait levé le bras gauche et une dizaine de villageois s'étaient avancés. Le groupe ainsi formé se mit à discuter pendant d'interminables minutes et la conversation s'envenima.

II. Susan escalada alors le capot de son camion et ordonna froidement à Juan d'actionner le klaxon. Il sourit et s'exécuta. Petit à petit les voix couvertes par la trompe au timbre éraillé du camion se turent. Toute l'assemblée se retourna vers Susan. Elle s'adressa dans son meilleur espagnol à celui qui semblait être leur chef.

— J'ai des couvertures, des vivres et des médicaments. Soit vous m'aidez à décharger, soit je lâche le frein à main et je rentre chez moi à pied !

Une femme traversa la foule silencieuse et vint se poster devant la calandre, elle se signa. Susan cherchait à descendre de son perchoir sans se briser une cheville, la femme lui tendit une main, relayée aussitôt par un homme. Toisant la foule, Susan rejoignit Juan à l'arrière. Les montagnards s'écartèrent lentement sur son passage. Juan sauta sur le plateau, et ensemble ils soulevèrent la bâche. Tout le village restait silencieux et immobile, elle sortit un lot de couvertures qu'elle jeta au sol. Personne ne bougea.

— Mais qu'est-ce qu'ils ont, bordel !

— Señora, dit Juan, ce que vous apportez n'a pas de prix pour ces gens-là, ils attendent ce que vous leur en demanderez et ils savent qu'ils n'ont rien à vous donner en échange.

Marc Levy, *Où es-tu ?*, Éditions Robert Laffont

1. i) Relevez l'expression qui montre qu'en sortant du camion Susan était en colère. (Section I)
   ii) Trouvez dans le premier paragraphe une expression qu'indique que Susan a renversé quelqu'un.

2. i) Citez l'expression qui indique que Juan maîtrisait la situation mieux que Susan. (Section I)
   ii) Trouvez dans la première section **deux** verbes au passé simple.
      a) _____
      b) _____

3. Comment sait-on que tout le monde regardait Susan lors de son discours sur le capot de son camion ? (Section II).

4. i) Mentionnez **deux** choses que Susan et Juan ont ramenées au village. (Section II)
      a) _____
      b) _____
   ii) Trouvez l'expression qui indique que Susan avait peur de se faire mal en descendant du capot. (Section II)

5. Quand Susan cherchait à vidé le camion : (Section II)

      a) tout le monde voulait aider
      b) seulement les femmes étaient intéresser
      c) les hommes voulait aider
      d) les villageois n'ont pas bougé

6. In this extract the villagers are wary of Susan and Juan, aid workers who have come to bring them food and supplies. Support this statement, giving **two** illustrations from the text (about 50 words).

 Lisez

B) Lisez l'extrait de roman puis répondez aux questions :

I. L'homme sanglé à la table d'intervention souffrait de multiples fractures aux jambes ; à observer les traits blêmes de son visage, « souffrir » était le mot juste.

Lauren ouvrit l'armoire à pharmacie pour s'emparer d'une petite ampoule en verre et d'une seringue.

  – Je ne supporte pas les piqûres, gémit son patient.

  – Vous avez les deux jambes cassées et une aiguille vous fait peur ? Les hommes me surprendront toujours !

  – Qu'est-ce que vous m'injectez ?

  – Le plus vieux remède du monde pour lutter contre la douleur.

  – C'est toxique ?

  – La douleur provoque stress, tachycardie, hyper-tension et des traces mnésiques irréversibles ... croyez-moi, elle est plus nocive que quelques milligrammes de morphine.

  – Mnésique ?

  – Quel est votre métier, monsieur Kowack ?

  – Garagiste !

  – Alors je vous propose un marché, faites-moi confiance pour votre santé et le jour où je vous amènerai ma Triumph, je vous laisserai lui faire tout ce que vous voudrez.

Lauren enfonça l'aiguille dans le cathéter et appuya sur le piston de la seringue. En libérant l'alcaloïde dans son sang, elle allait délivrer Francis Kowack de son supplice. Le liquide opiacé pénétra la veine basilique, dès qu'il atteignit le tronc cérébral, il inhiba aussitôt le message neurologique de la douleur. Lauren s'assit sur un petit tabouret à roulettes et épongea le front de son patient, surveillant sa respiration. Il s'apaisait.

  – On appelle ce produit morphine en référence à Morphée, alors, reposez-vous maintenant ! Vous avez eu beaucoup de chance.

Kowack leva les yeux au ciel.

II.   – Je faisais mes courses tranquillement, marmonna l'homme. J'ai été renversé par un camion au rayon des surgelés, mes jambes sont en morceaux, quelle est exactement la définition de la chance dans votre profession ?

  – Que vous ne soyez pas dans le box juste à côté !

Le rideau de la salle d'examens glissa sur son rail. Le professeur Fernstein avait son air des mauvais jours.

  – Je croyais que vous étiez de repos ce week-end ? dit Fernstein.

  – La croyance est une affaire de religion ! répondit Lauren du tac au tac. Je ne faisais que passer mais comme vous pouvez le constater ce n'est pas le travail qui manque, ajouta-t-elle en poursuivant son examen.

  – Le travail manque rarement dans un service d'Urgences. En jouant avec votre santé vous jouez aussi avec celle de vos patients. Combien d'heures de garde avez-vous effectuées cette semaine ? Je ne vois pas pourquoi je vous pose cette question, vous allez encore me rétorquer que quand on aime on ne compte pas, dit Fernstein en sortant du box, furieux.

  – C'est le cas, grommela Lauren en apposant son stéthoscope sur la poitrine du garagiste qui la regardait, terrorisé. Rassurez-vous, je suis toujours en pleine forme, et lui toujours bougon comme ça.

Betty entra à son tour.

  – Je m'occupe de lui, dit-elle à Lauren. On a besoin de toi à côté, on est vraiment débordés !

Lauren se leva et demanda à l'infirmière de téléphoner à sa mère. Elle allait rester là toute la nuit et il faudrait que quelqu'un prenne soin de sa chienne Kali.

Marc Levy, *Vous Revoir*, Éditions Robert Laffont

1. i) Relevez l'expression qui montre que l'homme éprouvait une douleur intense. (Section I)

  ii) Trouvez dans la première section un synonyme du mot :

   a) injection

   b) médicament

2. i) Citez la phrase qui indique que la douleur est très malsaine. (Section I)

  ii) Trouvez un verbe qui veut dire : (Section I)

   a) percer

   b) libérer

3. i) Qu'est-ce que l'homme était en train de faire lors de son accident ? (Section II)

  ii) Trouvez l'expression qui indique que le professeur Fernstein n'était pas de bonne humeur.

4. Comment sait-on que le personnel aux urgences était très occupé. (Section II)

5. Lauren voulait que l'infirmière téléphone à sa mère. Pourquoi ? (Section II)

6. In this extract, Lauren is portrayed as a caring doctor. Support this statement, giving **two** illustrations from the text. (About 50 words.)

8.9 La Production Écrite – Donnez Votre Avis !

 **Écrivez**

Plus Avancé

Using the vocabulary on p. 262 of this unit, give your opinion on each of the following comments. Your answers should be roughly 75 words long.

i) Les conseils à suivre si vous avez décidé de perdre quelques kilos en toute sécurité ?

« Il faut suivre trois étapes principales pour perdre du poids. Tout d'abord, il faut manger équilibré. Deuxièmement, il faut pratiquer régulièrement un sport. Selon les médecins, l'idéal est de faire un minimum de 20 minutes de sport 3 fois par semaine. Finalement pour se sentir bien dans sa peau il faut bien s'hydrater, Chaque personne doit boire deux litres ou 8 grandes verres d'eau par jour. »

Dr Anselem chef de clinique de diététique à l'hôpital Bocage

Êtes-vous d'accord avec les conseils du Dr Anselem ?   *(75 mots environ)*

ii) Les nouveaux régimes mortels

« Tous les jours, des milliers de femmes du monde entier commencent un régime. Leur objectif principal est de perdre du poids pour retrouver la ligne. Elles veulent maigrir pour se sentir bien dans leur peau ou pour être plus belle. Malheureusement, notre inquiétude avec nos quelques petits kilos en trop peut vite devenir une mauvaise obsession. Il y a toujours des gens qui préfèrent essayer une méthode plus extrême. Des milliers de filles sont prêtes à sacrifier leur santé pour avoir un corps de rêve. A mon avis ça n'en vaut pas la peine. Il est plus important d'être content et en bonne santé que maigre et malheureux ! »

Anouk 29 ans , ancien mannequin

Donnez votre réaction.   *(75 mots environ)*

iii) La taille 32

« Aujourd'hui, le culte de la célébrité domine la presse. Nous voyons des images de vedettes hollywoodiennes maigres dans les magazines *people* et à télévision. Ces actrices sont souvent de très petite taille et sans doute souffrent-elles de troubles alimentaires. Leur visage et leur corps mal nourris font souvent la une des revues de mode comme *Vogue* ou *Marie Claire*. Il faut se demander si ces vedettes sont un bon exemple pour des jeunes femmes facilement impressionnées ? »

Audrey 25 ans, journaliste

Qu'en pensez-vous ?   *(75 mots environ)*

8.10 La Grammaire – Les Pronoms Relatifs
Apprenez

Use

A pronoun takes the place of a noun in a sentence. We use them to avoid repetition.
There are several types of pronouns. In this section, we will focus on relative pronouns.

A relative pronoun is used to join two parts of a sentence together. It links a relative clause to a main clause. A relative clause cannot exist on its own – it is dependant on the main clause of the sentence. Study the following example:

Exemple:

Main clause	Relative clause
↓	↓
This is a car.	Mary drove this car.

This is the car *that* Mary drove.

In this case, the word 'that' is a relative pronoun which links the two parts of the sentence together.

The five French relative pronouns are *qui, que, dont, lequel (+ duquel/auquel)* and *où*. Their translation into English depends on the context in which they are used.

Relative pronoun	Meaning
qui	whom
que	that
dont	which
lequel/duquel/auquel	whose
où	where, when

A) Qui

Qui replaces the subject (person or thing) in the relative clause. Note that *qui* is used for both a person and a thing:

Exemple :
Je cherche l'élève. Il a cassé la chaise.
Je cherche l'élève **qui** a cassé la chaise.   I'm looking for the student **who** broke the chair.

Exemple :
Regardez le petit chien. Il est vraiment mignon.
Regardez le petit chien **qui** est vraiment mignon.   Look at the little dog **that** is so cute.

B) Que

Que replaces the direct object of the verb (person or thing) in the relative clause.

Exemple :
J'ai regardé le tableau. Mon père l'a peint.
J'ai regardé le tableau **que** mon père a peint.   I looked at the painting (**that**) my father painted.

C) Dont

Dont replaces an object (person or thing) after the preposition *de*. Depending on the context, it can mean 'of whom', 'of which' and 'whose'.

Exemple :
Voilà le prof **dont** les enfants ont peur.   There is the teacher **whom** the children are scared of.
Où est la fille **dont** je suis amoureux ?   Where is the girl with **whom** I am in love?

D) Lequel / duquel / auquel

Lequel replaces an indirect object after a preposition (except *de* – see dont above). Note that *lequel* always refers to a thing, not a person.

The following variations are used :
- *Lequel* is used for a masculine singular noun.
- *Laquelle* is used for a feminine singular noun.
- *Lesquels* is used for a masculine plural noun.
- *Lesquelles* is used for a feminine plural noun.

Exemple :
Le groupe de rock dans **lequel** il chante est excellent.
La piscine dans **laquelle** je nage est très grande.

The rock group in **which** he sings is excellent.
The pool in **which** I swim is very big.

Duquel replaces an indirect object after a preposition which is an expression ending in *de* (*à coté de, près de*). The following variations are used:

- *Duquel* is used for a masculine singular noun.
- *De laquelle* is used for a feminine singular noun.
- *Desquels* is used for a masculine plural noun.
- *Desquelles* is used for a feminine plural noun.

Exemple : Voilà l'homme à côté **duquel** j'habite.

There is the man beside **whom** I live.

Auquel replaces an indirect object after the preposition *à*. The following variations are used:

- *Auquel* is used for a masculine singular noun.
- *À laquelle* is used for a feminine singular noun.
- *Auxquels* is used for a masculine plural noun.
- *Auxquelles* is used for a feminine plural noun.

Exemple :
La question à **laquelle** j'aimerais répondre.

The question to **which** I would like to respond.

E) Où

Où is a relative pronoun used for both place and time. Depending on the context, it can mean 'which', 'where' or 'when'.

Exemple :
La ville **où** je suis né est vraiment jolie.
Lundi, c'est le jour **où** nous faisons les courses.

The town **where** I was born is very pretty.
Monday is the day **when** we do the grocery shopping.

8.11 Faire le Bilan

Écrivez

A) Exercices de vocabulaire

i) Traduisez les mots suivants en français :

a) doctor's surgery
b) nurse
c) GP (doctor)
d) appointment
e) X-ray

f) tablets
g) tissues
h) asthma
i) flu
j) elbow

k) face
l) eye
m) throat
n) pasta
o) rice

p) vegetables
q) diet
r) binge drinking
s) smoker
t) drug addict

ii) Traduisez les mots suivants en anglais :

a) un coup de soleil
b) la piqûre
c) la douleur
d) les comprimés
e) le sirop

f) l'angine
g) la grippe
h) le rhume
i) le sida
j) les urgences

k) l'oreille
l) la cuisse
m) le genou
n) les sucreries
o) le canard

p) la charcuterie
q) la toxicomanie
r) un trafiquant
s) le tabagisme
t) être nocif pour la santé

iii) Traduisez les verbes suivants en anglais :

a) tomber malade
b) se guérir
c) se sentir mieux
d) se couper
e) se faire mal à

f) être malade
g) avoir mal
h) se casser le bras
i) se blesser
j) se tordre

k) être enrhumé
l) éternuer
m) saigner
n) souffrir
o) tousser

p) vomir
q) garder la ligne
r) perdre du poids
s) suivre un régime
t) se droguer

iv) Mettez le, la, l', ou les devant les noms :

a) ___ maladie
b) ___ bronchite
c) ___ main
d) ___ épaules
e) ___ bouche

f) ___ nez
g) ___ déjeuner
h) ___ pomme de terre
i) ___ haricots verts
j) ___ poulet

v) Mettez le dialogue en ordre et recopiez-le dans votre cahier :

Exemple : dentiste • je • vous • prendre • chez • rendez • un • voudrais • le
        = Je voudrais prendre un rendez-vous chez le dentiste.

a) ça • grippe • ne • en • du • parce • que • va • ce • tout • pas • j'ai • la • moment =
b) adolescents • grasse • de • les • aujourd'hui • la • bien • nourriture • mangent =
c) un • alimentaire • il • d' • régime • est • très • bien • important • équilibré • avoir =
d) d'alcool • à • la • irlandais • avis • des • jeunes • trop • mon • boivent • plupart =
e) gens • oublier • jeunes • se • soucis • pour • les • leurs • droguent =

vi) Trouvez les questions possible :

Exemple : Réponse – À mon avis, les jeunes boivent pour oublier la pression des examens.
Question – Expliquez les raisons pour lesquelles les jeunes boivent ?

a) Je n'aime pas être au régime donc je fais beaucoup de sport pour garder la ligne.

b) Il faut faire du sport régulièrement et avoir un régime bien équilibré.

c) Non, je ne fume pas. Je pense que c'est une habitude dégoûtante.

d) Beaucoup de jeunes fument pour avoir l'air cool.

e) Il existe des substituts nicotiniques, des livres et des groupes de soutien.

B) Exercices de grammaire

Les pronoms personnels

i) Trouvez le pronom personnel qui convient :

Exemple : _____ suis très fatigué. = **Je** suis très fatigué.

a) _____ parles aux enfants.

b) Qu'est-ce que _____ voulez faire ?

c) _____ chantons dans la même chorale.

d) _____ vend sa maison.

e) Où habites- _____ ?

f) _____ vont au cinéma.

g) Quel âge a-t- _____ ?

h) _____ mangeons le dîner ensemble.

i) Puis- _____ aller anx toilette ?

j) Connaissez- _____ ma fille, Madame ?

ii) Remplacez les mots entre parenthèses avec le pronom personnel qui convient :

Exemple : (Louise) _____ lit le journal tous les jours. = **Elle** lit le journal tous les jours.

a) (Les filles) _____ adorent leur petite sœur.

b) (Paul et David) _____ prennent le métro à Paris.

c) (Ma mère et moi) _____ faisons des courses ensemble.

d) (Madame) _____ êtes très gentille !

e) (Isabelle et Matthieu) _____ vont à l'école.

Les pronoms d'objet direct

i) Faites une liste des pronoms d'objet direct en français :

a) _____

b) _____

c) _____

d) _____

e) _____

f) _____

g) _____

h) _____

ii) Traduisez les phrases suivantes en français :

a) She sells it.

b) You know her.

c) We hate them.

d) We love her.

e) They see him.

iii) Remplacez les mots soulignés avec le pronom (d'objet direct) qui convient :

Exemple : Je vends le vélo. – Je le vends.

a) Nous mangeons les fruits.

b) Elles regardent la télévision.

c) Tu aimes lire les journaux.

d) Anna chante la chanson.

e) Le garçon achète le livre.

Les pronoms d'objet indirect

i) Faites une liste des pronoms d'objet indirect en français :

a) _____

b) _____

c) _____

d) _____

e) _____

f) _____

g) _____

ii) Remplacez les mots soulignés avec le pronom (d'objet indirect) qui convient :

Exemple : Je parle à mon père. = Je **lui** parle.

a) Je téléphone à mes parents.
b) Nous écrivons à notre tante.
c) Tu montres ta maison à tes parents.
d) Elle parle aux enfants.
e) Tu envoies un texto à Anna.
f) Vous posez une question à votre mère.
g) Tu prêtes le livre à ton petit frère.
h) La fille demande à son père.
i) Il donne de l'argent à la fille.
j) Elle explique le problème à sa copine.

iii) Choisissez entre un pronom d'objet direct et un pronom d'objet indirect :

Exemple : Elle parle à son frère. — objet indirect — Elle lui parle.

a) J'écris une lettre à ma meilleure copine.
b) Nous mettons les couverts sur la table.
c) Tu parles à ton amie Michelle.
d) Ils aiment les chats.
e) Elle parle aux chiens.

iv) Traduisez les phrases suivantes en français :

a) She speaks to them.
b) I ask him.
c) My parents write to them.
d) You call her.
e) They send him a text.

Les pronoms y et en

Remplacez les mots soulignés avec le pronom y ou en :

Exemple : Je vais à l'église. = J'y vais.
Elle boit du coca. = Elle **en** boit.

a) Vous avez assez de beurre.
b) Elle achète du pain.
c) Je pense aux dangers.
d) Nous allons à Nice cet été.
e) Ils ont beaucoup de travail.
f) Elles pensent à leurs examens.
g) Tu habites en Belgique ?
h) J'ai besoin de la voiture.
i) Anna va en Angleterre.
j) Nous avons beaucoup d'argent !

Les pronoms relatifs

Complétez les phrases suivantes avec le pronom relatif qui convient :

Plus
Avancé

Exemple :   J'aime les filles _____ chantent juste.
= J'aime les filles **qui** chantent juste.

a) Voilà l'homme _____ les enfants ont peur !

b) Voici le petit chien _____ est tellement mignon.

c) L'équipe de football dans _____ il joue est formidable.

d) La ville _____ je suis née est assez petite.

e) Vous avez un ami _____ chante bien.

f) J'ai un lecteur mp3 _____ j'utilise tous les jours.

g) Les champs _____ les enfants jouent sont assez loin d'ici.

h) Les clés _____ Monsieur Dupin avait besoin.

i) La lettre _____ tu m'as donnée est sur la table.

j) Je porte une jupe _____ j'adore.

C) Exercices écrits – Lettre formelle

Lettre de réclamation

i) Write a formal letter of complaint to Monsieur Le Gérant, Hôtel Les Duc, 36 Rue Royale, 21000 Dijon, France. In your letter:

- Say that you spent a fortnight in the hotel in April.
- Say that there was no hot water and that the shower was broken.
- Ask for a full refund for the price of your stay.

Your name is Conor/Catherine Tormey and your address is 23 Manor Grange, Dún Laoghaire, Co. Dublin.

ii) Write a formal letter of complaint to Monsieur Le Gérant, Pimkie, 40 rue de Rennes, 75006 Paris, France. In your letter:

- Say that you bought a dress from the shop last week.
- Say that you are not happy, as the dress is stained.
- Ask for a full refund or a new dress to be sent to you.

Your name is Noel/Nessa McKevitt and your address is 7 Seaview, Cobh, Co. Cork.

iii) Write a formal letter of complaint to Madame Clavel, Hôtel Du Lac, 36 rue de la Poste, 74000 Annecy, France. In your letter:

- Say that you and your family spent a fortnight in the hotel last month.
- Say that on arrival the single room was untidy.
- Say that you are unhappy with the level of service and would like a refund.

Your name is Shane/Sarah Cooney and your address is 23 The Priory, Arklow, Co. Wicklow.

iv) Write a formal letter of complaint to Monsieur LeBrun, Darty, 3 rue de la Republique, 75011 Paris, France. In your letter:

- Say that you bought an iPod from the shop last month when you were on holidays .
- Say that you are not happy with your purchase, as the iPod is not working.
- Ask for the iPod to be replaced or repaired.

Your name is John/Jane O'Shea and your address is 7 Mount Street, Tralee, Co. Kerry.

v) Write a formal letter of complaint to Madame Ardisson, Camping-Les-Pins, 3 rue de la Reine, 64210 Bidart, France. In your letter:

- Say that you spent two weeks in the campsite during July.
- Say that the campsite was too noisy at night and that you were unable to sleep.
- Say that you were very unhappy with your stay and ask for a refund.

Your name is Shane/Susan McGeary and your address is Riverview Cottage, Kilrush, Co. Clare.

Donnez votre opinion !

i) « Je suis incapable de vivre sans mon portable. J'envoie au moins 300 textos par mois ! » (Saoirse 17 ans, Dublin)

Donnez vos réactions.

(75 mots environ)

ii) On dit que l'Irlande est devenue un pays plus riche, plus agréable et plus ouvert ces dernières années.

Qu'en pensez-vous ?

(75 mots environ)

iii) Malheureusement beaucoup d'enfants passent leur vie devant la télévision, sans jamais faire de sport. Ce mode de vie peut nuire gravement à la santé de l'enfant.

Est-ce qu'il faut interdire la télévision aux jeunes ?

(75 mots environ)

iv) Depuis quelques années, on parle de plus en plus d'une montée du racisme en Irlande. Est-ce que le gouvernement prend les mesures nécessaires pour lutter contre ce phénomène ? Y at-il des solutions ?

Qu'en pensez-vous ?

(75 mots environ)

v) « A mon avis, les élèves en terminale sont toujours sous pression. Le Leaving Certificate est devenu un véritable cauchemar ! » (Emmett, lycéen)

Qu'en pensez-vous ?

(75 mots environ)

8.12 La Préparation à l'Examen – La Lettre Formelle III
📖Apprenez

La lettre de réclamation

The formal letter appears as an option on both the Ordinary Level and Higher Level Leaving Certificate papers. The type of letter varies from year to year. In general, candidates are asked to write one of the following letters:

• *Une demande d'emploi* – a letter of application for a job.
• *Une lettre de réservation* – a reservation letter booking accomodation.
• *Une lettre de réclamation* – a letter of complaint.

When attempting this question, you must deal with all of the points in turn. Make a list of the vocabulary and tenses you will need to answer each point. In this section you are required to learn off material which relates to the specific letter type.

Never write a letter without planning it first. Read through the notes you have made on each point and organise these into a first draft. Reread the draft several times, paying special attention to verbs, spelling and grammar. Once you are happy that you have eliminated all errors, you may write the final answer.

Ordinary level

On the Ordinary Level paper, the formal letter appears as one of two options in Section II Part C. You must spend no longer than 20 minutes completing this question.

The formal letter is worth 30 marks and is marked on the basis of communication and language, with each carrying equal weight (12 marks each). Marks are also awarded for using the correct letter layout and closing formula (6 marks).

Marking scheme

Formal letter = 30 marks
Top of page (address and date): 3 marks (France is not necessary in the address)
Closing formula: 3 marks

Communication

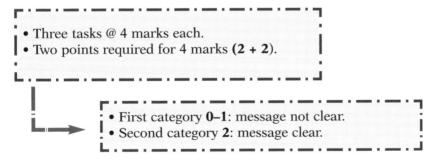

• Three tasks @ 4 marks each.
• Two points required for 4 marks **(2 + 2)**.

• First category **0–1**: message not clear.
• Second category **2**: message clear.

N.B. The correct tense is required for full marks in communication.

Language

• First category **0–4**.
• Second category **5–8**.
• Third category **9–12**.

Higher Level

On the Higher Level paper, the formal letter may appear as one of two options in Question 2 of the written section. You must write a minimum of 75 words. Spend no longer than 20 minutes completing this question.

The formal letter is worth 30 marks and is marked on the basis of communication and language, with each carrying equal weight (12 marks each). Marks are also awarded for using the correct letter layout and closing formula (6 marks).

Marking scheme

Formula = 6 marks

Communication

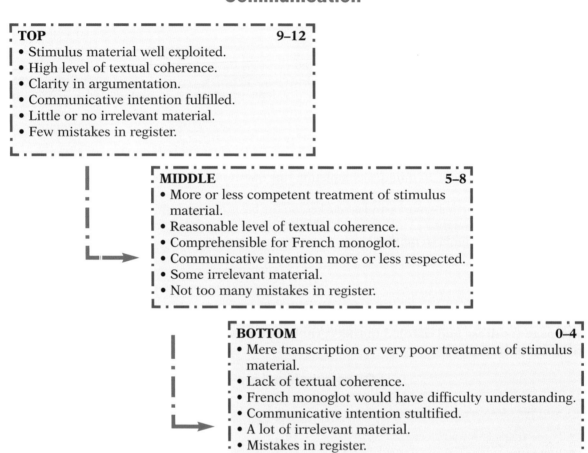

TOP   9–12
- Stimulus material well exploited.
- High level of textual coherence.
- Clarity in argumentation.
- Communicative intention fulfilled.
- Little or no irrelevant material.
- Few mistakes in register.

MIDDLE   5–8
- More or less competent treatment of stimulus material.
- Reasonable level of textual coherence.
- Comprehensible for French monoglot.
- Communicative intention more or less respected.
- Some irrelevant material.
- Not too many mistakes in register.

BOTTOM   0–4
- Mere transcription or very poor treatment of stimulus material.
- Lack of textual coherence.
- French monoglot would have difficulty understanding.
- Communicative intention stultified.
- A lot of irrelevant material.
- Mistakes in register.

Language

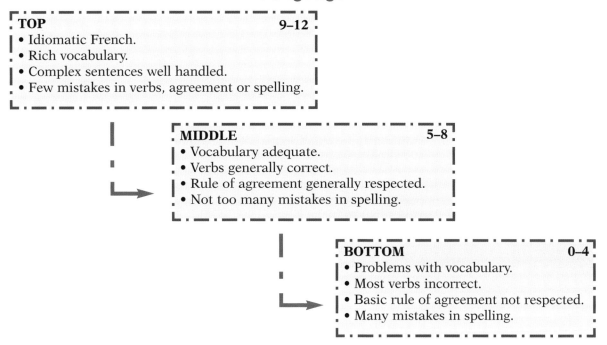

TOP   9–12
- Idiomatic French.
- Rich vocabulary.
- Complex sentences well handled.
- Few mistakes in verbs, agreement or spelling.

MIDDLE   5–8
- Vocabulary adequate.
- Verbs generally correct.
- Rule of agreement generally respected.
- Not too many mistakes in spelling.

BOTTOM   0–4
- Problems with vocabulary.
- Most verbs incorrect.
- Basic rule of agreement not respected.
- Many mistakes in spelling.

Il faut apprendre la mise en page par coeur !

John Smith
3 Springfield
Dublin 6
Irlande

Dublin, le 12 juillet 2009

M. Leclerc
Crédit Lyonnais,
3 Rue de Seine,
75006 Paris
France

Monsieur, Madame,

Veuillez agréer, Monsieur, Madame, l'expression de mes sentiments distingués.

John Smith

La communication : N'oubliez pas que l'idée d'une lettre est de communiquer.

Donc il faut
• Expliquer la raison pour laquelle vous écrivez la lettre.
• Demander les informations.
• Terminer la lettre.

La langue
• Utilisez toujours vous – i.e. vous/votre/vos.
• Essayez de varier le vocabulaire et le temps présent/le passé composé /l'imparfait/le futur.
• Il faut absolument utiliser le conditionnel. Le conditionnel dénote la politesse.

Les phrases utiles

The following phrases will prove useful when writing a letter of complaint:

L'introduction	
Je vous écris de la part de ma famille.	*I am writing to you on behalf of my family.*
J'ai passé une semaine dans votre hôtel au mois de juin.	*I spent a week in your hotel in June.*
J'ai dîné avec des amis dans votre restaurant la semaine dernière.	*I had dinner with friends in your restaurant last week.*
J'ai acheté un lecteur mp3 dans votre magasin au mois de mars dernier.	*I bought an mp3 player in your shop last March.*

Le problème : à l'hôtel	
Je regrette de vous informer que je ne suis pas du tout satisfait(e) de mon séjour chez vous.	*I am sorry to inform you that I am not at all satisfied with my stay in your hotel.*
En arrivant à l'hôtel j'ai découvert qu'il n'y avait pas d'eau chaude/la douche ne marchait pas/la chambre était sale.	*On arrival at the hotel, I discovered that there was no hot water/the shower didn't work/the room was untidy.*
Nous ne pouvions pas dormir car l'hôtel était trop bruyant.	*We couldn't sleep as the hotel was too noisy.*

Le problème : au magasin	
Je regrette de vous informer que je ne suis pas du tout satisfait(e) de mon achat.	*I am sorry to inform you that I am not at all satisfied with my purchase.*
Quand je suis rentré(e) chez moi j'ai découvert qu'il ne marchait pas.	*When I got home, I discovered that it did not work.*
La jupe que je viens d'acheter dans votre magasin est déchirée/ tachée.	*The skirt which I just bought in your shop is torn/stained.*

Le problème : au restaurant

Je regrette de vous informer que je ne suis pas du tout satisfait(e) du service dans votre restaurant.	*I am sorry to inform you that I am not at all satisfied with the level of service in your restaurant.*
Notre serveur a oublié nos entrées.	*Our waiter forgot our starters.*
Notre serveuse était très impolie.	*Our waitress was very rude.*

Le remboursemet

Je vous serais très reconnaissant de bien vouloir me rembourser le prix de notre séjour dans votre hôtel.	*I would be very grateful if you could reimburse the price of our stay in your hotel.*
Pourriez vous m'envoyer une nouvelle jupe ?	*Could you please send me a new skirt?*
Pourriez vous réparer/remplacer mon lecteur mp3 ?	*Could you please repair/replace my mp3 player?*

La conclusion

N'hésitez pas à me contacter pour avoir plus de renseignements.	*Do not hesitate to contact me should you require further information.*
En attendant une réponse de votre part	*While waiting for your reply*
Veuillez agréer, Monsieur, Madame, l'expression de mes sentiments distingués.	*Yours sincerely*

8.13 Auto-évaluation

APRÈS AVOIR TERMINÉ L'UNITÉ 8, JE SUIS CAPABLE DE :

L'expression orale

	Bien	Assez bien	Pas du tout
décrire les parties du corps			
parler de la santé en général			
expliquer mes troubles de santé			
décrire mon régime alimentaire			
comprendre et parler des dangers du tabagisme			
comprendre et parler des dangers de l'alcoolisme			
comprendre et parler des dangers de la toxicomanie			

Compréhension écrite

	Bien	Assez bien	Pas du tout
lire et comprendre un guide alimentaire			

Production écrite

	Bien	Assez bien	Pas du tout
écrire une lettre de réclamation			
plus avancé : exprimer mon opinion			

Grammaire

	Bien	Assez bien	Pas du tout
comprendre, former et employer les pronoms personnels			
comprendre, former et employer les pronoms d'objet direct			
comprendre, former et employer les pronoms d'objet indirect			
comprendre, former et employer les pronoms y et en			
comprendre, former et employer les pronoms relatifs			

Les Médias et les Nouvelles Technologies

Objectifs linguistiques et communicatifs :

↬ Discuss the French press

↬ Talk about television programmes

↬ Understand radio news bulletins

↬ Discuss the role technology plays in our daily lives

Vocabulaire :

↬ La presse

↬ La télévision

↬ La radio

↬ La technologie

Dossier oral :

↬ Restez informé !

Grammaire :

↬ Le passé simple

↬ Le plus-que-parfait

↬ Le subjonctif

Préparation à l'examen :

↬ La compréhension écrite

9.1 La Presse Française

📖 Lisez

Les quotidiens nationaux les plus lus sont : *Le Monde*, *Le Figaro*, *Libération* et *L'Equipe*. Cependant, les français ne sont pas de grands lecteurs de journaux. Seulement un français sur quatre lit régulièrement un quotidien. En général, les français préfèrent lire des journaux régionaux comme *Sud Ouest* ou *Le Parisien* ou des magazines.

📖 Vocabulaire

A) La presse

Utilisez le vocabulaire suivant pour parler de la presse :

un journal	*newspaper*
un magazine/une revue	*magazine*
un lecteur/une lectrice	*reader*
un quotidien	*daily (newspaper)*
un hebdomadaire	*weekly paper/magazine*
un mensuel	*monthly paper/magazine*
un abonnement	*subscription*
un kiosque	*magazine kiosque*
un marchand de journaux	*newsagent*
une rubrique	*press column*
journaliste	*journalist*
rédacteur/rédactrice en chef	*editor (newspaper, magazine)*

✒️ Écrivez

Terminez les phrases suivantes.

1. Un journal qu'on lit tous les jours s'appelle un _____.

2. Le mot _____ est un synonyme du mot revue.

3. Le grand chef d'un journal s'appelle le _____.

4. Un hébdomadaire est un magazine qui sort une fois _____.

5. En France on achète des journaux soit dans un _____ soit chez le _____.

B) Quel est votre journal préféré ?

📖 Lisez

Read Luc's, Marc's and Sylvie's comments about French daily newspapers:

Luc : Pour moi, lire le journal est un réflexe quotidien. Je lis *Le Monde* chaque matin avant d'aller travailler. C'est un petit moment de bonheur pour moi. Je choisis ce journal à cause de la qualité du journalisme. D'habitude, les articles sont très bien recherchés et rédigés. À mon avis, il est très important d'être au courant de ce qui se passe dans le monde au niveau de la politique et de l'économie. Donc, je lis très attentivement les sections politique et économique.

Marc : Je n'aime pas du tout lire les quotidiens généralistes comme *Libération* ou *Le Figaro*. La politique et le monde des affaires ne m'intéressent pas beaucoup. C'est plutôt le sport qui est ma grande passion dans la vie. Je préfère lire la presse sportive. Une ou deux fois par semaine j'achète *L'Équipe*. On peut trouver les résultats de quasiment toutes les disciplines sportives dans ce journal. C'est vraiment le journal pour les fanas de sport. Quand je l'achète je lis d'abord les résultats de la Ligue 1 de Football pour suivre le progrès de mon équipe de foot le PSG. Il faut dire aussi que les photographies dans ce journal sont vraiment excellents.

Sylvie : Mon journal préféré s'appelle *Libération*. Je le lis chaque matin dans le métro en route pour la fac. Ce journal publie beaucoup d'articles sur la culture et la musique. Je suis étudiante en musique au Conservatoire National de Paris. La rubrique musique de *Libé* est un excellent moyen pour moi de rester en contact avec le monde de la musique en France. Pour moi lire le journal est un vrai plaisir. C'est un moment de détente dans ma journée. Je peux oublier mes petits soucis pendant un moment.

i) Répondez aux questions suivantes :

1. Donnez **deux** raisons pour lesquelles Luc aime lire *Le Monde* ?

2. Pourquoi s'intéresse-t-il à la politique ?

3. Expliquez pourquoi Marc ne lis pas les quotidiens.

4. Quel est le principal atout de *L'Équipe* ?

5. Où est-ce que Sylvie lit le journal ?

6. Pourquoi Sylvie aime-t-elle lire autant le journal ?

ii) Trouver un synonyme pour chaque mot suivant :

1. écrits

2. être informé

3. pratiquement

4. chronique

5. repos

Écoutez · 9.1

C) Le métier de journaliste

Listen to Stéphane Roger, a journalist for *Le Monde*, talk about his profession. Answer the following questions:

1. As a young boy, what was M. Roger's favourite section of the newspaper?

2. Mention **two** points about his education.

3. After earning his degree, where did he do an internship?

4. According to Stéphane, what does the job of a journalist entail?

5. Why can writing an article prove difficult at times?

6. When writing an article, what must a good journalist do?

7. Why does he consider himself to be lucky? (Give **two** points.)

8. Whom did he interview last week?

Écrivez ·

D) La production écrite

• Lisez-vous un journal régulièrement ? Écrivez un court paragraphe, d'environ 75 mots, sur votre journal préféré.

• Qu'est-ce que vous préférez ; lire le journal ou lire un magazine ? Expliquez votre choix dans un court paragraphe d'environ 75 mots.

9.2 La Télévision et la Radio

Le média est un moyen de communiquer et de diffuser des informations aux gens. On parle des quatre médias principaux: la télévision, la presse, la radio et l'Internet. Grâce aux médias on peut diffuser une information vers un grand nombre d'individus simultanément.

En France il existe six chaînes de télévision terrestre :

Chaînes de télévision		
TF1	France 2	France 3
Canal + (chaîne payante)	Arte/France 5	M6

Il existe des nombreuses stations de radio. Parmi les plus populaires:

Stations de radio		
Europe 1	Europe 2	France Inter
Fun Radio	Skyrock	NRJ

Vocabulaire

A) Les médias en France

La télévision			
une chaîne de télévision	TV station	un documentaire	documentary
une chaîne payante	pay-per-view channel	les infos/les actualités	news
les chaînes du cable	cable TV stations	le journal télévisé	news bulletin
les chaînes du satellite	satellite TV stations	un dessin animé	cartoon
un téléviseur écran plat	flatscreen TV	un clip	music video
un téléviseur haute definition	high-definition TV	en direct	live
la télévision numérique	digital TV	présentateur/présentatrice	presenter
une émission	programme	un téléspectateur	viewer
la téléréalité	reality TV	doubler	to dub
un feuilleton	a soap opera		

ABCVocabulaire

La radio	
une station de radio	radio station
animateur/animatrice	radio presenter
un auditeur/une auditrice	listener
à l'antenne	on the air
diffuser	to broadcast
une émission	programme
un reportage	news report
la météo	the weather
la publicité	adverts

Écrivez

B) Travaillez le vocabulaire

i) Associez les phrases de la colonne A à celles de la colonne B :

Colonne A	Colonne B
1. en direct	c. un présentateur à la radio
2. un feuilleton	b. transmettre
3. haute définition	c. un série télévisé
4. un animateur	d. qui se passe en ce moment
5. diffuser	e. une bonne qualité d'image

ii) Terminez les phrases suivantes :

1. RTÉ est la _____ nationale irlandaise.

2. À mon avis, aujourd'hui il y a trop de _____ pendant les émissions.

3. NRJ est une _____ française populaire parmi les jeunes auditeurs.

4. Il faut un téléviseur _____ pour pouvoir regarder les images en haute définition.

5. MTV est une chaîne de cable américaine qui passe beaucoup de _____.

C) Trois jeunes nous parlent de la télévision française

Lisez

Lisez les commentaires et répondez aux questions suivantes :

Léa : Je suis étudiante en licence d'histoire à l'université de la Sorbonne. Je suis une étudiante très sérieuse et je n'ai pas beaucoup de temps libre en ce moment pour regarder la télé. Cependant, il y a une émission que je ne peux pas rater: c'est un documentaire qui s'appelle *Des Racines et des Ailes*. Cette émission est diffusée le mercredi soir sur France 2. C'est un mélange entre des reportages et des rencontres avec des spécialistes historiques ou culturels. Grâce à ce documentaire, je découvre plein de choses sur l'histoire et la culture des pays du monde entier. En général, l'émission dure 90 minutes et elle est divisée en trois reportages de 30 minutes. Les reportages sont basés sur un thème politique, historique, économique ou culturel. L'émission a connu un tel succès en France que France 2 vient de faire sortir la première série en format DVD.

Béatrice : Je suis une grande fana de la télé. Ma mère me reproche souvent de passer trop de temps devant le petit écran. Peut-être a-t-elle raison car il m'arrive même de manger mon dîner devant la télé. Ma chaîne préférée est M6. C'est une chaîne pour les jeunes. Elle diffuse beaucoup d'excellentes séries américaines comme *Les Frères Scott* ou *Prison Break*. Ces séries sont doublées en français. Cette chaîne est aussi très bien pour la musique. On y trouve tous les nouveaux clips de la musique française. Mon émission préférée est une émission musicale *Le Hit Parade*. C'est une émission musicale animée par Lulu et Charlie, deux présentateurs drôles et charmants. Chaque semaine ils révèlent le classement français des meilleures ventes de singles. Cette émission est regardée dans des milliers de foyers partout en France à 10h10 le samedi matin. C'est devenu une véritable tradition chez les jeunes téléspectateurs.

Guillaume : Alors je suis accro à la téléréalité. La première émission de téléréalité était *Loft Story* diffusé sur M6. C'était une version française de l'émission *Big Brother* en Angleterre. C'est fascinant de voir comment les gens se comportent quand ils sont filmés vingt-quatre heures sur vingt-quatre. À mon avis, la téléréalité est très intéressante sur le plan psychologique car on ne sait jamais comment un individu va réagir sous pression. Je suis vite devenu obsédé par ce type d'émission. Côté musique, j'adore la *Star Ac* diffusée sur TF1. C'est la version française de *X Factor*. La première gagnante de cette émission, Jenifer, a cartonné en France depuis sa victoire. La jeune Jenifer a vendu des milliers de disques. Elle a aussi remporté le titre des NRJ Music Awards de la meilleure chanteuse et du meilleur album de l'année. Sinon j'aime aussi l'émission *Je Suis une Célébrité, Sortez-moi de Là !* Encore une fois le concept original de cette émission vient d'Angleterre. C'est trop marrant de voir les people en train de se disputer au fin fond de la jungle brésilienne !

Léa

1. Trouvez le nom de l'université française où elle fait ses études.

2. Trouver un verbe qui veut dire «manquer».

3. Quel est le thème de son émission préférée ?

4. Relevez une phrase qui explique le format de cette émission.

5. Comment sait-on que cette émission est regardée par un grand nombre de téléspectateurs ?

Béatrice

1. Trouvez un synonyme pour le mot « télé ».

2. Expliquez pourquoi la mère de Béatrice se plaint auprès de sa fille.

3. Donnez **deux** raisons pour lesquelles elle aime autant la chaîne de télévision M6.

4. Relevez une phrase qui indique que les séries américaines ne sont pas diffusées en anglais.

5. Trouvez **deux** adjectifs qui décrivent les présentateurs de son émission préférée.

Guillaume

1. La première émission de téléréalité française a été diffusée sur quelle chaîne ?

2. Relevez une phrase qui montre que *Loft Story* n'est pas un concept original français.

3. Comment sait-on que la première gagnante de la *Star Ac* a connu une franche réussite en France ?

4. Trouvez un synonyme pour le mot « drôle ».

5. Relevez la phrase qui indique que l'émission *Je Suis une Célébrité, Sortez-moi de Là !* se déroule dans un lieu isolé.

Parlez

D) À vous maintenant, parlez de la télévision !

À deux décrivez ce que vous aimez regarder à la télé :

1. Qu'est-ce que vous aimez regarder à la télé ?

2. Vous préférez quel genre d'émission ?

3. Passez-vous beaucoup de temps à regarder la télé ?

4. Quelle est votre chaîne préférée ? Pourquoi ?

5. Que pensez-vous de la téléréalité ?

Écrivez

E) La production écrite

i) **Qu'est-ce que vous préférez ; regarder la télé ou écouter la radio ? Expliquez votre choix dans un court paragraphe d'environ 75 mots.**

Journal intime – la télévision

ii) **You have just had an argument with your parents over the amount of time you spend watching TV. Note the following in your diary:**

- Your parents say you watch TV instead of studying.
- They have banned you from watching TV until after the exams.
- You are very angry and think they are being unfair.

Écoutez ·········· 9.2

F) Les infos à la radio
Listen to the radio news bulletin and answer the following questions.

Item A
1. Why did Nicolas Sarkozy spend a day in the Parisian suburbs?
2. To whom did he present his new plan for the suburbs?
3. What is the main aim of this plan?

Item B
1. Who organised the demonstration in favour of the Pope's freedom of expression?
2. How many people took part in the demonstration?
3. Who had objected to the Pope's visit to a university in Milan?

Item C
1. In what country does this news story take place?
2. What was signed on the 22nd of July?

9.3 Les Nouvelles Technologies

On appelle souvent les nouvelles technologies les multimédias. Le mot, multimédia est entré dans notre lexique avec l'apparition des premiers CD-Rom. Il désigne les applications qui utilisent différents médias simultanément. C'est l'intégration sur un même support numérique de données de différentes natures comme le texte, le son et l'image fixe ou animée. Que ça soit l'Internet ou le nouveau portable dernier cri, aujourd'hui les adolescents ne peuvent plus se passer de la technologie !

A) Enfin, Internet à la maison !

**Lisez**

Thierry est ravi car il a enfin un accès Internet chez lui.
Lisez le courriel qu'il a envoyé à son ami Christophe et
répondez aux questions suivantes.

Webmail - Nouveau Message

Fichier   Edition   Affichage

A : tophe94@wanadoo.fr
De : thierryR96@yahoo.fr
CC :
Sujet : Enfin connecté !

Salut Christophe

Quoi de neuf ?

J'ai vraiment du mal à le croire mais mon père a pris un abonnement pour le haut débit à la maison. Pas mal pour quelqu'un qui vit encore dans l'âge de pierre !

Il ne s'est jamais connecté sur Internet de sa vie. Cependant, il a pris la décision d'installer Internet chez nous après avoir regardé un reportage au *Journal de 20 heures*. Le présentateur disait qu'aujourd'hui l'accès à Internet est un facteur très important dans la réussite scolaire. Le lendemain matin, il a tout de suite contacté un fournisseur d'accès à Internet. C'est génial, je suis aux anges !

Maintenant je peux enfin commencer à télécharger de la musique. Je vais acheter le nouvel iPod nano ce week-end. Dis-moi comment tu fais pour transférer les fichiers de musique sur l'iPod ? Mon petit frère m'a dit qu'il faut tout d'abord télécharger la lecture d'iTunes. Est-ce que c'est difficile à faire ? Si j'ai le temps je te graverai quelques disques.

Sinon, il faut que j'arrive à bien me servir d'une webcam. J'ai un pote qui habite aux États-Unis en j'aimerais bien parler avec lui en ligne sur MSN ou Skype. Ce sera trop marrant de se voir l'un et l'autre en même temps !

Désormais, je passerai ma vie en ligne. Je serai connecté 24h sur 24h. De temps en temps je consulterai les sites web éducatifs pour rendre mon cher papa heureux !

À plus
Thierry

Terminé

---

i) Answer the questions below in English:

1. Why is Thierry so happy at the moment?

2. Mention **two** points he makes about his father's knowledge of technology.

3. Explain why his father made his technological decision.

4. What question does he ask Christophe?

5. Why does he want to know how to use a webcam?

6. What will he do from time to time to keep his father happy?

ii) Un email. Imaginez que vous êtes Christophe, l'ami de Thierry. Répondez à son courriel.

Vocabulaire

B) L'Informatique

Apprenez le vocabulaire suivant pour pouvoir parler de l'informatique :

Les nouvelles technologies de l'information et de la communication (NTIC):

NTIC	*ICT*
l'informatique	*IT*
un ordinateur (ordi)	*computer*
un ordinateur portable	*laptop computer*
l'Internet	*the Internet*
l'Internet haut débit	*broadband*
un site web	*website*
être en ligne	*to be online*
naviguer	*to surf/to browse*
un moteur de recherche	*search engine*
faire une recherche	*to do a search*
tchatcher en ligne	*to chat online*
une clé USB	*USB key*
un courriel/un email	*email*
la boîte de réception	*inbox*
envoyer un mail	*to send an email*
tenir un blog	*to keep a blog*
un blogueur	*blogger*
télécharger	*to download*
télécharger de la musique	*to download music*
graver un CD	*to burn a CD*

Le multimédia numérique

un appareil photo numérique	*digital camera*
une webcam	*webcam*
un (téléphone) portable	*mobile phone*
envoyer un texto/un sms	*to send a text*
un réseau	*network*
capter	*to get coverage*
un chargeur	*charger*
un lecteur mp3	*mp3 player*
un iPod	*iPod*
les fichiers de musique	*music files*

Google™

Google Search | I'm Feeling Lucky

Advanced Search
Preferences
Language Tools

Advertising Programs - Business Solutions - About Google

©2007 Google

✒ Écrivez

C) Travaillez le vocabulaire

i) Associez les éléments des deux colonnes.

Colonne A	Colonne B
1) une clé USB	a) un appareil photo numérique
2) un site MySpace	b) un iPod
3) un fichier de musique	c) un téléphone portable
4) une carte sim	d) un ordinateur portable
5) un zoom	e) l'Internet

ii) Terminez les phrases suivantes.

1. Il n'arrête pas d'envoyer des _____ avec son portable.

2. Paul _____ des fichiers de musique sur son PC.

3. Louis écoute les podcasts sur son _____.

4. Mon _____ préféré est MySpace.

5. Pendant son voyage en Amérique du Sud mon frère a tenu un _____.

🎵 Écoutez 9.3

D) Les médias et les nouvelles technologies

Aujourd'hui les ados sont accros à la technologie. C'est leur méthode préférée pour rester en contact avec le monde. Écoutez les commentaires de quatre jeunes et répondez aux questions suivantes.

Lucy
1. Why does Lucy use the Internet?
2. Name **two** newspapers she reads.
3. How does she keep up to date with events in her homeland?

Patrick
1. Explain why Patrick cannot always listen to the news.
2. What pursuit does he enjoy at the weekend?
3. How did his grifriend help him to stay in touch with current affairs?

Louis
1. Why did Louis find it hard to keep up to date with modern music in the past?
2. Explain how he has now resolved this problem.
3. What is 'Novaplanète'?

Delphine
1. What profession would Delphine like to pursue?
2. Mention **two** points she makes about her favourite blog.
3. How often is this blog updated?

9.4 Dix Questions à l'Oral

 9.4

A) Thème : Restez informé !

Utiliser le vocabulaire page 296 et page 299 pour répondre aux questions suivantes. Notez vos réponses dans votre carnet d'oral :

Les questions

1. Est-ce que vous lisez le journal ? Pourquoi ?
2. Quelle est votre rubrique préférée dans ce journal ?
3. Aimez-vous les journaux sportifs ?
4. Est-ce que vous passez beaucoup de temps à regarder la télévision ?
5. Quelle est votre émission préférée ?
6. Est-ce que vous aimez la téléréalité ?
7. Quelle est votre station de radio préférée ?
8. Aimez-vous Internet ? (Expliquez pourquoi.)
9. Est-ce que vous passez beaucoup de temps en ligne ?
10. Quel est votre site web préféré ?

 9.5

B) Pour vous aider

Q : Est ce que vous lisez le journal ? Pourquoi ?
Oui, je lis l'*Irish Times* tous les jours. C'est important de savoir ce qui se passe dans le monde. J'aime bien ce journal, car les articles sont toujours très intéressants et bien écrits. Tous les lundis il y a un excellent supplément de sport avec tous les résultats sportifs du week-end dedans.

Q : Est-ce que vous aimez la téléréalité ?
Non, je n'aime pas du tout la téléréalité. Je trouve que les émissions du genre *Big Brother* sont stupides. Je ne vois pas l'intérêt de regarder une bande d'idiots en train de se comporter comme des clowns ! Je préfère regarder un bon film ou un documentaire historique.

Q : Quelle est votre station de radio préférée ?
J'adore la station Today FM. Il y a toujours quelque chose d'amusant et de divertissant sur cette station. Leurs DJ sont très amusants. Tous les matins mon père m'emmène à l'école en voiture. Nous écoutons toujours l'émission du matin ensemble. L'émission est excellente, et nous n'arrêtons pas de rigoler en l'écoutant.

Q : Quelle est votre émission préférée ?
Je passe beaucoup de temps à regarder la télé. J'aime toutes sortes d'émissions. Cependant mon émission préférée est *Les Simpson*. J'adore ce dessin animé. Homer est mon personnage préféré. Il est tellement paresseux et stupide et je le trouve très drôle.

Q : Quel est votre site web préféré ?
Sans aucun doute mon site web préféré est Wikipedia. C'est une encyclopédie multilingue en ligne. Si on veut trouver des renseignements sur n'importe quel sujet on peut utiliser ce site. J'aime bien ce site car tout le monde peut créer ou modifier un article. J'ai déjà écrit un petit article sur l'histoire du rugby en Irlande. J'en suis très fier.

9.5 La Grammaire – Le Passé Simple
Apprenez

A) Use

The *passé simple*, or past historic in English, is used to describe completed actions in the past. It is a literary tense used for narratives in novels or short stories.

You must recognise and understand this tense, as it frequently appears in the literary comprehension on the Leaving Certificate exam. However, you do not use this tense when answering the written section of your paper.

B) Formation

Regular verbs

To form the *passé simple* of regular verbs:

A) -er verbs

Take the stem of the infinitive and add the following endings :

-ai, -as, -a, -âmes, -âtes, -èrent

B) -ir and -re verbs

Take the stem of the infinitive and add the following endings :

-is, -is, -it, -îmes, -îtes, -irent

	Donner *(to give)*	**Finir** *(to finish)*	**Vendre** *(to sell)*
je	donnai	finis	vendis
tu	donnas	finis	vendis
il/elle/on	donna	finit	vendit
nous	donnâmes	finîmes	vendîmes
vous	donnâtes	finîtes	vendîtes
ils/elles	donnèrent	finirent	vendirent

Irregular verbs

Some verbs have an irregular stem in the *passé simple*, to which we add irregular endings using either of the following:

-is, -is, -it, -îmes, -îtes, -irent

or

-us, -us, -ut, -ûmes, -ûtes, -urent

Learn the following list of irregular verbs carefully, as they appear in the literary comprehension passages. Remember, you will never need to write these verbs but you **must** be able to recognise them.

	Être	**Avoir**	**Faire**	**Pouvoir**	**Vouloir**
je	fus	j'eus	fis	pus	voulus
tu	fus	eus	fis	pus	voulus
il/elle/on	fut	eut	fit	put	voulut
nous	fûmes	eûmes	fîmes	pûmes	voulûmes
vous	fûtes	eûtes	fîtes	pûtes	voulûtes
ils/elles	furent	eurent	firent	purent	voulurent

9.6 La Grammaire – Le Plus-que-parfait

📖 Apprenez

A) Use

The *plus-que-parfait* (pluperfect) is used to describe actions that took place before another action in the past, which is usually described in the *passé composé* (perfect tense). It conveys the notion of 'had done'.

Exemple : J'avais fini mes devoirs quand mon ami est arrivé.   I had finished my homework when my friend arrived.

B) Formation

The *plus-que-parfait* is formed in the same way as the *passé composé*. However, there is one important difference. The auxiliary verb *être* or *avoir* is in the **imparfait** form: **avait** or **était**.

	Parler *(to talk)*	**Finir** *(to finish)*	**Vendre** *(to sell)*
je/j'	avais parlé	avais fini	avais vendu
tu	avais parlé	avais fini	avais vendu
il/elle/on	avait parle	avait fini	avait vendu
nous	avions parlé	avions fini	avions vendu
vous	aviez parlé	aviez fini	aviez vendu
ils/elles	avaient parlé	avaient fini	avaient vendu

Exemple :
Elle **avait** toujours **voulu** voyager en France.   She had always wanted to travel in France.
J'ai acheté le DVD que Luc m'**avait recommandé**.   I bought the DVD that Luc had recommended to me.

The same rules of agreement that apply to the *passé composé* also apply to this tense.

Exemple :
Claire **était** déjà **partie** quand Pierre est arrivé.   Claire had already left when Pierre arrived.
Nous n'**étions** pas encore **sortis**, quand tu as téléphoné.   We had not yet left when you called.

9.7 La Compréhension Écrite

Lisez

A) Lisez l'article suivant et répondez aux questions en anglais :

LA TECHNOLOGIE :
On ne se souvient pas comment on faisait avant !

I. Serait-il possible de vivre sans technologie ? Difficile d'imaginer une vie sans nos sms, mp3 et MSN. Cependant, ce monde existait il y a à peine vingt ans. Pendant des siècles le monde tournait sans les iPods, les Playstations et les lecteurs de DVD. Donc la réponse est qu'on peut très bien vivre sans la technologie mais la vraie question est plutôt est-ce qu'on a envie de le faire !

La vie sans Internet
Auparavant, quand le prof de géo nous demandait de faire un exposé en classe, c'était un véritable cauchemar. Faire la recherche nécessaire pour rédiger un exposé était pénible. On passait des heures perdu dans la bibliothèque à dépouiller de vieilles encyclopédies sans rien trouver. Réserver un voyage était tout un drame. Les billets d'avion coûtaient chers et il fallait passer par une agence de voyage pour les réserver à un prix exorbitant.

La vie avec l'Internet
Aujourd'hui près de 18 millions de foyers français sont équipés d'une connexion Internet. Le web est un réseau de communication qui nous offre une multitude de possibilités pour s'exprimer, pour dialoguer, pour s'informer et pour jouer… Si on l'utilise correctement, l'Internet est un outil formidable. La plupart de nos petites actions quotidiennes sont régies par Internet : achats, consultations de compte, recherche d'adresse et réservation de billets d'avion. Quant aux exposés de géo, il suffit de lancer un moteur de recherche comme Google !

II. La vie sans portable
Avant l'apparition du portable le seul moyen de communiquer avec nos potes était le téléphone fixe. Comme son nom l'indique, pas question de se promener en toute liberté avec la combine. Il fallait prendre les appels en présence de toute la famille. Pas idéal pour se chouchouter les mots d'amour avec le nouveau Jules. Il ne faut pas oublier les arguments bimestriels quand la note (facture) de téléphone arrivait !

La vie avec le portable
L'arrivée du téléphone portable a révolutionné nos vies. Ces petits appareils qui pèsent moins de 100g, ont changé à jamais notre façon de communiquer. Dorénavant, on peut joindre ou être joint n'importe où

et à n'importe quelle heure. Fini l'ère des rendez-vous fixes. Avec le portable il suffit d'envoyer un petit texto pour changer l'heure ou l'endroit à la dernière minute. Grâce à cette petite merveille nos vies sont devenues plus spontanées et faciles.

La vie sans lecteur mp3

Côté musique on restait scotché dans nos chambres en écoutant le dernier album de Johnny Halliday ou Michael Jackson. Pas facile de partager nos superbes goûts musicaux avec toute la bande. Les déplacements dans les transports en commun étaient un véritable cauchemar. Imagine on était obligé d'écouter des conversations débiles des autres voyageurs ! Certes l'arrivée du baladeur et du Discman a arrangé les choses un peu mais il fallait être costaud pour trimballer les cassettes et les boîtiers de CD partout.

La vie avec le lecteur mp3

Fini des CD rayés ou des cassettes à ruban froissé. Le lecteur mp3 est le véritable *nec plus ultra* du monde de la musique. En quelques clics on est capable de télécharger des millions de morceaux de musique. Ce format rend la musique plus accessible et nous encourage à découvrir les nouveaux genres. Les voyages sont devenus beaucoup plus agréables. Le temps passe plus vite avec un iPod rempli de nos chansons préférées. On peut même partager la musique en prêtant un écouteur à notre meilleur ami.

1. Why was it difficult to carry out research for school projects before the arrival of the Internet? (Section I)

2. What was the problem with reserving an airline ticket? (Section I)

3. Name **three** advantages of the Internet. (Section I)

4. How can the Internet help us with school projects? (Section I)

5. Give **one** disadvantage of using a landline telephone. (Section II)

6. Give **two** advantages of the mobile phone. (Section II)

7. Where did people listen to music before they had Walkmans? (Section II)

8. Name **two** advantages of the mp3 player. (Section II)

**Lisez**

B) Lisez l'article suivant et répondez aux questions :

TÉLÉ INTIMITÉ : POURQUOI ELLE NOUS FASCINE

I. Trois téléspectateurs sur quatre regardent les émissions-témoignages ! Nous avons voulu en savoir plus et leur avons donné la parole, par le biais de notre sondage CSA. Leurs motivations ? Partager de l'émotion et trouver des réponses. Même si la plupart d'entre eux ne se verraient pas affronter les caméras.

Si le sujet était moins grave, on pourrait appeler cela « les petits plats dans l'écran ». Fatine, 37 ans, témoigne sur le plateau de *Ça se discute*, ce mercredi 17 décembre 2003. Elle décrit par le menu, devant des millions de téléspectateurs de France 2, les troubles alimentaires de sa fille Salma, 6 ans et demi. Jusque dans les détails les plus intimes :

« Elle vomit son lait presque tous les matins. » « Je fais ma tête de cochon », traduit adorablement la petite fille au serre-tête violet. Pourtant, l'intitulé de l'émission du jour, « Comment bien grandir quand manger est un problème ? », n'invite pas aux grands déballages personnels. Seulement voilà. Dès lors qu'il s'agit de nourriture, les problèmes physiologiques deviennent vite psychologiques. Le refus de Salma de manger du « poisson sans la peau » révèle vite autre chose. « Je culpabilise, se plaint sa mère. Cela me rend anxieuse. Je ne la nourris pas bien ? Je ne remplis pas assez bien mon rôle de maman ? Je voudrais sortir de ce cercle vicieux. »

II. De l'autre côté de l'écran, Laure, 28 ans, intérimaire dans le secteur bancaire. Elle a regardé l'émission, en bruit de fond d'abord, pendant qu'elle rangeait les jouets de son fils Félix, 4 ans. « Je me suis installée devant l'écran après avoir tiqué sur cette phrase de Fatine : « Elle choisit ce qu'elle doit vomir. » À l'image : Salma et sa famille dînent. Salma refait sa « tête de cochon ». Effet miroir garanti chez Laure : « Je me suis vue avec Félix quelques heures plus tôt. Pour le faire manger, c'est une véritable épopée. Chaque soir, j'invente une histoire pour qu'il daigne avaler quelques bouchées. » Toute coïncidence entre le cas médiatique Salma/Fatine et le vécu de Félix/Laure serait purement fortuite...

Laure correspond assez bien au profil de ces trois Français sur quatre interrogés par l'institut de sondage CSA, qui déclarent regarder régulièrement « la télévision de l'intime ». Elle pourrait aussi rejoindre les 44% de personnes sondées qui estiment apprendre quelque chose en regardant ces émissions, ainsi que les 41% qui éprouvent de la sympathie pour les témoins.

III. Pour Laure, le processus d'identification s'est déroulé de façon contradictoire. « D'un côté, je me suis dit « il y a pire que toi, tu l'as échappé belle ». De l'autre, l'intervention du père de Salma dans l'émission m'a fait réaliser que j'étais seule à nourrir mon fils. Cela a ouvert une piste possible pour expliquer le refus catégorique de Félix de manger à la cantine. » Mère célibataire, Laure se demande s'il peut accepter quelque chose d'une autre main nourricière que celle de sa mère. La relation d'identification a efficacement fonctionné dans ce cas précis.

La « télévision de l'intime » se cale dans cette brèche sociale et médiatique – ouverte en 1983 avec le premier *Psyshow* de Pascale Breugnot – de la « culture psychologique de masse » (selon l'expression du sociologue Robert Castel). La télévision nous regarderait donc au moins autant que nous la regardons ? Pour le psychiatre et psychanalyste Serge Tisseron, il faut multiplier les angles de vue. « Le spectateur de ces émissions cherche toujours plusieurs choses. Le plaisir, trop souvent oublié par les critiques. Le réconfort narcissique : ces gens que j'entends et vois sont comme moi. »

Emmanuel Poncet et Sophie Rostain, *Psychologies Magazine*, n° 227, février 2004

---

1. i) Trouvez la raison pour laquelle trois téléspectateurs sur quatre regardent les émissions-témoignages. (Section I)

   ii) La fille de Fatine souffre de quel problème ? (Section I)

2. Comment sait-on que la mère est perturbée par le comportement de sa fille Salma. (Section I)

3. i) Quel est le métier de Laure ? (Section II)

   ii) Trouvez **deux** détails qui indiquent que Félix n'aime pas manger. (Section II)

4. Trouvez dans la deuxième section :

   a) un verbe à l'infinitif

   b) un participe passé

5. i) Quelle phrase indique que Laure élève son enfant toute seule ? (Section III)

   ii) Retrouvez, dans la troisième section, un mot qui signifie « soutien ».

6. According to the author, why do French audiences enjoy 'true life' television programmes? Answer in English, giving **two** points and referring to the text.

9.8 La Compréhension Littéraire
📖 Lisez

A) Lisez l'extrait de roman puis répondez aux questions :

I. Le problème de l'homme moderne n'est pas sa méchanceté. Au contraire, il préfère, dans l'ensemble, pour des raisons pratiques, être gentil. Simplement il déteste s'ennuyer. L'ennui le terrifie alors qu'il n'y a rien de plus constructif et généreux qu'une bonne dose quotidienne de temps morts, d'instants chiants, d'emmerdement médusé, seul ou à plusieurs. Octave l'a compris : le vrai hédonisme, c'est l'ennui. Seul l'ennui permet de jouir du présent mais tout le monde vise le contraire : pour se désennuyer, les Occidentaux fuient par l'intermédiaire de la télé, du cinéma, d'Internet, du téléphone, du jeu vidéo, ou d'un simple magazine. Ils ne sont jamais à ce qu'ils font, ils ne vivent plus que par procuration, comme s'il y avait un déshonneur à se contenter de respirer ici et maintenant. Quand on est devant sa télé, ou devant un site interactif, ou en train de téléphoner sur son portable, ou en train de jouer sur sa PlayStation, on ne vit pas. On est ailleurs qu'à l'endroit où l'on est. On n'est peut-être pas mort, mais pas très vivant non plus.

II. Il serait intéressant de mesurer combien d'heures par jour nous passons ainsi ailleurs que dans l'instant. Ailleurs que là où nous sommes. Toutes ces machines vont nous inscrire aux abonnés absents, et il sera très compliqué de s'en défaire. Tous les gens qui critiquent la Société du Spectacle ont la télé chez eux. Tous les contempteurs de la Société de Consommation ont une Carte Visa. La situation est inextricable. Rien n'a changé depuis Pascal : l'homme continue de fuir son angoisse dans le divertissement. Simplement le divertissement est devenu si omniprésent qu'il a remplacé Dieu. Comment fuir le divertissement ? En affrontant l'angoisse.

Frédéric Beigbeder, *14,99 Euros (99 Francs)*, Éditions Bernard Grasset

1. i) Selon la première section, quel est le problème de l'homme moderne ?

ii) Quelle est l'attitude de l'auteur par rapport à l'ennui ? (Section I)

2. i) Mentionnez **deux** choses que font les gens des pays occidentaux pour combattre l'ennui. (Section I)

ii) Trouvez **deux** phrases qui indiquent que les gens ne mènent pas une vraie vie active. (Section I)

3. Quelle expression dans la deuxième section signifie « autre part » ?

4. Trouvez dans la deuxième section :

   a) un participe passé

   b) un verbe au conditionnel

5. Quelle est l'idée principale exprimée dans la deuxième section :

   a) l'homme cherche à se divertir

   b) l'homme n'a peur de rien

   c) l'homme n'a aucun divertissement

   d) l'homme n'est jamais angoissé

6. The author believes that man is always trying to overcome boredom. Support this statement, giving examples from the text. (Give **two** points, about 50 words.)

9.9 La Grammaire – Le Subjonctif
Apprenez

Use
The subjunctive *(le subjonctif)* is a mood that is used to express actions that are subjective (doubt, emotion, possibility, etc.). It is usually introduced by the word **que**.

We use the subjunctive in the following situations:
a) After verbs and expressions of will that convey an order, a need, some advice or a want.

Exemple : Je souhaite qu'il **vienne** me voir.   I wish that he would come and see me.

Les verbes	
demander que	to ask that
désirer que	to desire that
empêcher que	to prevent that
éviter que	to avoid that
exiger que	to demand that
préférer que	to prefer that
souhaiter que	to wish that

Les expressions	
il est essentiel que	it is essential that
il est important que	it is important that
il est nécessaire que	it is necessary that
il faut que	it is necessary that
il vaut mieux que	it is better that

b) With verbs and expressions of emotion that convey happiness, fear, surprise and regret.

Exemple : Il est dommage que vous **soyez** tellement égoïste.   It is a shame that you are so selfish.

Les verbes	
avoir peur que	to be afraid that
avoir honte que	to be ashamed that
craindre que	to fear that
être content que	to be happy that
être désolé que	to be sorry that
être étonné que	to be amazed that

Les expressions	
il est bizarre que	it is strange that
il est dommage que	it is a pity that
il est regrettable que	it is regrettable that
il est surprenant que	it is surprising that

c) With verbs and expressions of emotion that convey opinion, doubt and possibility.

Exemple : Je doute qu'il **soit** là.   I doubt that he will be there.

Les verbes	
accepter que	to accept that
détester que	to hate that
douter que	to doubt that
nier que	to deny that

Les expressions	
il est douteux que	it is doubtful that
il n'est pas évident que	it is not obvious that
il est possible que	it is possible that
il n'est pas sûr que	it is not certain that

d) After the following conjunctions :

Exemple : Bien que tu **sois** sportif, tu es très paresseux.   Although you are sporty, you are very lazy.

à condition que	provided that
afin que	in order that
bien que	although
jusqu'à ce que	until
pour que	so that
sans que	without

Formation

1) To form the subjunctive of regular verbs, we find the **nous** form of the present tense, drop the **-ons** and add the subjunctive endings :

-e, -es, -e, -ions, -iez, -ent

	Parler *(to talk)*	Finir *(to finish)*	Vendre *(to sell)*
que je	parle	finisse	vende
que tu	parles	finisses	vendes
qu'il/elle/on	parle	finisse	vende
que nous	parlions	finissions	vendions
que vous	parliez	finissiez	vendiez
qu'ils/elles	parlent	finissent	vendent

2) To form the subjunctive of irregular verbs, we must learn each verb individually. The following is a list of the most commonly used irregular subjunctive verbs and should be learned carefully.

	Aller	Avoir	Être	Faire	Vouloir
que je/j'	aille	aie	sois	fasse	veuille
que tu	ailles	aies	sois	fasses	veuilles
qu'il/elle/on	aille	ait	soit	fasse	veuille
que nous	allions	ayons	soyons	fassions	voulions
que vous	alliez	ayez	soyez	fassiez	vouliez
qu'ils/elles	aillent	aient	soient	fassent	veuillent

9.10 Faire le Bilan

 Écrivez

A) Exercices de vocabulaire

i) Traduisez les mots suivants en français :

a) newspaper
b) subscription
c) newsagent
d) editor
e) TV station
f) flat screen TV
g) digital TV
h) programme
i) presenter
j) weather forecast
k) reality TV
l) mobile phone
m) computer
n) broadband
o) laptop
p) USB key
q) email
r) mp3 player
s) digital camera
t) text message

ii) Traduisez les mots suivants en anglais :

a) un lecteur
b) une revue
c) un quotidien
d) un mensuel
e) une rubrique
f) un feuilleton
g) les infos
h) un dessin animé
i) un clip
j) un téléspectateur
k) un animateur
l) un auditeur
m) à l'antenne
n) un reportage
o) la publicité
p) être en ligne
q) un réseau
r) un chargeur
s) un moteur de recherche
t) la boîte de réception

iii) Traduisez les verbes suivants en anglais :

a) diffuser
b) doubler
c) naviguer
d) télécharger
e) tchatcher
f) graver
g) capter
h) envoyer
i) remporter
j) rater

iv) Mettez le, la, l' ou les devant les noms :

a) ___ presse
b) ___ télévision
c) ___ radio
d) ___ technologie
e) ___ magazine
f) ___ média
g) ___ fichier de musique
h) ___ ordinateur
i) ___ blog
j) ___ recherche

v) Mettez le dialogue en ordre et recopiez-le dans votre cahier :

Exemple :   portable • pas • je • mon • sans • peux • vivre • ne = *Je ne peux pas vivre sans mon portable.*

a) est • émission • Simpson • doute • Les • mon • préférée • sans =

b) chaque • à • partir • lis • de • avant • je • le • matin • journal • l'école • d'habitude =

c) qui • nationale • bonnes • irlandaise • diffuse • des • RTÉ • émissions • est • la • chaîne =

d) téléréalité • bien • la • la • très • je • intéressante • j'aime • et • trouve =

e) temps • beaucoup • naviguer • à • Internet • sur • passe • de • je =

vi) Trouvez les questions possibles :

Exemple : **Réponse** – Non, d'habitude je regarde une émission par jour.
          Question – Est-ce que vous passez beaucoup de temps à regarder la télévision ?

a) Non, je pense que les émissions du genre *Star Academy* sont stupides.
b) Il y a toujours quelque chose d'amusant et de divertissant sur cette station.
c) Oui, car c'est important de savoir ce qui se passe dans le monde
d) Sans aucun doute, c'est Google. C'est vraiment pratique pour faire des recherches.
e) Oui, en général je passe deux heures par jour en ligne.

B) Exercices de grammaire

Le passé simple

i) Trouvez l'infinitif des verbes conjugués au passé simple :

Exemple : J'eus -> avoir

a) tu fus   f) je bus
b) nous fîmes   g) il chanta
c) vous donnâtes   h) nous vîmes
d) ils firent   i) vous dûtes
e) nous vendîmes   j) nous eûmes

ii) Repérez les verbes au passé simple et donnez leur infinitif :

> Jonathan arriva à Boston au début de la soirée. Quand il alluma son téléphone portable, sa messagerie était déjà saturée. Le taxi le déposa sur le vieux port. Il s'installa à la terrasse du café où il avait partagé tant de souvenirs avec Peter. Il l'appela.
> — Tu es sûr de ce que tu fais, ce n'est pas un coup de tête ? lui demanda son meilleur ami. Jonathan serra le téléphone contre son oreille.
> — Peter, si seulement tu pouvais comprendre ce qui m'arrive.
> — Là, tu m'en demandes trop, comprendre tes sentiments, oui ! Comprendre l'histoire abracadabrante que tu viens de me raconter, non ! Je ne veux même pas l'entendre et tu vas me faire le plaisir de ne la révéler à personne et surtout pas à Anna. Si nous pouvons éviter qu'elle se répande dans toute la ville en disant que tu es dingue et qu'il faut te faire interner ce serait mieux, surtout à trois semaines de la vente.
> — Je me moque de cette vente, Peter.
> — C'est bien ce que je dis, tu es très atteint ! Je veux que tu fasses des radios, tu as peut-être un anévrisme qui s'est rompu sous ton crâne. Ça pète vite, ces trucs-là !
> — Peter, arrête de déconner ! s'emporta Jonathan.
> Il y eut un court silence et Peter s'excusa.
>
> Marc Levy, *La Prochaine Fois,* Éditions Robert Laffont 2004

Le plus-que-parfait

i) Conjuguez les verbes suivants au plus-que-parfait :

a) Ils _____ (*manger*) du pain.

b) Nous _____ (*aller*) en Italie.

c) Tu _____ (*boire*) de l'eau.

d) Vous _____ (*rester*) à l'hôtel.

e) Nous _____ (*sortir*) du restaurant.

f) Je _____ (*chanter*) la chanson.

g) Les filles _____ (*être*) à l'heure.

h) Tu _____ (*voir*) les chiens.

i) Elle _____ (*parler*) à la jeune fille.

j) Je _____ (*arriver*) à la gare.

ii) Traduisez les phrases suivantes en français :

a) They had arrived at the cinema.

b) We had already done our homework.

c) She had already left.

d) I had read the book.

e) You had gone to the swimming pool.

Le subjonctif

i) Conjuguez les verbes entre parenthèses au subjonctif :

a) Je doute que tu _____ *(faire)* tes devoirs.

b) Il est incroyable que cette fille _____ *(pouvoir)* chanter si juste.

c) Il faut que tu _____ *(être)* à l'heure.

d) Je veux que tu _____ *(venir)* avec moi.

e) Il faut que tu _____ *(savoir)* la vérité.

f) Je veux que vous _____ *(être)* contents.

g) Il faut que nous _____ *(partir)* après le match.

h) Il faut que tu _____ *(aller)* chez elle tout de suite.

i) Il est possible qu'ils _____ *(venir)* nous rendre visite.

j) Je ne suis pas sûr qu'elle _____ *(pouvoir)* venir.

ii) Faites une liste de cinq phrases qui sont suivies par le subjonctif :

a)

b)

c)

d)

e)

iii) Traduisez les phrases suivantes en français :

a) It is a pity that she is ill.
b) It is necessary that he leaves.
c) It is doubtful that he is happy.
d) It is unbelievable that he can dance.
e) It is necessary that you do your work.

C) Exercices écrits : Préparation à l'examen

Le texte à trous

Complétez la lettre ci-dessous en écrivant les mots suivants dans les espaces appropriés.
N.B. Cette liste n'est pas dans l'ordre.

joli, passe, à, grande, banlieue, visité, chaque, sommes, pas, cartes

Bordeaux, le 5 juillet

Chère Maman,

Je _____ des vacances formidables à Bordeaux. La famille Legrand est très accueillante et nous avons déjà _____ tout Bordeaux. C'est une ville magnifique.

Leur maison se trouve en _____ . Elle est assez _____. Je partage la chambre de Nadine, c'est sympa.

Avant-hier, nous _____ allés à St Émilion où nous avons goûté du vin rouge. Ça ne m'a _____ beaucoup plu mais M. Legrand a acheté plusieurs bouteilles. Le village était très _____ et j'ai envoyé des _____ postales.

Il fait chaud _____ jour et Nadine m'a dit que nous irions bientôt _____ la mer.

Écris-moi vite,
Bises.
Catherine

Leaving Certificate Ordinary Level, 2006, Section II, Q. A a)

Le formulaire

Vous vous appelez John/Jane Fitzpatrick. Vous désirez travailler à Disneyland, Paris. Remplissez le formulaire suivant:

N.B. Répondez à 6, 7, 8, et 9 par des phrases complètes.

1. Nom : . . . .

2. Prénom : . . . .

3. Date de naissance : . . . .

4. Lieu de naissance : . . . .

5. Nationalité : . . . .

6. Quelles langues parlez-vous ? . . . .

. . . .

. . . .

. . . .

7. Quel genre de travail voulez-vous faire à Disneyland ? . . . .

. . . .

. . . .

. . . .

8. Décrivez votre expérience dans ce genre de travail : . . . .

. . . .

. . . .

. . . .

9. Pourquoi voulez-vous travailler à Disneyland? . . . .

. . . .

. . . .

. . . .

Leaving Certificate Ordinary Level, 2006, Section II, Q. A b)

Le message

You are staying with your pen-pal, Bertrand in Bourges. Leave a message saying:

- That you have gone to town to buy a magazine.
- That you will be home for dinner at 6.30 p.m.
- That you have two tickets for the concert this evening.

Leaving Certificate Ordinary Level, 2007, Section II, Q. B a)

La carte postale

Write a postcard to your friend Antoine/Agnès in which you say that:

- You arrived at La Baule yesterday with your family.
- You are staying in a youth hostel and it is not very expensive.
- You will be in Paris next week and you will ring him/her.

Leaving Certificate Ordinary Level, 2007, Section II, Q. B b)

Plus Avancé

Le journal intime

You have just had an argument with your parents about going out at the weekend. Note the following in your diary:

- You want to go out with your friends, but your parents won't allow you.
- You did a lot of homework this week.
- You think that they are too strict and you are angry.

Leaving Certificate Ordinary Level, 2007, Section II, Q. C a)

La lettre formelle

Write a formal letter to Monsieur le Gérant, Hôtel Bellevue, 10 boulevard St. Pierre, 06300 Nice. In the letter:

- Say that you are going to France with your family in June.
- Say that you would like to book a room for three nights.
- Ask if the hotel is near the beach.

Leaving Certificate Ordinary Level, 2007, Section II, Q. C b)

9.11 La Préparation à l'Examen – La Compréhension Écrite

 **Étudiez**

Ordinary Level

The reading comprehension section of the Leaving Certificate Ordinary Level exam is worth 40% of the overall mark. Each comprehension is worth 40 marks. The reading comprehensions are taken from a variety of sources, including magazines, newspapers, brochures, short stories and novels.

The candidate must answer four questions :

1. Short article information retrieval	10 questions to be answered in English.
2. Short article information retrieval	10 questions to be answered in English.
3. Long magazine article comprehension	8 questions to be answered in English and 2 in French.
4. Long literary extract comprehension	8 questions to be answered in English and 2 in French.

The key to success in the reading comprehension section of the examination is practice. Students should keep detailed lists of new vocabulary and verbs encountered when completing reading comprehensions. A large vocabulary base will greatly help your chances of doing well in this section.

To improve your reading comprehension skills, it is a good idea to read articles regularly from French magazines and newspapers on the Internet:

- www.lemonde.fr
- www.liberation.fr
- www.lequipe.fr
- www.parismatch.com
- www.nouvelobs.com/
- www.elle.fr

Through regular practice of past Leaving Certificate reading comprehensions, you will become familiar with the layout of the paper and will know what to expect in June. Both papers and marking schemes may be consulted online on the State Examination Commission's website:

- www.examinations.ie

General tips for answering questions

- Begin by reading the title and subtitle of the article. This should give you some clue as to what it is about.
- Next, read all the questions. This should provide you with extra information regarding the topic of the article.
- Then carefully read the article right through. Remember, you don't need to understand every single word in the text. You are trying to get the overall meaning of the article.
- Reread the questions for each section, highlighting the important information and questioning words such as *quand, qui, combien, comment, où, pourquoi*.
- Finally, reread the questions and their corresponding sections in the article several times before answering the questions.
- If a question begins with the words *relevez, citez, trouvez* or *montrez*, you may quote directly from the text. Otherwise, some manipulation of the text will be necessary.
- Attempt every question and never leave a blank. If you really do not know the answer, look at the words in the question and write down a sentence from the correct section in the text with similar words.

You may be asked a wide range of questions:

Question type	Method of answering
Direct	You are required to change the text in order to form the correct answer. You may need to change the subject pronoun *je* to *il* or *elle* when referring to the narrator.
Grammar	Identify an element of grammar in the text. Make sure you understand and can give an example of each of the following French grammar terms : *adjectif, adverbe, article, impératif, participe présent, participe passé, préposition, pronom, temps (présent, passé composé, futur simple, futur proche, imparfait, conditionnel).*
Information retrieval	Directly pick out a sentence or expression from the text. Introduced by the word *relevez, citez, trouvez* or *nommez.*
Multiple choice	Choose one of four options through a process of elimination. Always use capital letters when writing in your answer, as they are easier for the examiner to read.

Higher Level

The reading comprehension section of the Leaving Certificate Higher Level exam is worth 30% of the overall mark. Each comprehension is worth 60 marks. The reading comprehensions are taken from a variety of sources, including magazines, newspapers, short stories and novels.

The candidate must answer two different types of reading comprehension : literary and journalistic.

1. Journalistic comprehension

This takes the form of a magazine or newspaper article. The topics tend to focus on contemporary issues such as pollution, poverty, reality TV and violence in French suburbs. The writing style is direct and informative and usually in the present tense.

2. Literary comprehension

This takes the form of an extract from a novel or a short story. There is no way to predict the topic of this comprehension. The extract is taken at random from a literary source and is often written in the past tense (*passé composé, imparfait* and *passé simple*). Literary texts are highly descriptive and usually written in the narrative form.

The key to success in the reading comprehension section of the examination is practice. Students should keep detailed lists of new vocabulary and verbs encountered when completing reading comprehensions. A large vocabulary base will greatly help your chances of doing well in this section.

In order to improve your reading comprehension skills, it is a good idea to read articles regularly from French magazines and newspapers on the Internet :

- www.lemonde.fr
- www.liberation.fr
- www.lequipe.fr
- www.parismatch.com
- www.nouvelobs.com
- www.elle.fr

Through regular practice of past Leaving Certificate reading comprehensions, you will become familiar with the layout of the paper and will know what to expect in June. Both papers and marking schemes may be consulted online on the State Examination Commission's website :

- www.examinations.ie

General tips for answering questions

When attempting the Higher Level comprehensions:

- Always read the headline, the subheading and Question 6 in order to work out the general topic of the article.
- Read through the questions, taking note of which section of the text they correspond to.
- Read through the entire comprehension, keeping in mind the questions you have just read.
- Break the comprehension up by reading each of the text sections in turn. This time, focus in on the specific question for that section. Mark possible answers in the text before filling in your final answer in the space provided. The amount of space provided is usually adequate – try not to go too far over this. If you consistently write too much, this might be a sign that you are giving extra information, which may be penalised.

Les phrases utiles

The following phrases will prove useful when answering reading comprehensions:

Useful vocabulary	
Citez une expression	Quote a phrase
Relevez le mot qui montre/indique	Pick out the word which shows
Trouvez la phrase qui montre/indique	Find the sentence which shows
Trouvez dans le texte	Find in the text
Trouvez le substantif auquel se réfère le pronom «le».	Find the noun to which 'le' refers
Trouvez un synonyme de	Find a synonym (similar word) for
Pour le pronom en italique, relevez le mot auquel il se réfère.	Find the word to which the pronoun in italics refers.
Une phrase/expression qui veut dire	A phrase/expression which means
Le narrateur/la narratrice	Narrator
L'auteur	Author
D'après/selon l'auteur	According to the author

9.12 Auto-évaluation

APRÈS AVOIR TERMINÉ L'UNITÉ 9, JE SUIS CAPABLE DE :

L'expression orale

	Bien	Assez bien	Pas du tout
donner des informations sur les médias en France			
parler de la télévision			
décrire l'importance des nouvelles technologies			
expliquer l'importance d'un ordinateur dans la vie d'une jeune			

Compréhension écrite

	Bien	Assez bien	Pas du tout
lire et comprendre un site web français			
identifier les différents types de questions			

Production écrite

	Bien	Assez bien	Pas du tout
répondre à toutes les questions du Leaving Certificate Section II			

Grammaire

	Bien	Assez bien	Pas du tout
comprendre, former et employer le passé simple			
comprendre, former et employer le plus-que-parfait			
comprendre, former et employer le subjonctif			

LES VERBES

Infinitive	Translation	Verb conjugation	Group
abaisser	to lower	regular	-er verbs
accompagner	to accompany	regular	-er verbs
acheter	to buy	stem-changing verbs	-e before final syllable
accueillir	to welcome	like cueillir	
admettre	to admit	like mettre	
admirer	to admire	regular	-er verbs
adorer	to adore	regular	-er verbs
afficher	to display	regular	-er verbs
agacer	to annoy	stem-changing verbs	-cer verbs
agir	to act	regular	-ir verbs
aider	to help, assist	regular	-er verbs
aimer	to like, love	regular	-er verbs
ajouter	to add	regular	-er verbs
aller	to go	completely irregular	
améliorer	to improve	regular	-er verbs
amener	to bring, lead	stem-changing verbs	-e before final syllable
annuler	to cancel	regular	-er verbs
apparaître	to appear	like connaître, disparaître	
appeler	to call, name	stem-changing verbs	-eler verbs
apporter	to bring	regular	-er verbs
apprécier	to appreciate	regular	-er verbs
apprendre	to learn	like prendre	
arrêter	to stop, arrest	regular	-er verbs
arriver	to arrive, happen	regular	-er verbs
assister	to help, aid	regular	-er verbs
attendre	to wait, expect	regular	-re verbs
atterrir	to land	regular	-ir verbs
attraper	to catch	regular	-er verbs
augmenter	to increase	regular	-er verbs
avoir	to have	completely irregular	

Infinitive	Translation	Verb conjugation	Group
baisser	to lower	regular	-er verbs
balayer	to sweep	regular	-er verbs
bâtir	to build	regular	-ir verbs
battre	to beat	regular	-re verbs
bavarder	to chat	regular	-er verbs
bénir	to bless	regular	-ir verbs
blaguer	to joke	regular	-er verbs
boire	to drink	like croire, voir	
bouger	to move	stem-changing verbs	-cer verbs
bouillir	to boil	completely irregular	
brancher	to plug in	regular	-er verbs
bricoler	to do DIY	regular	-er verbs

Infinitive	Translation	Verb conjugation	Group
briser	to break	regular	-er verbs
brosser	to brush	regular	-er verbs
brûler	to burn	regular	-er verbs
cacher	to hide	regular	-er verbs
casser	to break	regular	-er verbs
causer	to chat	regular	-er verbs
céder	to give up	like préférer, répéter	-é before final syllable
célébrer	to celebrate	like préférer, répéter	-é before final syllable
cesser	to cease	regular	-er verbs
changer	to change	regular	-er verbs
chanter	to sing	regular	-er verbs
chercher	to look for	regular	-er verbs
choisir	to choose	regular	-ir verbs
cocher	to tick	regular	-er verbs
coller	to stick	regular	-er verbs
combattre	to combat	completely irregular	
commencer	to begin, start	stem-changing verbs	-cer verbs
comprendre	to understand	like prendre	
compter	to count	regular	-er verbs
conduire	to drive	like cuire, introduire	
connaître	to know	completely irregular	
conseiller	to advise	regular	-er verbs
considérer	to consider	like préférer, répéter	-é before final syllable
consommer	to consume	regular	-er verbs
construire	to build	like cuire, introduire	
consulter	to consult	regular	-er verbs
contacter	to contact	regular	-er verbs
contenir	to contain	like venir	
continuer	to continue	regular	-er verbs
contrôler	to control, examine	regular	-er verbs
convenir	to agree	like venir	
corriger	to correct	stem-changing verbs	-ger verbs
couler	to flow	regular	-er verbs
couper	to cut	regular	-er verbs
coûter	to cost	regular	-er verbs
courir	to run	completely irregular	
couvrir	to cover	like ouvrir	
craindre	to fear	completely irregular	
crier	to shout	regular	-er verbs
croire	to believe	completely irregular	
cueillir	to gather	completely irregular	
cuire	to cook	completely irregular	
cultiver	to cultivate	regular	-er verbs

Infinitive	Translation	Verb conjugation	Group
danser	to dance	regular	-er verbs
décevoir	to disappoint	like recevoir	
déchirer	to tear	regular	-er verbs
découvrir	to discover	like ouvrir	
décrire	to describe	like dire, lire	
déclencher	to set off	regular	-er verbs
décoller	to take off	regular	-er verbs
déduire	to deduct	like cuire, introduire	
déjeuner	to lunch	regular	-er verbs
défendre	to forbid, defend	regular	-re verbs
dégager	to free	stem-changing verbs	-ger verbs
démarrer	to start up	regular	-er verbs
demander	to ask, demand	regular	-er verbs
déménager	to move	regular	-er verbs
demeurer	to live, stay	regular	-er verbs
démolir	to demolish	regular	-ir verbs
démontrer	to show	regular	-er verbs
dépasser	to exceed, overtake	regular	-er verbs
dépendre	to depend	regular	-re verbs
dépenser	to spend	regular	-er verbs
dépouiller	to examine	regular	-er verbs
déranger	to disturb	regular	-er verbs
déraper	to skid	regular	-er verbs
descendre	go down	regular	-re verbs
désirer	to wish, desire	regular	-er verbs
détenir	to detain	like venir	
détester	to hate	regular	-er verbs
devenir	to become	like venir	
devoir	to have to, owe	completely irregular	
dîner	to have dinner	regular	-er verbs
dire	to say	completely irregular	
discuter	to discuss	regular	-er verbs
distribuer	to distribute	regular	-er verbs
donner	to give	regular	-er verbs
dormir	to sleep	like partir, sortir	
doubler	to pass, dub	regular	-er verbs
douter	to doubt	regular	-er verbs

Infinitive	Translation	Verb conjugation	Group
échapper	to escape	regular	-er verbs
échouer	to fail	regular	-er verbs
écouter	to listen	regular	-er verbs
écraser	to crush	regular	-er verbs

Infinitive	Translation	Verb conjugation	Group
écrire	to write	like dire, lire	
effacer	to erase	regular	-er verbs
effrayer	to frighten	regular	-er verbs
effectuer	to carry out	regular	-er verbs
empêcher	to prevent	regular	-er verbs
embaucher	to hire	regular	-er verbs
emmener	to take away	stem-changing verbs	-e before final syllable
emporter	to take away	regular	-er verbs
emprunter	to borrow	regular	-er verbs
énerver	to annoy	regular	-er verbs
enseigner	to teach	regular	-er verbs
entendre	to hear	regular	-re verbs
entrer	to enter	regular	-er verbs
envoyer	to send	stem-changing verbs	-yer verbs
épouser	to marry	regular	-er verbs
espérer	to hope	like préférer, répéter	-er verbs
essayer	to try	stem-changing verbs	-er verbs
établir	to establish	regular	-ir verbs
étonner	to surprise	regular	-er verbs
être	to be	completely irregular	
étudier	to study	regular	-er verbs
éviter	to avoid	regular	-er verbs
exiger	to demand	stem-changing verbs	-ger verbs
exister	to exist	regular	-er verbs
expliquer	to explain	regular	-er verbs
exprimer	to express	regular	-er verbs
faiblir	to weaken	regular	-ir verbs
fâcher	to get angry	regular	-er verbs
faire	to make, do	completely irregular	
falloir	to be necessary	completely irregular	
féliciter	to congratulate	regular	-er verbs
fêter	to celebrate	regular	-er verbs
fermer	to close	regular	-er verbs
finir	to finish	regular	-ir verbs
fonder	to found	regular	-er verbs
frapper	to knock	regular	-er verbs
freiner	to break	regular	-er verbs
fuir	to flee	completely irregular	
fumer	to smoke	regular	-er verbs
gagner	to earn, win	regular	-er verbs
garder	to keep	regular	-er verbs
gaspiller	to waste	regular	-er verbs

Infinitive	Translation	Verb conjugation	Group
gâter	to spoil, damage	regular	-er verbs
geler	to freeze	stem-changing verbs	-eler verbs
gêner	to bother	regular	-er verbs
gérer	to manage	like préférer, répéter	-é before final syllable
goûter	to taste	regular	-er verbs
grandir	to grow	regular	-ir verbs
gratter	to make itch, stratch	regular	-er verbs
griffer	to scratch	regular	-er verbs
grimper	to climb	regular	-er verbs
grossir	to put on weight	regular	-ir verbs
habiter	to live	regular	-er verbs
haïr	to hate	regular	-ir verbs
héberger	to lodge	stem-changing verbs	-ger verbs
hésiter	to hesitate	regular	-er verbs
imposer	to impose	regular	-er verbs
indiquer	to indicate	regular	-er verbs
informer	to inform	regular	-er verbs
inquiéter	to worry	like préférer, répéter	-é before final syllable
intéresser	to interest	regular	-er verbs
interroger	to interrogate	stem-changing verbs	-ger verbs
intervenir	to intervene	like venir	
introduire	to introduce	like cuire, traduire	
inviter	to invite	regular	-er verbs
jaser	to chat, gossip	regular	-er verbs
jeter	to throw	stem-changing verbs	-eter verbs
joindre	to join	completely irregular	
jouer	to play	regular	-er verbs
klaxonner	to honk	regular	-er verbs
lâcher	to let go, loosen	regular	-er verbs
laisser	to leave	regular	-er verbs
lancer	to throw	stem-changing verbs	-cer verbs
laver	to wash	regular	-er verbs
lever	to lift, raise	stem-changing verbs	-e before final syllable
lire	to read	like dire, écrire	
louer	to rent, hire	regular	-er verbs

Infinitive	Translation	Verb conjugation	Group
maigrir	to get thin, lose weight	regular	-ir verbs
maintenir	to maintain	like venir	
manger	to eat	stem-changing verbs	-ger verbs
manquer	to miss	regular	-er verbs
marcher	to walk	regular	-er verbs
marquer	to score	regular	-er verbs
mélanger	to mix	stem-changing verbs	-ger verbs
menacer	to threaten	stem-changing verbs	-cer verbs
mener	to lead	stem-changing verbs	-er verbs
mériter	to deserve	regular	-er verbs
mettre	to put	completely irregular	-e before final syllable
mincir	to get thinner	regular	-ir verbs
monter	to go up	regular	-er verbs
montrer	to show	regular	-er verbs
mourir	to die	completely irregular	
nager	to swim	stem-changing verbs	-ger verbs
naître	to be born	like connaître, disparaître	
naviguer	to navigate	regular	-er verbs
neiger	to snow	impersonal verbs	
nettoyer	to clean	stem-changing verbs	-yer verbs
nier	to deny	regular	-er verbs
nouer	to knot, tie	regular	-er verbs
noter	to note	regular	-er verbs
nourrir	to feed	regular	-ir verbs
noyer	to drown	stem-changing verbs	-yer verbs
nuire	to harm	regular	-re verbs
obéir	to obey	regular	-ir verbs
obliger	to oblige	regular	-ger verbs
obtenir	to get, obtain	like venir	
offrir	to offer	like ouvrir	
organiser	to organise	regular	-er verbs
oser	to dare	regular	-er verbs
oublier	to forget	regular	-er verbs
ouvrir	to open	completely irregular	-er verbs
paraître	to seem,	like connaître, disparaître	
parler	to speak	regular	-er verbs
partager	to share	stem-changing verbs	-ger verbs
participer	to participate	regular	-er verbs
partir	to leave, depart	completely irregular	
passer	to pass, spend	regular	-er verbs
patiner	to skate	regular	-er verbs

Infinitive	Translation	Verb conjugation	Group
payer	to pay	stem-changing verbs	-yer verbs
peindre	to paint	completely irregular	
penser	to think	regular	-er verbs
perdre	to lose	regular	-re verbs
permettre	to allow	like mettre	
peser	to weigh	stem-changing verbs	-e before final syllable
plaindre	to complain	completely irregular	
plaire	to please	completely irregular	
pleuvoir	to rain	impersonal verbs	
plonger	to dive	stem-changing verbs	-ger verbs
porter	to carry, wear	regular	-er verbs
poser	to put	regular	-er verbs
pousser	to push	regular	-er verbs
pouvoir	to be able	like vouloir	
préférer	to prefer	like espérer, répéter	-é before final syllable
prendre	to take	completely irregular	
préparer	to prepare	regular	-er verbs
présenter	to present	regular	-er verbs
prêter	to lend, loan	regular	-er verbs
prévenir	to warn, prevent	like venir	
profiter	to benefit, take advantage of	regular	-er verbs
promettre	to promise	like mettre	
proposer	to propose, suggest	regular	-er verbs

quitter	to leave, quit	regular	-er verbs

raconter	to tell	regular	-er verbs
ranger	to tidy	completely irregular	-ger verbs
rater	to miss, fail	regular	-er verbs
réagir	to react, respond	regular	-ir verbs
recevoir	to receive	completely irregular	
reconnaître	to recognise	like connaître, disparaître	
recouvrir	to recover	like ouvrir	
rédiger	to write	stem-changing verbs	-ger verbs
réduire	to reduce	like cuire, introduire	
refaire	to redo	like faire	
réfléchir	to think, reflect	regular	-ir verbs
refuser	to refuse	regular	-er verbs
regarder	to watch	regular	-er verbs
remarquer	to notice	regular	-er verbs
remettre	to put back	like mettre	
remplir	to fill	regular	-ir verbs

Infinitive	Translation	Verb conjugation	Group
rencontrer	to meet	regular	-er verbs
rendre	to give back	regular	-re verbs
rentrer	to return	regular	-er verbs
réparer	to repair	regular	-er verbs
repasser	to iron	regular	-er verbs
répéter	to repeat	like espérer, préférer	-é before final syllable
répondre	to answer, reply	regular	-re verbs
reprendre	to take back	like prendre	
réserver	to reserve	regular	-er verbs
rester	to remain, stay	regular	-er verbs
retenir	to keep	like venir	
retourner	to return	regular	-er verbs
retrouver	to find again, meet	regular	-er verbs
réunir	to unite	regular	-ir verbs
réussir	to succeed, pass	regular	-ir verbs
revenir	to come back, return	like venir	
rêver	to dream	regular	-er verbs
rire	to laugh	completely irregular	
satisfaire	to satisfy	like faire	
sauter	to jump	regular	-er verbs
sauver	to save	regular	-er verbs
savoir	to know	completely irregular	
s'amuser	to have fun	reflexive verbs, regular	-er verbs
s'appeler	to call oneself, to be named	reflexive verbs, stem-changing	-eler verbs
s'arrêter	to stop	reflexive verbs, regular	-er verbs
s'en aller	to leave	reflexive verbs, irregular	-er verbs
s'endormir	to fall asleep	reflexive verbs, like dormir	-re verbs
s'énerver	to get excited	reflexive verbs, regular	-er verbs
s'ennuyer	to be bored	reflexive verbs, stem-changing	-yer verbs
s'entendre	to get along	reflexive verbs, regular	-re verbs
s'excuser	to apologise	reflexive verbs, regular	-er verbs
s'habiller	to get dressed	reflexive verbs, regular	-er verbs
s'inquiéter	to get worried	reflexive verbs, like préférer	-é before final syllable
s'inscrire	to register, enrol	reflexive verbs, regular	-re verbs
s'intéresser	to be interested	reflexive verbs, regular	-er verbs
s'occuper	to take care	reflexive verbs, regular	-er verbs
se coucher	to go to bed	reflexive verbs, regular	-er verbs
se débrouiller	to get by	reflexive verbs, regular	-er verbs
se décourager	to get discouraged	reflexive verbs, regular	-er verbs
se demander	to wonder	reflexive verbs, regular	-er verbs
se dépêcher	to hurry	reflexive verbs, regular	-er verbs

Infinitive	Translation	Verb conjugation	Group
se détendre	to relax	reflexive verbs, regular	-re verbs
se disputer	to argue	reflexive verbs, regular	-er verbs
se fâcher	to get angry	reflexive verbs, regular	-er verbs
se fiancer	to get engaged	reflexive verbs, regular	-er verbs
se laver	to wash oneself	reflexive verbs, regular	-er verbs
se lever	to wake up	reflexive verbs, stem-changing	-eler verbs
se maquiller	to put on make up	reflexive verbs	-er verbs
se marier	to get married	reflexive verbs, regular	-er verbs
se promener	to go for a walk	reflexive verbs, regular	-er verbs
se rappeler	to remember	reflexive verbs, stem-changing	-eler verbs
se raser	to shave	reflexive verbs, regular	-er verbs
se renseigner	to find out	reflexive verbs, regular	-er verbs
se reposer	to take a rest	reflexive verbs, regular	-er verbs
se réveiller	to wake up	reflexive verbs, regular	-er verbs
se sentir	to feel	reflexive verbs, like partir, sortir	-ir verbs
se souvenir	to remember	reflexive verbs, regular	-ir verbs
se tromper	to be wrong	reflexive verbs, regular	-er verbs
sécher	to dry	stem-changing verbs	-é before final syllable
sembler	to seem, appear	regular	-er verbs
sentir	to feel, taste	like partir, sortir	
servir	to serve	like partir, sortir	
siffler	to whistle	regular	-er verbs
signifier	to mean	regular	-er verbs
songer	to wonder, dream	stem-changing verbs	-ger verbs
sonner	to ring	regular	-er verbs
sortir	to leave, go out	like partir, dormir	
souffrir	to suffer	like ouvrir	
souhaiter	to wish	regular	-er verbs
sourire	to smile	completely irregular	
subir	to undergo	regular	-ir verbs
suivre	to follow	completely irregular	
supplier	to beg	regular	-er verbs
surveiller	to supervise	regular	-er verbs

Infinitive	Translation	Verb conjugation	Group
téléphoner	to phone	regular	-er verbs
tenir	to hold	like venir	
tenter	to try, tempt	regular	-er verbs
terminer	to end	regular	-er verbs
tirer	to pull	regular	-er verbs
tomber	to fall	regular	-er verbs
tondre	to mow	regular	-re verbs
tordre	to twist	regular	-re verbs
toucher	to touch, affect	regular	-er verbs

Infinitive	Translation	Verb conjugation	Group
tourner	to turn	regular	-er verbs
tousser	to cough	regular	-er verbs
traduire	to translate	like cuire, introduire	
trahir	to betray	regular	-ir verbs
transmettre	to transmit	like mettre	
travailler	to work	regular	-er verbs
traverser	to cross	regular	-er verbs
tricher	to trick, cheat	regular	-er verbs
tricoter	to knit	regular	-er verbs
tromper	to trick	regular	-er verbs
trouver	to find	regular	-er verbs
tuer	to kill	regular	-er verbs
unifier	to unify	regular	-er verbs
unir	to unite	regular	-ir verbs
user	to wear out	regular	-er verbs
utiliser	to use	regular	-er verbs
vaincre	to defeat, conquer	completely irregular	
valoir	to be worth	completely irregular	
vendre	to sell	regular	-re verbs
venir	to come	completely irregular	
verser	to pour	regular	-er verbs
vider	to empty	regular	-er verbs
vieillir	to age	regular	-ir verbs
viser	to aim	regular	-er verbs
visiter	to visit	regular	-er verbs
vivre	to live	completely irregular	
voir	to see	like croire	
voler	to steal	regular	-er verbs
voter	to vote	regular	-er verbs
vouloir	to want, wish	completely irregular	
voyager	to travel	stem-changing verbs	-ger verbs

donner — to give (Regular -er)

Présent	Passé composé	Imparfait	Futur	Conditionnel	Passé simple	Subjonctif
je donne	j'ai donné	je donnais	je donnerai	je donnerais	je donnai	je donne
tu donnes	tu as donné	tu donnais	tu donneras	tu donnerais	tu donnas	tu donnes
il/elle/on donne	il/elle/on a donné	il/elle/on donnait	il/elle/on donnera	il/elle/on donnerait	il/elle/on donna	il/elle/on donne
nous donnons	nous avons donné	nous donnions	nous donnerons	nous donnerions	nous donnâmes	nous donnions
vous donnez	vous avez donné	vous donniez	vous donnerez	vous donneriez	vous donnâtes	vous donniez
ils/elles donnent	ils/elles ont donné	ils/elles donnaient	ils/elles donneront	ils/elles donneraient	ils/elles donnèrent	ils/elles donnent

finir — to finish (Regular -ir)

Présent	Passé composé	Imparfait	Futur	Conditionnel	Passé simple	Subjonctif
je finis	j'ai fini	je finissais	je finirai	je finirais	je finis	je finisse
tu finis	tu as fini	tu finissais	tu finiras	tu finirais	tu finis	tu finisses
il/elle/on finit	il/elle/on a fini	il/elle/on finissait	il/elle/on finira	il/elle/on finirait	il/elle/on finit	il/elle/on finisse
nous finissons	nous avons fini	nous finissions	nous finirons	nous finirions	nous finîmes	nous finissions
vous finissez	vous avez fini	vous finissiez	vous finirez	vous finiriez	vous finîtes	vous finissiez
ils/elles finissent	ils/elles ont fini	ils/elles finissaient	ils/elles finiront	ils/elles finiraient	ils/elles finirent	ils/elles finissent

vendre — to sell (Regular -re)

Présent	Passé composé	Imparfait	Futur	Conditionnel	Passé simple	Subjonctif
je vends	j'ai vendu	je vendais	je vendrai	je vendrais	je vendis	je vende
tu vends	tu as vendu	tu vendais	tu vendras	tu vendrais	tu vendis	tu vendes
il/elle/on vend	il/elle/on a vendu	il/elle/on vendait	il/elle/on vendra	il/elle/on vendrait	il/elle/on vendit	il/elle/on vende
nous vendons	nous avons vendu	nous vendions	nous vendrons	nous vendrions	nous vendîmes	nous vendions
vous vendez	vous avez vendu	vous vendiez	vous vendrez	vous vendriez	vous vendîtes	vous vendiez
ils/elles vendent	ils/elles ont vendu	ils/elles vendaient	ils/elles vendront	ils/elles vendraient	ils/elles vendirent	ils/elles vendent

se laver — to wash (oneself)

Présent	Passé composé	Imparfait	Futur	Conditionnel	Passé simple	Subjonctif
je me lave	je me suis lavé(e)	je me lavais	je me laverai	je me laverais	je me lavai	je me lave
tu te laves	tu t'es lavé(e)	tu te lavais	tu te laveras	tu te laverais	tu te lavas	tu te laves
il/elle/on se lave	il/elle/on s'est lavé(e)	il/elle/on se lavait	il/elle/on se lavera	il/elle/on se laverait	il/elle se lava	il/elle se lave
nous nous lavons	nous nous sommes lavé(e)s	nous nous lavions	nous nous laverons	nous nous laverions	nous nous lavâmes	nous nous lavions
vous vous lavez	vous vous êtes lavé(e)s	vous vous laviez	vous vous laverez	vous vous laveriez	vous vous lavâtes	vous vous laviez
ils/elles se lavent	ils/elles se sont lavé(e)s	ils/elles se lavaient	ils/elles se laveront	ils/elles se laveraient	ils/elles se lavèrent	ils/elles se lavent

aller — to go

Présent	Passé composé	Imparfait	Futur	Conditionnel	Passé simple	Subjonctif
je vais	je suis allé(e)	j'allais	j'irai	j'irais	j'allai	j'aille
tu vas	tu es allé(e)	tu allais	tu iras	tu irais	tu allas	tu ailles
il/elle/on va	il/elle/on est allé(e)	il/elle/on allait	il/elle/on ira	il/elle/on irait	il/elle alla	il/elle aille
nous allons	nous sommes allé(e)s	nous allions	nous irons	nous irions	nous allâmes	nous allions
vous allez	vous êtes allé(e)s	vous alliez	vous irez	vous iriez	vous allâtes	vous alliez
ils/elles vont	ils/elles sont allé(e)s	ils/elles allaient	ils/elles iront	ils/elles iraient	ils/elles allèrent	ils/elles aillent

Infinitif	Présent	Passé composé	Imparfait	Futur	Conditionnel	Passé simple	Subjonctif
appeler *to call*	j'appelle	j'ai appelé	j'appelais	j'appellerai	j'appellerais	j'appelai	j'appelle
	tu appelles	tu as appelé	tu appelais	tu appelleras	tu appellerais	tu appelas	tu appelles
	il/elle/on appelle	il/elle/on a appelé	il/elle/on appelait	il/elle/on appellera	il/elle/on appellerait	il/elle/on appela	il/elle/on appelle
	nous appelons	nous avons appelé	nous appelions	nous appellerons	nous appellerions	nous appelâmes	nous appelions
	vous appelez	vous avez appelé	vous appeliez	vous appellerez	vous appelleriez	vous appelâtes	vous appeliez
	ils/elles appellent	ils/elles ont appelé	ils/elles appelaient	ils/elles appelleront	ils/elles appelleraient	ils/elles appelèrent	ils/elles appellent

Infinitif	Présent	Passé composé	Imparfait	Futur	Conditionnel	Passé simple	Subjonctif
avoir *to have*	j'ai	j'ai eu	j'avais	j'aurai	j'aurais	j'eus	j'aie
	tu as	tu as eu	tu avais	tu auras	tu aurais	tu eus	tu aies
	il/elle/on a	il/elle/on a eu	il/elle/on avait	il/elle/on aura	il/elle/on aurait	il/elle/on eut	il/elle/on ait
	nous avons	nous avons eu	nous avions	nous aurons	nous aurions	nous eûmes	nous ayons
	vous avez	vous avez eu	vous aviez	vous aurez	vous auriez	vous eûtes	vous ayez
	ils/elles ont	ils/elles ont eu	ils/elles avaient	ils/elles auront	ils/elles auraient	ils/elles eurent	ils/elles aient

Infinitif	Présent	Passé composé	Imparfait	Futur	Conditionnel	Passé simple	Subjonctif
boire *to drink*	je bois	j'ai bu	je buvais	je boirai	je boirais	je bus	je boive
	tu bois	tu as bu	tu buvais	tu boiras	tu boirais	tu bus	tu boives
	il/elle/on boit	il/elle/on a bu	il/elle/on buvait	il/elle/on boira	il/elle/on boirait	il/elle/on but	il/elle/on boive
	nous buvons	nous avons bu	nous buvions	nous boirons	nous boirions	nous bûmes	nous buvions
	vous buvez	vous avez bu	vous buviez	vous boirez	vous boiriez	vous bûtes	vous buviez
	ils/elles boivent	ils/elles ont bu	ils/elles buvaient	ils/elles boiront	ils/elles boiraient	ils/elles burent	ils/elles boivent

Infinitif	Présent	Passé composé	Imparfait	Futur	Conditionnel	Passé simple	Subjonctif
commencer *to begin*	je commence	j'ai commencé	je commençais	je commencerai	je commencerais	je commençai	je commence
	tu commences	tu as commencé	tu commençais	tu commenceras	tu commencerais	tu commenças	tu commences
	il/elle/on commence	il/elle/on a commencé	il/elle/on commençait	il/elle/on commencera	il/elle/on commencerait	il/elle/on commença	il/elle on commence
	nous commençons	nous avons commencé	nous commencions	nous commencerons	nous commencerions	nous commençâmes	nous commencions
	vous commencez	vous avez commencé	vous commenciez	vous commencerez	vous commenceriez	vous commençâtes	vous commenciez
	ils/elles commencent	ils/elles ont commencé	ils/elles commençaient	ils/elles commenceront	ils/elles commenceraient	ils/elles commencèrent	ils/elles commencent

conduire (to drive)

Infinitif	Présent	Passé composé	Imparfait	Futur	Conditionnel	Passé simple	Subjonctif
conduire *to drive*	je conduis	j'ai conduit	je conduisais	je conduirai	je conduirais	je conduisis	je conduise
	tu conduis	tu as conduit	tu conduisais	tu conduiras	tu conduirais	tu conduisis	tu conduises
	il/elle/on conduit	il/elle/on a conduit	il/elle/on conduisait	il/elle/on conduira	il/elle/on conduirait	il/elle/on conduisit	il/elle/on conduise
	nous conduisons	nous avons conduit	nous conduisions	nous conduirons	nous conduirions	nous conduisîmes	nous conduisions
	vous conduisez	vous avez conduit	vous conduisiez	vous conduirez	vous conduiriez	vous conduisîtes	vous conduisiez
	ils/elles conduisent	ils/elles ont conduit	ils/elles conduisaient	ils/elles conduiront	ils/elles conduiraient	ils/elles conduisirent	ils/elles conduisent

Infinitif	Présent	Passé composé	Imparfait	Futur	Conditionnel	Passé simple	Subjonctif
connaître *to know*	je connais	j'ai connu	je connaissais	je connaîtrai	je connaîtrais	je connus	je connaisse
	tu connais	tu as connu	tu connaissais	tu connaîtras	tu connaîtrais	tu connus	tu connaisses
	il/elle/on connaît	il/elle/on a connu	il/elle/on connaissait	il/elle/on connaîtra	il/elle/on connaîtrait	il/elle/on connut	il/elle/on connaisse
	nous connaissons	nous avons connu	nous connaissions	nous connaîtrons	nous connaîtrions	nous connûmes	nous connaissions
	vous connaissez	vous avez connu	vous connaissiez	vous connaîtrez	vous connaîtriez	vous connûtes	vous connaissiez
	ils/elles connaissent	ils/elles ont connu	ils/elles connaissaient	ils/elles connaîtront	ils/elles connaîtraient	ils/elles connurent	ils/elles connaissent

Infinitif	Présent	Passé composé	Imparfait	Futur	Conditionnel	Passé simple	Subjonctif
courir *to run*	je cours	j'ai couru	je courais	je courrai	je courrais	je courus	je coure
	tu cours	tu as couru	tu courais	tu courras	tu courrais	tu courus	tu coures
	il/elle/on court	il/elle/on a couru	il/elle/on courait	il/elle/on courra	il/elle/on courrait	il/elle/on courut	il/elle on coure
	nous courons	nous avons couru	nous courions	nous courrons	nous courrions	nous courûmes	nous courions
	vous courez	vous avez couru	vous couriez	vous courrez	vous courriez	vous courûtes	vous couriez
	ils/elles courent	ils/elles ont couru	ils/elles couraient	ils/elles courront	ils/elles courraient	ils/elles coururent	ils/elles courent

Infinitif	Présent	Passé composé	Imparfait	Futur	Conditionnel	Passé simple	Subjonctif
craindre *to fear*	je crains	j'ai craint	je craignais	je craindrai	je craindrais	je craignis	je craigne
	tu crains	tu as craint	tu craignais	tu craindras	tu craindrais	tu craignis	tu craignes
	il/elle/on craint	il/elle/on a craint	il/elle/on craignait	il/elle/on craindra	il/elle/on craindrait	il/elle/on craignit	il/elle/on craigne
	nous craignons	nous avons craint	nous craignions	nous craindrons	nous craindrions	nous craignîmes	nous craignions
	vous craignez	vous avez craint	vous craigniez	vous craindrez	vous craindriez	vous craignîtes	vous craigniez
	ils/elles craignent	ils/elles ont craint	ils/elles craignaient	ils/elles craindront	ils/elles craindraient	ils/elles craignirent	ils/elles craignent

Infinitif	Présent	Passé composé	Imparfait	Futur	Conditionnel	Passé simple	Subjonctif
croire *to believe*	je crois	j'ai cru	je croyais	je croirai	je croirais	je crus	je croie
	tu crois	tu as cru	tu croyais	tu croiras	tu croirais	tu crus	tu croies
	il/elle/on croit	il/elle/on a cru	il/elle/on croyait	il/elle/on croira	il/elle/on croirait	il/elle/on crut	il/elle/on croie
	nous croyons	nous avons cru	nous croyions	nous croirons	nous croirions	nous crûmes	nous croyions
	vous croyez	vous avez cru	vous croyiez	vous croirez	vous croiriez	vous crûtes	vous croyiez
	ils/elles croient	ils/elles ont cru	ils/elles croyaient	ils/elles croiront	ils/elles croiraient	ils/elles crurent	ils/elles croient

cueillir — *to gather*

Infinitif	Présent	Passé composé	Imparfait	Futur	Conditionnel	Passé simple	Subjonctif
	je cueille	j'ai cueilli	je cueillais	je cueillerai	je cueillerais	je cueillis	je cueille
	tu cueilles	tu as cueilli	tu cueillais	tu cueilleras	tu cueillerais	tu cueillis	tu cueilles
	il/elle/on cueille	il/elle/on a cueilli	il/elle/on cueillait	il/elle/on cueillera	il/elle/on cueillerait	il/elle/on cueillit	il/elle/on cueille
	nous cueillons	nous avons cueilli	nous cueillions	nous cueillerons	nous cueillerions	nous cueillîmes	nous cueillions
	vous cueillez	vous avez cueilli	vous cueilliez	vous cueillerez	vous cueilleriez	vous cueillîtes	vous cueilliez
	ils/elles cueillent	ils/elles ont cueilli	ils/elles cueillaient	ils/elles cueilleront	ils/elles cueilleraient	ils/elles cueillirent	ils/elles cueillent

devoir — *to have to*

Infinitif	Présent	Passé composé	Imparfait	Futur	Conditionnel	Passé simple	Subjonctif
	je dois	j'ai dû	je devais	je devrai	je devrais	je dus	je doive
	tu dois	tu as dû	tu devais	tu devras	tu devrais	tu dus	tu doives
	il/elle/on doit	il/elle/on a dû	il/elle/on devait	il/elle/on devra	il/elle/on devrait	il/elle/on dut	il/elle/on doive
	nous devons	nous avons dû	nous devions	nous devrons	nous devrions	nous dûmes	nous devions
	vous devez	vous avez dû	vous deviez	vous devrez	vous devriez	vous dûtes	vous deviez
	ils/elles doivent	ils/elles ont dû	ils/elles devaient	ils/elles devront	ils/elles devraient	ils/elles durent	ils/elles doivent

dire — *to say*

Infinitif	Présent	Passé composé	Imparfait	Futur	Conditionnel	Passé simple	Subjonctif
	je dis	j'ai dit	je disais	je dirai	je dirais	je dis	je dise
	tu dis	tu as dit	tu disais	tu diras	tu dirais	tu dis	tu dises
	il/elle/on dit	il/elle/on a dit	il/elle/on disait	il/elle/on dira	il/elle/on dirait	il/elle/on dit	il/elle/on dise
	nous disons	nous avons dit	nous disions	nous dirons	nous dirions	nous dîmes	nous disions
	vous dites	vous avez dit	vous disiez	vous direz	vous diriez	vous dîtes	vous disiez
	ils/elles disent	ils/elles ont dit	ils/elles disaient	ils/elles diront	ils/elles diraient	ils/elles dirent	ils/elles disent

dormir — *to sleep*

Infinitif	Présent	Passé composé	Imparfait	Futur	Conditionnel	Passé simple	Subjonctif
	je dors	j'ai dormi	je dormais	je dormirai	je dormirais	je dormis	je dorme
	tu dors	tu as dormi	tu dormais	tu dormiras	tu dormirais	tu dormis	tu dormes
	il/elle/on dort	il/elle/on a dormi	il/elle/on dormait	il/elle/on dormira	il/elle/on dormirait	il/elle/on dormit	il/elle/on dorme
	nous dormons	nous avons dormi	nous dormions	nous dormirons	nous dormirions	nous dormîmes	nous dormions
	vous dormez	vous avez dormi	vous dormiez	vous dormirez	vous dormiriez	vous dormîtes	vous dormiez
	ils/elles dorment	ils/elles ont dormi	ils/elles dormaient	ils/elles dormiront	ils/elles dormiraient	ils/elles dormirent	ils/elles dorment

écrire — *to write*

Infinitif	Présent	Passé composé	Imparfait	Futur	Conditionnel	Passé simple	Subjonctif
	j'écris	j'ai écrit	j'écrivais	j'écrirai	j'écrirais	j'écrivis	j'écrive
	tu écris	tu as écrit	tu écrivais	tu écriras	tu écrirais	tu écrivis	tu écrives
	il/elle/on écrit	il/elle/on a écrit	il/elle/on écrivait	il/elle/on écrira	il/elle/on écrirait	il/elle/on écrivit	il/elle/on écrive
	nous écrivons	nous avons écrit	nous écrivions	nous écrirons	nous écririons	nous écrivîmes	nous écrivions
	vous écrivez	vous avez écrit	vous écriviez	vous écrirez	vous écririez	vous écrivîtes	vous écriviez
	ils/elles écrivent	ils/elles ont écrit	ils/elles écrivaient	ils/elles écriront	ils/elles écriraient	ils/elles écrivirent	ils/elles écrivent

espérer — to hope

Infinitif	Présent	Passé composé	Imparfait	Futur	Conditionnel	Passé simple	Subjonctif
espérer / to hope	j'espère	j'ai espéré	j'espérais	j'espérerai	j'espérerais	j'espérai	j'espère
	tu espères	tu as espéré	tu espérais	tu espéreras	tu espérerais	tu espéras	tu espères
	il/elle/on espère	il/elle/on a espéré	il/elle/on espérait	il/elle/on espérera	il/elle/on espérerait	il/elle/on espéra	il/elle/on espère
	nous espérons	nous avons espéré	nous espérions	nous espérerons	nous espérerions	nous espérâmes	nous espérions
	vous espérez	vous avez espéré	vous espériez	vous espérerez	vous espéreriez	vous espérâtes	vous espériez
	ils/elles espèrent	ils/elles ont espéré	ils/elles espéraient	ils/elles espéreront	ils/elles espéreraient	ils/elles espérèrent	ils/elles espèrent

essayer — to try

Infinitif	Présent	Passé composé	Imparfait	Futur	Conditionnel	Passé simple	Subjonctif
essayer / to try	j'essaie	j'ai essayé	j'essayais	j'essaierai	j'essaierais	j'essayai	j'essaie
	tu essaies	tu as essayé	tu essayais	tu essaieras	tu essaierais	tu essayas	tu essaies
	il/elle/on essaie	il/elle/on a essayé	il/elle/on essayait	il/elle/on essaiera	il/elle/on essaierait	il/elle/on essaya	il/elle/on essaie
	nous essayons	nous avons essayé	nous essayions	nous essaierons	nous essaierions	nous essayâmes	nous essayions
	vous essayez	vous avez essayé	vous essayiez	vous essaierez	vous essaieriez	vous essayâtes	vous essayiez
	ils/elles essaient	ils/elles ont essayé	ils/elles essayaient	ils/elles essaieront	ils/elles essaieraient	ils/elles essayèrent	ils/elles essaient

être — to be

Infinitif	Présent	Passé composé	Imparfait	Futur	Conditionnel	Passé simple	Subjonctif
être / to be	je suis	j'ai été	j'étais	je serai	je serais	je fus	je sois
	tu es	tu as été	tu étais	tu seras	tu serais	tu fus	tu sois
	il/elle/on est	il/elle/on a été	il/elle/on était	il/elle/on sera	il/elle/on serait	il/elle/on fut	il/elle/on soit
	nous sommes	nous avons été	nous étions	nous serons	nous serions	nous fûmes	nous soyons
	vous êtes	vous avez é-é	vous étiez	vous serez	vous seriez	vous fûtes	vous soyez
	ils/elles sont	ils/elles ont été	ils/elles étaient	ils/elles seront	ils/elles seraient	ils/elles furent	ils/elles soient

faire — to do/to make

Infinitif	Présent	Passé composé	Imparfait	Futur	Conditionnel	Passé simple	Subjonctif
faire / to do/to make	je fais	j'ai fait	je faisais	je ferai	je ferais	je fis	je fasse
	tu fais	tu as fait	tu faisais	tu feras	tu ferais	tu fis	tu fasses
	il/elle/on fait	il/elle/on a fait	il/elle/on faisait	il/elle/on fera	il/elle/on ferait	il/elle/on fit	il/elle/on fasse
	nous faisons	nous avons fait	nous faisions	nous ferons	nous ferions	nous fîmes	nous fassions
	vous faites	vous avez fait	vous faisiez	vous ferez	vous feriez	vous fîtes	vous fassiez
	ils/elles font	ils/elles on- fait	ils/elles faisaient	ils/elles feront	ils/elles feraient	ils/elles firent	ils/elles fassent

jeter — to throw

Infinitif	Présent	Passé composé	Imparfait	Futur	Conditionnel	Passé simple	Subjonctif
jeter / to throw	je jette	j'ai jeté	je jetais	je jetterai	je jetterais	je jetai	je jette
	tu jettes	tu as jeté	tu jetais	tu jetteras	tu jetterais	tu jetas	tu jettes
	il/elle/on jette	il/elle/on a jeté	il/elle/on jetait	il/elle/on jettera	il/elle/on jetterait	il/elle/on jeta	il/elle/on jette
	nous jetons	nous avor s jeté	nous jetions	nous jetterons	nous jetterions	nous jetâmes	nous jetions
	vous jetez	vous avez jeté	vous jetiez	vous jetterez	vous jetteriez	vous jetâtes	vous jetiez
	ils/elles jettent	ils/elles ont jeté	ils/elles jetaient	ils/elles jetteront	ils/elles jetteraient	ils/elles jetèrent	ils/elles jettent

Infinitif	Présent	Passé composé	Imparfait	Futur	Conditionnel	Passé simple	Subjonctif
joindre	je joins	j'ai joint	je joignais	je joindrai	je joindrais	je joignis	je joigne
to join	tu joins	tu as joint	tu joignais	tu joindras	tu joindrais	tu joignis	tu joignes
	il/elle/on joint	il/elle/on a joint	il/elle/on joignait	il/elle/on joindra	il/elle/on joindrait	il/elle/on joignit	il/elle/on joigne
	nous joignons	nous avons joint	nous joignions	nous joindrons	nous joindrions	nous joignîmes	nous joignions
	vous joignez	vous avez joint	vous joigniez	vous joindrez	vous joindriez	vous joignîtes	vous joigniez
	ils/elles joignent	ils/elles ont joint	ils/elles joignaient	ils/elles joindront	ils/elles joindraient	ils/elles joignirent	ils/elles joignent

Infinitif	Présent	Passé composé	Imparfait	Futur	Conditionnel	Passé simple	Subjonctif
lire	je lis	j'ai lu	je lisais	je lirai	je lirais	je lus	je lise
to read	tu lis	tu as lu	tu lisais	tu liras	tu lirais	tu lus	tu lises
	il/elle/on lit	il/elle/on a lu	il/elle/on lisait	il/elle/on lira	il/elle/on lirait	il/elle/on lut	il/elle/on lise
	nous lisons	nous avons lu	nous lisions	nous lirons	nous lirions	nous lûmes	nous lisions
	vous lisez	vous avez lu	vous lisiez	vous lirez	vous liriez	vous lûtes	vous lisiez
	ils/elles lisent	ils/elles ont lu	ils/elles lisaient	ils/elles liront	ils/elles liraient	ils/elles lurent	ils/elles lisent

Infinitif	Présent	Passé composé	Imparfait	Futur	Conditionnel	Passé simple	Subjonctif
mener	je mène	j'ai mené	je menais	je mènerai	je mènerais	je menai	je mène
to lead	tu mènes	tu as mené	tu menais	tu mèneras	tu mènerais	tu menas	tu mènes
	il/elle/on mène	il/elle/on a mené	il/elle/on menait	il/elle/on mènera	il/elle/on mènerait	il/elle/on mena	il/elle/on mène
	nous menons	nous avons mené	nous menions	nous mènerons	nous mènerions	nous menâmes	nous menions
	vous menez	vous avez mené	vous meniez	vous mènerez	vous mèneriez	vous menâtes	vous meniez
	ils/elles mènent	ils/elles ont mené	ils/elles menaient	ils/elles mèneront	ils/elles mèneraient	ils/elles menèrent	ils/elles mènent

Infinitif	Présent	Passé composé	Imparfait	Futur	Conditionnel	Passé simple	Subjonctif
mettre	je mets	j'ai mis	je mettais	je mettrai	je mettrais	je mis	je mette
to put	tu mets	tu as mis	tu mettais	tu mettras	tu mettrais	tu mis	tu mettes
	il/elle/on met	il/elle/on a mis	il/elle/on mettait	il/elle/on mettra	il/elle/on mettrait	il/elle/on mit	il/elle/on mette
	nous mettons	nous avons mis	nous mettions	nous mettrons	nous mettrions	nous mîmes	nous mettions
	vous mettez	vous avez mis	vous mettiez	vous mettrez	vous mettriez	vous mîtes	vous mettiez
	ils/elles mettent	ils/elles ont mis	ils/elles mettaient	ils/elles mettront	ils/elles mettraient	ils/elles mirent	ils/elles mettent

Infinitif	Présent	Passé composé	Imparfait	Futur	Conditionnel	Passé simple	Subjonctif
mourir	je meurs	je suis mort(e)	je mourais	je mourrai	je mourrais	je mourus	je meure
to die	tu meurs	tu es mort(e)	tu mourais	tu mourras	tu mourrais	tu mourus	tu meures
	il/elle/on meurt	il/elle/on est mort(e)	il/elle/on mourait	il/elle/on mourra	il/elle/on mourrait	il/elle/on mourut	il/elle/on meure
	nous mourons	nous sommes mort(e)s	nous mourions	nous mourrons	nous mourrions	nous mourûmes	nous mourions
	vous mourez	vous êtes mort(e)s	vous mouriez	vous mourrez	vous mourriez	vous mourûtes	vous mouriez
	ils/elles meurent	ils/elles sont mort(e)s	ils/elles mouraient	ils/elles mourront	ils/elles mourraient	ils/elles moururent	ils/elles meurent

ouvrir — to open

Infinitif	Présent	Passé composé	Imparfait	Futur	Conditionnel	Passé simple	Subjonctif
ouvrir *to open*	j'ouvre	j'ai ouvert	j'ouvrais	j'ouvrirai	j'ouvrirais	j'ouvris	j'ouvre
	tu ouvres	tu as ouvert	tu ouvrais	tu ouvriras	tu ouvrirais	tu ouvris	tu ouvres
	il/elle/on ouvre	il/elle/on a ouvert	il/elle/on ouvrait	il/elle/on ouvrira	il/elle/on ouvrirait	il/elle/on ouvrit	il/elle/on ouvre
	nous ouvrons	nous avons ouvert	nous ouvrions	nous ouvrirons	nous ouvririons	nous ouvrîmes	nous ouvrions
	vous ouvrez	vous avez ouvert	vous ouvriez	vous ouvrirez	vous ouvririez	vous ouvrîtes	vous ouvriez
	ils/elles ouvrent	ils/elles ont ouvert	ils/elles ouvraient	ils/elles ouvriront	ils/elles ouvriraient	ils/elles ouvrirent	ils/elles ouvrent

partir — to leave

Infinitif	Présent	Passé composé	Imparfait	Futur	Conditionnel	Passé simple	Subjonctif
partir *to leave*	je pars	je suis parti(e)	je partais	je partirai	je partirais	je partis	je parte
	tu pars	tu es parti(e)	tu partais	tu partiras	tu partirais	tu partis	tu partes
	il/elle/on part	il/elle/on est parti(e)	il/elle/on partait	il/elle/on partira	il/elle/on partirait	il/elle/on partit	il/elle/on parte
	nous partons	nous sommes parti(e)s	nous partions	nous partirons	nous partirions	nous partîmes	nous partions
	vous partez	vous êtes parti(e)s	vous partiez	vous partirez	vous partiriez	vous partîtes	vous partiez
	ils/elles partent	ils/elles sont parti(e)s	ils/elles partaient	ils/elles partiront	ils/elles partiraient	ils/elles partirent	ils/elles partent

peindre — to paint

Infinitif	Présent	Passé composé	Imparfait	Futur	Conditionnel	Passé simple	Subjonctif
peindre *to paint*	je peins	j'ai peint	je peignais	je peindrai	je peindrais	je peignis	je peigne
	tu peins	tu as peint	tu peignais	tu peindras	tu peindrais	tu peignis	tu peignes
	il/elle/on peint	il/elle/on a peint	il/elle/on peignait	il/elle/on peindra	il/elle/on peindrait	il/elle/on peignit	il/elle/on peigne
	nous peignons	nous avons peint	nous peignions	nous peindrons	nous peindrions	nous peignîmes	nous peignions
	vous peignez	vous avez peint	vous peigniez	vous peindrez	vous peindriez	vous peignîtes	vous peigniez
	ils/elles peignent	ils/elles ont peint	ils/elles peignaient	ils/elles peindront	ils/elles peindraient	ils/elles peignirent	ils/elles peignent

plaire — to please

Infinitif	Présent	Passé composé	Imparfait	Futur	Conditionnel	Passé simple	Subjonctif
plaire *to please*	je plais	j'ai plu	je plaisais	je plairai	je plairais	je plairais	je plaise
	tu plais	tu as plu	tu plaisais	tu plairas	tu plairais	tu plairais	tu plaises
	il/elle/on plaît	il/elle/on a plu	il/elle/on plaisait	il/elle/on plaira	il/elle/on plairait	il/elle/on plairait	il/elle/on plaise
	nous plaisons	nous avons plu	nous plaisions	nous plairons	nous plairions	nous plairions	nous plaisions
	vous plaisez	vous avez plu	vous plaisiez	vous plairez	vous plairiez	vous plairiez	vous plaisiez
	ils/elles plaisent	ils/elles ont plu	ils/elles plaisaient	ils/elles plairont	ils/elles plairaient	ils/elles plairaient	ils/elles plaisent

plaindre — to complain

Infinitif	Présent	Passé composé	Imparfait	Futur	Conditionnel	Passé simple	Subjonctif
plaindre *to complain*	je plains	j'ai plaint	je plaignais	je plaindrai	je plaindrais	je plaignis	je plaigne
	tu plains	tu as plaint	tu plaignais	tu plaindras	tu plaindrais	tu plaignis	tu plaignes
	il/elle/on plaint	il/elle/on a plaint	il/elle/on plaignait	il/elle/on plaindra	il/elle/on plaindrait	il/elle/on plaignit	il/elle/on plaigne
	nous plaignons	nous avons plaint	nous plaignions	nous plaindrons	nous plaindrions	nous plaignîmes	nous plaignions
	vous plaignez	vous avez plaint	vous plaigniez	vous plaindrez	vous plaindriez	vous plaignîtes	vous plaigniez
	ils/elles plaignent	ils/elles ont plaint	ils/elles plaignaient	ils/elles plaindront	ils/elles plaindraient	ils/elles plaignirent	ils/elles plaignent

pouvoir — to be able to

Présent	Passé composé	Imparfait	Futur	Conditionnel	Passé simple	Subjonctif
je peux (puis)	j'ai pu	je pouvais	je pourrai	je pourrais	je pus	je puisse
tu peux	tu as pu	tu pouvais	tu pourras	tu pourrais	tu pus	tu puisses
il/elle/on peut	il/elle/on a pu	il/elle/on pouvait	il/elle/on pourra	il/elle/on pourrait	il/elle/on put	il/elle/on puisse
nous pouvons	nous avons pu	nous pouvions	nous pourrons	nous pourrions	nous pûmes	nous puissions
vous pouvez	vous avez pu	vous pouviez	vous pourrez	vous pourriez	vous pûtes	vous puissiez
ils/elles peuvent	ils/elles ont pu	ils/elles pouvaient	ils/elles pourront	ils/elles pourraient	ils/elles purent	ils/elles puissent

prendre — to take

Présent	Passé composé	Imparfait	Futur	Conditionnel	Passé simple	Subjonctif
je prends	j'ai pris	je prenais	je prendrai	je prendrais	je pris	je prenne
tu prends	tu as pris	tu prenais	tu prendras	tu prendrais	tu pris	tu prennes
il/elle/on prend	il/elle/on a pris	il/elle/on prenait	il/elle/on prendra	il/elle/on prendrait	il/elle/on prit	il/elle/on prenne
nous prenons	nous avons pris	nous prenions	nous prendrons	nous prendrions	nous prîmes	nous prenions
vous prenez	vous avez pris	vous preniez	vous prendrez	vous prendriez	vous prîtes	vous preniez
ils/elles prennent	ils/elles ont pris	ils/elles prenaient	ils/elles prendront	ils/elles prendraient	ils/elles prirent	ils/elles prennent

recevoir — to receive

Présent	Passé composé	Imparfait	Futur	Conditionnel	Passé simple	Subjonctif
je reçois	j'ai reçu	je recevais	je recevrai	je recevrais	je reçus	je reçoive
tu reçois	tu as reçu	tu recevais	tu recevras	tu recevrais	tu reçus	tu reçoives
il/elle/on reçoit	il/elle/on a reçu	il/elle/on recevait	il/elle/on recevra	il/elle/on recevrait	il/elle/on reçut	il/elle/on reçoive
nous recevons	nous avons reçu	nous recevions	nous recevrons	nous recevrions	nous reçûmes	nous recevions
vous recevez	vous avez reçu	vous receviez	vous recevrez	vous recevriez	vous reçûtes	vous receviez
ils/elles reçoivent	ils/elles ont reçu	ils/elles recevaient	ils/elles recevront	ils/elles recevraient	ils/elles reçurent	ils/elles reçoivent

rire — to laugh

Présent	Passé composé	Imparfait	Futur	Conditionnel	Passé simple	Subjonctif
je ris	j'ai ri	je riais	je rirai	je rirais	je ris	je rie
tu ris	tu as ri	tu riais	tu riras	tu rirais	tu ris	tu ries
il/elle/on rit	il/elle/on a ri	il/elle/on riait	il/elle/on rira	il/elle/on rirait	il/elle/on rit	il/elle/on rie
nous rions	nous avons ri	nous riions	nous rirons	nous ririons	nous rîmes	nous riions
vous riez	vous avez ri	vous riiez	vous rirez	vous ririez	vous rîtes	vous riiez
ils/elles rient	ils/elles ont ri	ils/elles riaient	ils/elles riront	ils/elles riraient	ils/elles rirent	ils/elles rient

savoir — to know

Présent	Passé composé	Imparfait	Futur	Conditionnel	Passé simple	Subjonctif
je sais	j'ai su	je savais	je saurai	je saurais	je sus	je sache
tu sais	tu as su	tu savais	tu sauras	tu saurais	tu sus	tu saches
il/elle/on sait	il/elle/on a su	il/elle/on savait	il/elle/on saura	il/elle/on saurait	il/elle/on sut	il/elle sache
nous savons	nous avons su	nous savions	nous saurons	nous saurions	nous sûmes	nous sachions
vous savez	vous avez su	vous saviez	vous saurez	vous sauriez	vous sûtes	vous sachiez
ils/elles savent	ils/elles ont su	ils/elles savaient	ils/elles sauront	ils/elles sauraient	ils/elles surent	ils/elles sachent

sortir — *to go out*

Présent	Passé composé	Imparfait	Futur	Conditionnel	Passé simple	Subjonctif
je sors	je suis sorti(e)	je sortais	je sortirai	je sortirais	je sortis	je sorte
tu sors	tu es sorti(e)	tu sortais	tu sortiras	tu sortirais	tu sortis	tu sortes
il/elle/on sort	il/elle/on est sorti(e)	il/elle/on sortait	il/elle/on sortira	il/elle/on sortirait	il/elle/on sortit	il/elle/on sorte
nous sortons	nous sommes sorti(e)s	nous sortions	nous sortirons	nous sortirions	nous sortîmes	nous sortions
vous sortez	vous êtes sorti(e)s	vous sortiez	vous sortirez	vous sortiriez	vous sortîtes	vous sortiez
ils/elles sortent	ils/elles sont sorti(e)s	ils/elles sortaient	ils/elles sortiront	ils/elles sortiraient	ils/elles sortirent	ils/elles sortent

sourire — *to smile*

Présent	Passé composé	Imparfait	Futur	Conditionnel	Passé simple	Subjonctif
je souris	j'ai souri	je souriais	je sourirai	je sourirais	je souris	je sourie
tu souris	tu as souri	tu souriais	tu souriras	tu sourirais	tu souris	tu souries
il/elle on sourit	il/elle/on a souri	il/elle/on souriait	il/elle/on sourira	il/elle/on sourirait	il/elle/on sourit	il/elle/on sourie
nous sourions	nous avons souri	nous souriions	nous sourirons	nous souririons	nous sourîmes	nous souriions
vous souriez	vous avez souri	vous souriiez	vous sourirez	vous souririez	vous sourîtes	vous souriiez
ils/elles sourient	ils/elles ont souri	ils/elles souriaient	ils/elles souriront	ils/elles souriraient	ils/elles sourirent	ils/elles sourient

suivre — *to follow*

Présent	Passé composé	Imparfait	Futur	Conditionnel	Passé simple	Subjonctif
je suis	j'ai suivi	je suivais	je suivrai	je suivrais	je suivis	je suive
tu suis	tu as suivi	tu suivais	tu suivras	tu suivrais	tu suivis	tu suives
il/elle/on suit	il/elle/on a suivi	il/elle/on suivait	il/elle/on suivra	il/elle/on suivrait	il/elle/on suivit	il/elle/on suive
nous suivons	nous avons suivi	nous suivions	nous suivrons	nous suivrions	nous suivîmes	nous suivions
vous suivez	vous avez suivi	vous suiviez	vous suivrez	vous suivriez	vous suivîtes	vous suiviez
ils/elles suivent	ils/elles ont suivi	ils/elles suivaient	ils/elles suivront	ils/elles suivraient	ils/elles suivirent	ils/elles suivent

tenir — *to hold*

Présent	Passé composé	Imparfait	Futur	Conditionnel	Passé simple	Subjonctif
je tiens	j'ai tenu	je tenais	je tiendrai	je tiendrais	je tins	je tienne
tu tiens	tu as tenu	tu tenais	tu tiendras	tu tiendrais	tu tins	tu tiennes
il/elle/on tient	il/elle/on a tenu	il/elle/on tenait	il/elle/on tiendra	il/elle/on tiendrait	il/elle/on tint	il/elle/on tienne
nous tenons	nous avons tenu	nous tenions	nous tiendrons	nous tiendrions	nous tînmes	nous tenions
vous tenez	vous avez tenu	vous teniez	vous tiendrez	vous tiendriez	vous tîntes	vous teniez
ils/elles tiennent	ils/elles ont tenu	ils/elles tenaient	ils/elles tiendront	ils/elles tiendraient	ils/elles tinrent	ils/elles tiennent

vaincre — *to defeat, conquer*

Présent	Passé composé	Imparfait	Futur	Conditionnel	Passé simple	Subjonctif
je vaincs	j'ai vaincu	je vainquais	je vaincrai	je vaincrais	je vainquis	je vainque
tu vaincs	tu as vaincu	tu vainquais	tu vaincras	tu vaincrais	tu vainquis	tu vainques
il/elle/on vainc	il/elle/on a vaincu	il/elle/on vainquait	il/elle/on vaincra	il/elle/on vaincrait	il/elle/on vainquit	il/elle/on vainque
nous vainquons	nous avons vaincu	nous vainquions	nous vaincrons	nous vaincrions	nous vainquîmes	nous vainquions
vous vainquez	vous avez vaincu	vous vainquiez	vous vaincrez	vous vaincriez	vous vainquîtes	vous vainquiez
ils/elles vainquent	ils/elles ont vaincu	ils/elles vainquaient	ils/elles vaincront	ils/elles vaincraient	ils/elles vainquirent	ils/elles vainquent

valoir (to be worth)

Présent	Passé composé	Imparfait	Futur	Conditionnel	Passé simple	Subjonctif
je vaux	j'ai valu	je valais	je vaudrai	je vaudrais	je valus	je vaille
tu vaux	tu as valu	tu valais	tu vaudras	tu vaudrais	tu valus	tu vailles
il/elle/on vaut	il/elle/on a valu	il/elle/on valait	il/elle/on vaudra	il/elle/on vaudrait	il/elle/on valut	il/elle/on vaille
nous valons	nous avons valu	nous valions	nous vaudrons	nous vaudrions	nous valûmes	nous valions
vous valez	vous avez valu	vous valiez	vous vaudrez	vous vaudriez	vous valûtes	vous valiez
ils/elles valent	ils/elles ont valu	ils/elles valaient	ils/elles vaudront	ils/elles vaudraient	ils/elles valurent	ils/elles vaillent

venir (to come)

Présent	Passé composé	Imparfait	Futur	Conditionnel	Passé simple	Subjonctif
je viens	je suis venu(e)	je venais	je viendrai	je viendrais	je vins	je vienne
tu viens	tu es venu(e)	tu venais	tu viendras	tu viendrais	tu vins	tu viennes
il/elle/on vient	il/elle/on est venu(e)	il/elle/on venait	il/elle/on viendra	il/elle/on viendrait	il/elle/on vint	il/elle/on vienne
nous venons	nous sommes venu(e)s	nous venions	nous viendrons	nous viendrions	nous vînmes	nous venions
vous venez	vous êtes venu(e)s	vous veniez	vous viendrez	vous viendriez	vous vîntes	vous veniez
ils/elles viennent	ils/elles sont venu(e)s	ils/elles venaient	ils/elles viendront	ils/elles viendraient	ils/elles vinrent	ils/elles viennent

vivre (to live)

Présent	Passé composé	Imparfait	Futur	Conditionnel	Passé simple	Subjonctif
je vis	j'ai vécu	je vivais	je vivrai	je vivrais	je vécus	je vive
tu vis	tu as vécu	tu vivais	tu vivras	tu vivrais	tu vécus	tu vives
il/elle/on vit	il/elle/on a vécu	il/elle/on vivait	il/elle/on vivra	il/elle/on vivrait	il/elle/on vécut	il/elle/on vive
nous vivons	nous avons vécu	nous vivions	nous vivrons	nous vivrions	nous vécûmes	nous vivions
vous vivez	vous avez vécu	vous viviez	vous vivrez	vous vivriez	vous vécûtes	vous viviez
ils/elles vivent	ils/elles ont vécu	ils/elles vivaient	ils/elles vivront	ils/elles vivraient	ils/elles vécurent	ils/elles vivent

voir (to see)

Présent	Passé composé	Imparfait	Futur	Conditionnel	Passé simple	Subjonctif
je vois	j'ai vu	je voyais	je verrai	je verrais	je vis	je voie
tu vois	tu as vu	tu voyais	tu verras	tu verrais	tu vis	tu voies
il/elle/on voit	il/elle/on a vu	il/elle/on voyait	il/elle/on verra	il/elle/on verrait	il/elle/on vit	il/elle/on voie
nous voyons	nous avons vu	nous voyions	nous verrons	nous verrions	nous vîmes	nous voyions
vous voyez	vous avez vu	vous voyiez	vous verrez	vous verriez	vous vîtes	vous voyiez
ils/elles voient	ils/elles ont vu	ils/elles voyaient	ils/elles verront	ils/elles verraient	ils/elles virent	ils/elles voient

vouloir (to want)

Présent	Passé composé	Imparfait	Futur	Conditionnel	Passé simple	Subjonctif
je veux	j'ai voulu	je voulais	je voudrai	je voudrais	je voulus	je veuille
tu veux	tu as voulu	tu voulais	tu voudras	tu voudrais	tu voulus	tu veuilles
il/elle/on veut	il/elle/on a voulu	il/elle/on voulait	il/elle/on voudra	il/elle/on voudrait	il/elle/on voulut	il/elle/on veuille
nous voulons	nous avons voulu	nous voulions	nous voudrons	nous voudrions	nous voulûmes	nous voulions
vous voulez	vous avez voulu	vous vouliez	vous voudrez	vous voudriez	vous voulûtes	vous vouliez
ils/elles veulent	ils/elles ont voulu	ils/elles voulaient	ils/elles voudront	ils/elles voudraient	ils/elles voulurent	ils/elles veuillent

Le Vocabulaire

LA FAMILLE	*THE FAMILY*
le père	*father*
la mère	*mother*
les parents	*parents*
un(e) enfant	*child*
l'enfance (m)	*childhood*
un frère	*brother*
une sœur	*sister*
un fils	*son*
une fille	*daughter*
un demi-frère	*half-brother*
une demi-sœur	*half-sister*
l'aîné(e)	*the eldest*
le cadet/la cadette	*the youngest*
un grand-père	*grandfather*
une grand-mère	*grandmother*
les grands-parents	*grandparents*
les arrière-grands-parents	*great-grandparents*
un petit-fils	*grandson*
une petite-fille	*granddaughter*
un oncle	*uncle*
une tante	*aunt*
un neveu	*nephew*
une nièce	*niece*
un(e) cousin(e)	*cousin*
le parrain	*godfather*
la marraine	*godmother*
un filleul	*godson*
une filleule	*goddaughter*
un(e) filleul(e)	*godchild*
une veuve	*widow*
un veuf	*widower*
un orphelin	*orphan*
un tuteur	*guardian*
un enfant adoptif	*adopted child*
des parents adoptifs	*adoptive parents*
le mariage	*marriage*
épouser quelqu'un	*to marry somebody*
le mari	*husband*
la femme/l'épouse	*wife*
une mère célibataire	*single mother*
un père célibataire	*single father*
la belle-famille	*in-laws*
le beau-père	*father-in-law/stepfather*
la belle-mere	*mother-in-law/ stepmother*
un beau-frère	*brother-in-law*

une belle-sœur	*sister-in-law*
se séparer	*to separate*
un divorce	*divorce*
divorcer	*to get divorced*

LA MAISON	*THE HOUSE*
un étage	*floor*
le rez-de-chaussée	*ground floor*
le premier étage	*first floor*
le grenier	*attic*
le sous-sol	*basement*
la cave	*cellar*
en bas	*downstairs*
en haut	*upstairs*
un escalier	*stairs*
une chambre à coucher	*bedroom*
un lit	*bed*
une armoire	*wardrobe*
une commode	*chest of drawers*
un oreiller	*pillow*
un drap	*sheet*
une couette	*duvet*
la salle de bains	*bathroom*
les toilettes	*toilet*
une baignoire	*a bath*
une douche	*a shower*
un lavabo	*wash-hand basin*
une serviette	*a towel*
le salon	*sitting-room*
la salle de séjour	*living-room*
un canapé	*couch*
un canapé-lit	*sofa bed*
une moquette	*carpet*
un tapis	*rug*
un coussin	*cushion*
une table basse	*coffee table*
un fauteuil	*armchair*
la cheminée	*fireplace*
la salle à manger	*dining-room*
une table	*table*
une chaise	*chair*
la cuisine	*kitchen*
un placard	*cupboard*
une cuisinière	*cooker*
un four	*oven*
un four à micro-ondes	*microwave*
un aspirateur	*vacuum cleaner*

un lave-vaisselle	dishwasher
un frigo	fridge
un congélateur	freezer
un évier	sink
un lave-linge	washing machine
un fer à repasser	an iron
un bureau	study
une bibliothèque	bookcase
une étagère	shelf
un meuble	piece of furniture
le plafond	ceiling
une porte	door
la fenêtre	window
le volet	shutter
le toit	roof
le balcon	balcony
la terrasse	patio
le couloir	corridor
le vestibule	hall
le chauffage	central heating
un radiateur	radiator
allumer	to turn on
éteindre	to turn off
brancher	to plug in

LE LOGEMENT — HOUSING

un appartement	apartment
un immeuble	apartment block
un lotissement	housing estate
un bâtiment	building
le gratte-ciel	skyscraper
la cité	high-rise estate
un HLM (habitation à loyer modéré)	council flat
le locataire	tenant
le loyer	rent
le pavillon/la maison individuelle	detached house
la maison jumelée	semi-detached house
la résidence secondaire	second home
le/la banlieusard(e)	suburban resident
le/la citadin(e)	town dweller
un(e) voisin(e)	neighbour
déménager	to move
une agence immobilière	estate agency

L'ENSEIGNEMENT — EDUCATION

une école maternelle	nursery school
une école primaire	primary school
un collège	junior high school
un lycée	senior high school
une université	university, college
un(e) professeur	secondary school teacher
l'instituteur/l'institutrice	primary school teacher
le directeur/la directrice	principal
un(e) professeur d'université	professor
un écolièr/une écolière	schoolboy, schoolgirl
une élève	pupil
un(e) étudiant(e)	college student
une classe	class
une école mixte	coeducational school
une école non-mixte	single-sex school
une école privée	private school
une école publique	state school
un internat	boarding school
un(e) pensionnaire	boarder
être doué(e) pour les études	to be academically gifted
être bonn(e) en maths	to be good at maths
être nul(le) en maths	to be hopeless at maths
apprendre quelque chose par cœur	to learn something by heart
sécher un cours	to skip a class
abandonner ses études	to drop out of school
redoubler	to repeat a year
être en terminale	to be in 6th year
apprendre	to learn
étudier	to study
enseigner	to teach
une salle de classe	classroom
un cours	class
les devoirs	homework
un trimestre	a term
les grandes vacances	summer holidays
l'emploi du temps	timetable
une matière	subject
l'examen (m)	exam
l'examen blanc	mock exam
réviser	to revise

passer un examen	to take an exam	un collant	tights
passer le brevet	to sit your Junior Certificate	des escarpins	high-heeled shoes
		des talons aiguilles	stiletto heels
passer le bac	to sit your Leaving Certificate	des sandales	sandals
		des mules	mules
avoir son bac	to pass the Leaving Certificate	une écharpe	scarf
		des gants	gloves
une note	a grade	une chemise de nuit	nightdress
réussir un examen	to pass an exam	un pyjama	pyjamas
rater un examen	to fail an exam	vêtements de sport	sportswear
un bulletin scolaire	school report	un survêtement	tracksuit
la salle des professeurs	staff room	un short	shorts
		des baskets	trainers
la salle informatique	computer room	un maillot de bain	swimsuit
un labo de langues	language lab	un maillot	swimming trunks
la cantine	canteen	une ceinture	belt
la bibliothèque	library	une bague	ring
l'infirmerie	sickbay	un collier	necklace
un manuel	textbook	un bracelet	bracelet
une trousse	pencil case	des boucles d'oreille	earrings
un cahier	copybook	des chaussures	shoes
un stylo	pen	des bottes	boots
un crayon	pencil	des pantoufles	slippers
une gomme	eraser	un chapeau	hat
une règle	a ruler	une casquette	cap
une calculatrice	calculator	coudre	to sew
une chemise	folder	tricoter	to knit
la grammaire	grammar	s'habiller	to get dressed
la littérature	literature	se déshabiller	to get undressed
l'orthographe	spelling	un tissu	material
les langues vivantes	modern languages	le cuir	leather
		la dentelle	lace
		le daim	suede
DES VÊTEMENTS	**CLOTHES**	rayé	striped
une chemise	shirt	à carreaux	checked
une cravate	tie	écossais	tartan
un chemisier	blouse	la laine	wool
un manteau	overcoat	la soie	silk
un imperméable	raincoat	le coton	cotton
une veste	jacket	le velours	velvet
un gilet	cardigan		
un pantalon	trousers		
un jean	jeans	**LE CORPS HUMAIN**	**THE HUMAN BODY**
une robe	dress		
une jupe	skirt	la tête	head
un pull-over	jumper	le crâne	skull
un pull-over à col roulé	a polo-neck	le front	forehead
		le visage	face
les sous-vêtements	underwear	le menton	chin
des chaussettes	socks	la mâchoire	jaw

le nez	*nose*	le cerveau	*brain*
la narine	*nostril*	le cœur	*heart*
la joue	*cheek*	les poumons (m)	*lungs*
la pommette	*cheekbones*	le foie	*liver*
une oreille	*ears*		
un œil	*eye*	**La santé**	*Health*
les yeux (m)	*eyes*	avoir mal à la gorge	*to have a sore throat*
la paupière	*eyelid*	avoir mal aux dents	*to have a toothache*
le sourcil	*eyebrow*	avoir mal à la tête	*to have a headache*
le cil	*eyelash*	avoir mal au ventre	*to have a stomach-ache*
la bouche	*mouth*		
la lèvre	*lips*	avoir mal au dos	*to have a bad back*
la langue	*tongue*	attraper un rhume	*to catch a cold*
une dent	*tooth*	avoir mal	*to feel sick*
les cheveux (m)	*hair*	avoir de la fièvre	*to have a*
une barbe	*beard*		*temperature*
une moustache	*moustache*	être blessé	*to be injured*
la gorge	*throat*	la santé	*health*
le cou	*neck*	une maladie	*disease*
la poitrine	*chest*	la médecine	*medicine*
la colonne vertébrale	*spine*	être en bonne santé	*to be in good health*
les seins	*breasts*	être en mauvaise	
une côte	*rib*	santé	*to be in poor health*
la taille	*waist*	être malade	*to be ill*
le ventre	*stomach*	tomber malade	*to fall ill*
l'épaule	*shoulder*	se rétablir	*to recover*
le bras	*arm*	traiter	*to treat*
l'avant-bras	*forearm*	un traitement	*treatment*
le coude	*elbow*	guérir	*to get better*
le poignet	*wrist*	être en bonne forme	*to be in good shape*
la main	*hand*	être fatigué	*to be tired*
le poing	*fist*	être épuisé to	*be exhausted*
les doigts	*fingers*	s'évanouir	*to faint*
le pouce	*thumb*	éternuer	*to sneeze*
les ongles	*nails*	vomir	*to vomit*
la fesse	*buttock*	une ampoule	*a blister*
la cuisse	*thigh*	un bleu	*a bruise*
la hanche	*hip*	une brûlure	*a burn*
la jambe	*leg*	une coupure	*a cut*
le genou	*knee*	une cicatrice	*a scar*
le mollet	*calf*	un coup de soleil	*sunburn*
la cheville	*ankle*	une maladie	
le pied	*foot*	contagieuse	*infectious disease*
le talon	*heel*	une allergie	*allergy*
un orteil	*toe*	être allergique à	*to be allergic to*
le sang	*blood*	la grippe	*flu*
la peau	*skin*	une angine	*throat infection*
un os	*bone*	le rhume des foins	*hay fever*
un rein	*kidney*	de l'asthme	*asthma*

la rougeole	*measles*	un poulet	*chicken*
les oreillons	*mumps*	une dinde	*turkey*
la varicelle	*chickenpox*	un lapin	*rabbit*
une crise		une saucisse	*sausage*
d'appendicite	*appendicitis*	du jambon	*ham*
une crise cardiaque	*heart attack*	le poisson	*fish*
un cancer du poumon	*lung cancer*	un saumon	*salmon*
le sida	*AIDS*	du thon	*tuna*
une ordonnance	*prescription*	une morue	*cod*
le comprimé	*tablet*	une truite	*trout*
un antibiotique	*antibiotic*	les fruits (m) de mer	*seafood*
le somnifère	*sleeping tablet*	les crustacés (m)	*shellfish*
la piqûre	*injection*	une crevette	*shrimp*
le vaccin	*vaccine*	un bouquet	*prawn*
les habitudes (f)		un crabe	*crab*
alimentaires	*eating habits*	un homard	*lobster*
le régime équilibré	*balanced diet*	une huître	*oyster*
grossir	*to put on weight*	des moules (f)	*mussels*
maigrir	*to lose weight*	une coquille	
avoir des kilos en trop	*to be overweight*	Saint-Jacques	*scallop*
être au regime	*to be on a diet*	les légumes (m)	*vegetables*
l'hôpital (m)	*hospital*	une pomme de terre	*potato*
être hospitalisé(e)	*to be hospitalised*	les frites	*chips*
se faire opérer	*to have an operation*	les chips	*crisps*
les urgences (fpl)	*A&E department*	une tomate	*tomato*
le SAMU	*emergency ambulance*	les petits pois (m)	*peas*
	* service*	une carotte	*carrot*
l'infirmier/l'infirmière	*nurse*	les haricots verts	*French beans*
le chirurgien/la		un chou-fleur	*cauliflower*
chirurgienne	*surgeon*	un chou	*cabbage*
le pharmacien/la		un navet	*turnip*
pharmacienne	*pharmacist*	un poireau	*leek*
le médecin généraliste	*GP*	du céleri	*celery*
le/la kinésithérapeute	*physiotherapist*	un poivron vert	*green pepper*
se faire soigner	*to receive treatment*	un concombre	*cucumber*
		un oignon	*onion*
		une citrouille	*pumpkin*
L'ALIMENTATION	***FOOD***	la laitue	*lettuce*
la viande	*meat*	une salade	*salad*
le bœuf	*beef*	les pâtes	*pasta*
une côte de bœuf	*rib of beef*	le riz	*rice*
du rôti de bœuf	*roast beef*	le potage	*soup*
le porc	*pork*	les fruits	*fruit*
un rôti de porc	*joint of pork*	une pomme	*apple*
le mouton	*mutton*	une poire	*pear*
l'agneau (m)	*lamb*	une pêche	*peach*
un gigot	*leg of lamb*	une orange	*orange*
la volaille	*poultry*	un abricot	*apricot*
un canard	*duck*	un pruneau	*prune*
une oie	*goose*		

le raisin	grape
une fraise	strawberry
une framboise	raspberry
une myrtille	blueberry
un citron	lemon
un œuf	an egg
le pain	bread
les produits (m) laitiers	milk products
le lait	milk
le beurre	butter
la crème	cream
le fromage	cheese
le fromage de chèvre	goat's cheese
un yaourt	yoghurt
les produits biologiques	organic food
les produits surgelés	frozen food
les produits diététiques	health food
l'eau (f)	water
l'eau gazeuse	sparkling water
l'eau minérale	mineral water
le café	coffee
le thé	tea
le chocolat chaud	hot chocolat
la limonade	lemonade
le vin rouge	red wine
le vin blanc	white wine
la bière	beer
le cidre	cider

LA DÉPENDANCE — ADDICTION

être dependant	to be addicted
provoquer une dépendance	to create an addiction
la lutte contre	the struggle against
un problème croissant	a growing problem
s'évader de l'ennui	to escape from boredom
les pressions du groupe	peer pressure
se désinhiber	to lose your inhibitions
s'évader du quotidien	to escape from daily life
la toxicomanie	drug addiction
le stupéfiant	a drug
la drogue douce	soft drug
la drogue dure	hard drug
se droguer	to take drugs
devenir toxicomane	to become a drug addict
planer	to get high
la surdose	overdose
le trafiquant	drug dealer
la désintoxication	getting over an addiction
le syndrome de manque	withdrawal symptoms
se passer de	to do without
le tabagisme	nicotine addiction
un fumeur	smoker
fumer comme un pompier	to smoke like a trooper
s'arrêter de fumer	to quit smoking
renoncer à l'habitude	to quit the habit
tousser	to cough
des problèmes respiratoires	breathing problems
être nocif à/être nuisible à	to be harmful to
le cancer du poumon	lung cancer
des maladies cardio-vasculaires	cardiovascular illnesses
l'alcoolisme (m)	alcoholism
un alcoolique	alcoholic
l'alcool (m)	alcohol
un buveur	drinker
aller prendre un pot	to go for a drink
boire modérément	to drink in moderation
boire avec excès	to drink excessively
boire à la defence	to binge drink
être saoul/être ivre	to be drunk
se saouler/s'enivrer	to get drunk
avoir la gueule de bois	to have a hangover

LES TRANSPORTS — TRANSPORT

l'autoroute (f)	motorway
le code de la route	highway code
le couloir d'autobus	bus lane
l'arrêt de bus (m)	bus stop
la panne	a breakdown
le panneau	sign
le péage	tollbooth
le permis	driving licence
la vitesse	speed

conduire	*to drive*	**LES ANIMAUX**	*ANIMALS*
la carte	*a map*	un animal de	
le feu rouge	*red light*	compagnie	*pet*
le feu vert	*green light*	un chien	*dog*
la route	*road*	promener le chien	*to walk the dog*
la route nationale	*national road*	aboyer	*to bark*
le virage	*a bend*	mordre	*to bite*
l' aéroport (m)	*airport*	un chiot	*puppy*
l' avion (m)	*aeroplane*	Attention au chien !	*Beware of the dog!*
le vol	*flight*	un chat	*cat*
le départ	*departure*	un chaton	*kitten*
l'arrivée	*arrival*	une souris	*mouse*
le ferry	*ferry*	la queue	*tail*
le bateau	*boat*	une patte	*paw*
le bureau des objets		une griffe	*claw*
trouvés	*lost property office*	les animaux de la	
le bus	*bus*	ferme	*farm animals*
le camion	*lorry*	une vache	*cow*
la camionnette	*van*	un veau	*calf*
le camping-car	*camper van*	le bétail	*cattle*
le car	*coach*	un taureau	*bull*
la caravane	*caravan*	un mouton	*sheep*
le taxi	*taxi*	un agneau	*lamb*
la mobylette	*moped*	un cheval	*horse*
la moto	*motorbike*	une chèvre	*goat*
la navette	*shuttle*	un lapin	*rabbit*
le navire	*ship*	les animaux sauvages	*wild animals*
le poids lourd	*articulated lorry*	sauvage	*wild*
le train	*train*	un tigre	*tiger*
les transports en		un léopard	*leopard*
commun (m)	*public transport*	une panthère	*panther*
la station de taxis	*taxi rank*	un chameau	*camel*
la SNCF	*French Railways*	un singe	*monkey*
le chemin de fer	*railway*	un éléphant	*elephant*
le TGV	*high-speed train*	un écureuil	*squirrel*
le passager	*passenger*	un loup	*wolf*
le trajet	*journey*	un ours	*bear*
le billet	*ticket*	un poisson	*fish*
l'aller simple (m)	*single (ticket)*	un poisson rouge	*goldfish*
l'aller retour (m)	*return (ticket)*	une tortue	*turtle*
l'horaire (m)	*timetable*	une grenouille	*frog*
le tarif	*fare*	un crapaud	*toad*
une station de métro	*metro station*	une pieuvre	*octopus*
le métro	*underground*	un phoque	*seal*
la rame de métro	*underground train*	un requin	*shark*
la destination	*destination*	une baleine	*whale*

LE TEMPS	TIME
une seconde	second
une minute	minute
une heure	hour
un quart d'heure	quarter of an hour
une demi-heure	half an hour
trois quarts d'heure	three-quarters of an hour
une heure et demie	an hour and a half
un jour, une journée	day
une matinée	morning
un après-midi	afternoon
une soirée	evening
une nuit	night
une quinzaine	fortnight
une année	year
une décennie	decade
un siècle	century
un millénaire	millennium
hier	yesterday
aujourd'hui	today
demain	tomorrow
le passé	the past
le présent	the present
l'avenir (m)	the future
maintenant	now
bientôt	soon
plus tard	later
encore	again
jamais	never
souvent	often
toujours	always
rarement	rarely
de temps en temps	from time to time
quelquefois	sometimes
après	afterwards
ensuite	then
tout le temps	all the time
une fois par jour	once a day
tous les jours	every day
ce matin	this morning
à midi	at noon
toute la nuit	all night
à partir de samedi	from Saturday
hier soir	yesterday evening
le week-end	at weekends
la semaine dernière	last week
la semaine prochaine	next week
être en avance	to be early
être en retard	to be late
être à l'heure	to be on time

L'INFORMATIQUE	I.T.
un ordinateur	computer
un ordinateur portable	laptop
le matériel	hardware
le logiciel	software
une application	program
l'écran (m)	the screen/monitor
le lecteur	a drive
le clavier	keyboard
une souris	mouse
un tapis pour souris	mouse pad
la clé USB	USB key
une imprimante	printer
l'unité centrale	CPU
un disque dur	hard disk
se connecter	to log on
se déconnecter	to log off
le mot de passe	password
un jeu vidéo	video game
une manette de jeu	joystick
les médias	media
l'Internet	Internet
un site web	website
naviguer/surfer sur Internet	to surf the Internet
une page d'accueil	home page
un moteur de recherche	search engine
un courriel/un email	email
énvoyer par email	to email
une boîte de réception	inbox
un fournisseur Internet	service provider